星と波描画テストの発展
理論・研究・実践：アクロス・ザ・ライフスパン

The Star-Wave Test Across the Life Span
Advances in Theory, Research and Practice

ダフネ・ヤローン 著

杉浦京子 監訳

鋤柄のぞみ
青木智子
飯田 緑
渡邉直樹
近喰ふじ子
原 信一郎
鈴木康明
金丸隆太
松本くみ子
佐藤仁美
訳

川島書店

The Star-Wave Test Across the Life Span:
Advances in Theory, Research and Practice

Dafna Yalon; editerd by Lorraine Hebert.
© Copyrights 2006 by the International Graphological Colloquium and Dafna Yalon.
This book is published in Japan by arrangement with International Graphological Colloquium and Dafna Yalon.

日本語版への序文

　私たちの過去の経験，アイデンティティ，欲求や要望が，星と波描画テストを描くことによって，身体的な描画表現へと変わり，絵に現われます。

　私のもっとも深い後悔のひとつは，私は自発的にテストを描いたことがないということです。

　相談にきた個人や家族についての詳細を学ぼうと，1979年に書かれたウルスラ・アヴェ＝ラルマン（Ursula Avé-Lallemant）の先駆的な本を読んで以来，私は，このテストをテストバッテリーのひとつとして扱ってきました。私の内的世界に対するより多くの洞察を得る機会を逃してしまったのです。

　したがって，私はこのマニュアルを読み始める前に，読者の魂と心，思い出や夢，問題や可能性の現在の画像を保存することができるように，テスト描画をすることを，読者にすすめます。

　アヴェ＝ラルマンは私の師となりました。そして，彼女が「金の魚グループ（the gold fish group）」と呼んだ彼女のお気に入りの4人グループに属したことはとても幸運でした。そして，私たちはのちに彼女の理論と研究をヨーロッパ，北アメリカとアジアに広めました。

　スイスのユング心理学者である「金の魚グループ」のブルーノ・リーネル（Bruno Rhyner）博士は，このテストを日本に紹介しました。

　その結果，杉浦京子教授と金丸隆太准教授を含む，彼らのグループは，アヴェ＝ラルマン師に学ぶために，ミュンヘンへ長い旅をしました。

　そこで，私は，日本の読者のために，私たちの蓄えられた知識を広めることができて非常に満足しています。

　私はこのテストが，果てしなく水平に広がっていく言外の意味を含むので，最初から非常におもしろいと感じました。

テスト描画は写真のように，この世界の特定の地域に焦点を当て，描画者の表現能力によって，ある時期の本人の実存的な経験の縮図と象徴が表現されます。

　他の描画テストとは異なり，中心の画像の描写は要請されません。幾何学的にとらえられる中心は，宇宙のわずかな一点でしかないのです。宇宙は大きな力に属していて，夜，空と海の果てしのないアーキタイプ（元型）に従っているのです。

　右から左へと書くヘブライ語の手書きの方向性の文化に生まれたイスラエル人として，私は，左から右の方向性を持つアーキタイプ的な意味の方が，手書きの方向性の文化的刷り込みよりもずっと強いと，すぐに理解しました。

　描画中，私たちの認知力は左から，右の方へと発展します。

　したがって，私の最大の関心は，日本人の経験から多くのことを学ぶことです。その経験とは縦書きが定着している日本文化の象徴性と内的ドラマの表現によって見えてくる集合的無意識の方向性を意味します。

　私たちが予備データから学んだものから，星と波描画テストは，文化と個人の明白な違いを越えて，人間の力動性の共通の核心を明らかにすることができます。

　リーネル博士，杉浦教授と金丸准教授への大いなる感謝をもって。

　私は，心理学者，アートセラピスト，作業療法士，教育者と特別支援の専門家のような異なる分野の専門家とともに，互いの知識と経験を共有するという共通の目標に貢献できることを望みます。

　私は，将来日本の専門家や学生と，より広くそして，より深くコミュニケーションできることを楽しみにしています。

Dafna Yalon
samwise@netvision.net.il

Ein-Vered, Israel
November, 2014

謝辞

　この本は，国際筆跡学専門家会議の共同運営者であり，パリ（2003年）およびケベック（2004年）で開かれた専門家会議のワークショップに講師として私を招いてくれたTed BarnettとGraziella Petinattiからの大きな信頼なくしては書かれなかったであろう。彼らは，最初のワークショップの段階ではメモ書きにすぎなかったものを本書にまとめあげるまでのプロセスのあいだ，私に助言を与え続け，励ましつづけてくれた。

　サイコセラピストGudrun Schmuckは，私の親愛なる心の友であり，パリ開催のワークショップでは，パートナーでもあった。そして，常に私たちのインスピレーションの源でもあった。彼女からの興味をそそる挑戦的な質問やすばらしい洞察，情緒面での持続的な支援に感謝する。

　今回の旅路の心強いパートナーは，私の親愛なる友人であり素晴らしい言語編集者でもある筆跡学者Lorraine Herbertであった。彼女は常に私の至らぬところをおぎなってくれたのであり，彼女の想像力と底知れぬ忍耐力やすばらしいユーモアセンスが本書をすばらしいものにしてくれた。執筆および編集作業の過程をも楽しいものにしてくれた。

　絶えず関心を寄せて励ましてくれたEberhard Avé-Lallemantに特別感謝の意を伝えたい。Elain Quigley, John Beck, Jennifer Greenといったイギリス筆跡学協会の会員から多くの賛同を親切にもいただいた。とくに，本文を厳しい目で読んだうえに査読して有益な見解を述べてくれたAdam BrandとNigel Brandleyに感謝している。

　「金の魚グループ」として知られている，Fiorenza Magistrai博士とBruno Rhyner博士，Jaroslav Sturma教授からも多くのことを学んだ。彼らは，私がUrsula Avé-Lallemntのもとで学んでいた時代の心から大切な仲間である。

　同業者でもあり友人でもあるPatricia SiegelやRuti Abarbanel, Sara Hiromi, Zippi Mizrachi, Rina Beil, Dalia Agmor, Rudi Danor, Ulrike Kohlschutter, Henrik Wirz, 最近ではHaba Ratzonは，私が必要とするときにはいつでも良きアドバイスを与えてくれ，いつも傍にいて支えてくれた。

賞を受けることになった研究の全文がここにはじめて収録されることになった。その際，私を助けてくれた人びとに感謝の気持ちを述べられることに特別幸せを感じている。Martha Ben-Assa 医師が膨大な検査データの数量的分析を注意深く行なってくれたおかげで研究結果の信頼性を立証することができた。David Stainbeg 教授は，調査研究の設計と統計上の方法論および処理に力を尽くしてくれた。Arad 市の心理教育サービス，心理学者と幼稚園教諭からなるチームの主任 Chana Ben-Zion は，検査実施を指揮してくれ，全調査データを集めてくれた。また，Dan Benor 教授と，賞委員会の委員である Ilana Benor 医師に大いに感謝する。彼らは，彼らの信念と理解と資金面で援助してくれ，教育心理学をイスラエルに普及し，進展させた。

私が星と波描画テストに関わる仕事をしていた数年間のあいだ，Udit Shefer, Ronnie Manor, Limor Rosenberg, Avital Shachar, Batce Ben-Uziel, Carmit Katz, Mira Ziv といった教え子たちからも多くのことを学んだ。各々異なった学問分野の専門知識に支えられたすばらしい洞察や，彼らが担当していた事例をともにわかちあったのである。

才能と想像力のふたつを兼ね備えたグラフィックデザイナーチームが，単純な原文を美しい書籍へと変える手伝いをしてくれた。Dana Shimori が表紙および裏表紙をデザインし，Michel Greco と Claire Dorion とが全体に注意をはらってくれた。愛らしい9歳の女の子が表紙を飾る独創的で楽天的な絵を描いてくれたのであり，その描画を通じて，より広い視点と継続されるべき革新的な考えが常に存在していることが明らかになった。彼女のプライバシーを守る必要から，女の子に対する感謝をおおやけには伝えられないことをとても残念に思う。また，彼女と同じく，深い内的世界を私に託してくれ，また，検査過程において私自身を豊かにしてくれた全被検者に対しても，同じ理由からおおやけにお礼を言えないことはとても残念である。

最後に，しかし，最大の感謝と優しさとを最愛の夫 Dror と可愛らしい子どもたち Jonathan と Orly に捧げたい。私が星の光をつかもうと頑張っているあいだ，私はずっと皆の肯定的なエネルギーの波に囲まれていたし，夫と子どもたちは私と共にそのたいへんな道を歩いてくれた。

目　　次

日本語版への序文 …………………………………………………………………… i
謝辞 …………………………………………………………………………………… iii

第1章　イントロダクション …………………………………………………… 1
　　星と波描画テスト（SWT）の背景　4
　　テストの実施について　5
　　SWT の長所　8
　　SWT におけるさまざまな視点性　9
　　アセスメントのプロセス　10

第2章　適応的側面 ……………………………………………………………… 13

第3章　文化人類学的側面 ……………………………………………………… 19

第4章　機能的・発達的側面 …………………………………………………… 25
　　SWT 特有の発達　25
　　描画技能の発達　27
　　就学の成熟度　36
　　機能障害　38

第5章　パーソナリティ・テストとしての SWT：投映法的側面 …………… 55
　　星について　60
　　波について　61
　　星対波の優劣関係　62
　　空間の象徴的表現―縦軸　64
　　空間の象徴的表現―横軸　69
　　4つのコーナー　75
　　絵の中心部　79
　　左右非対称に描かれた星　86
　　付加的に描かれる要素　88

第6章　パーソナリティ・テストとしてのSWT：表現的側面
──〔パートⅠ〕反応の様式 ……………………………………………… 107
A．要点のみのパターン　108
B．形式的なパターン　108
C．絵画的なパターン　109
D．感情のこもった（雰囲気のある）パターン　110
E．象徴的なパターン　111

第7章　パーソナリティ・テストとしてのSWT：表現的側面
──〔パートⅡ〕筆跡分析 ………………………………………………… 115
Ⅰ．形　116
Ⅱ．動き　127
Ⅲ．空間の使い方　134
Ⅳ．描線の質　139
Ⅴ．平面の処理　149
Ⅵ．統合：マクロ構造とマイクロ構造の関係　153

第8章　一時的な状態かパーソナリティ特性か
──障害のサインについて ………………………………………………… 159
弱さを示す一次的なサイン　161
制御できない衝動の一次的なサイン　162
緊張の二次的なサイン　166
過剰補償による統制の二次的なサイン　171
環境不適応のサイン　174

第9章　さまざまな応用 ……………………………………………………… 179
フォローアップケースにおけるSWT　179
心理療法におけるSWT　180
クリニックにおけるSWT　184
犯罪学におけるSWT　185

第10章　事例研究 …………………………………………………………… 189
1．就学成熟度アセスメントと追跡調査　189
2．多様な問題がある子ども　195
3．荒れた思春期──非行手前の事例　198

4. 40代の経営者が描いた象徴性の高い事例　203
   5. 描画の背後にある矛盾した表現　207
   6. 予測できない行動　211
   7. 空想世界に入りこんだ事例　214
   8. 情報の少ない描画の事例　218
   9. ワークシートを用いた分析　221

第11章 結　論 ……………………………………………………………………………… 229

付録1　収集資料の書式 ………………………………………………………………… 235
付録2　SWTのワークシート …………………………………………………………… 237
付録3　**幼稚園で行なう将来の筆跡の質と学業成績を評価する道具としてのSWT** ……… 242
   資料と方法　249
   結果と考察　257
   要約　275

文献 ………………………………………………………………………………………… 279

索引 ………………………………………………………………………………………… 285

監訳者あとがき …………………………………………………………………………… 289

第 1 章

イントロダクション

　18年ほど前，私はドイツの筆跡学者・教育心理学者であるウルスラ・アヴェ゠ラルマン（Ursla Avé-Lallemant）先生の星と波描画テスト[1]（The Star-Wave Test: SWT）入門コースに参加した。当時，すでに私は，彼女が専門とする筆跡学研究と，テスト用紙に海の波の上に星を描くという，彼女が開発したこの素晴らしいテストに関心をもっていた。それは，一見，とてもシンプルなテストだが，自分のものとして試してみようとしたとき，いまだ私が知らない何かがあることを感じた。入門コースでの私は彼女のあらゆる言葉を吸収し，実際に理論を用いる方法を学んだ。夜はルツェルン湖畔を歩き，子どもが星空の下で波の畏敬に満ちた力を経験することを理解すべく，しゃがみながら子どもの視線でスイスの穏やかな湖を眺めたものだった。[2]

　コースが修了し，家に戻ると，近所に住む当時6歳4ヵ月のナタリーが絵を描くことを快諾してくれた。それが図1である（2ページ参照）。ナタリーはわずか半年前，家族と共にイスラエルに移住してきたばかりで，その後，ヘブライ語の知識もないまま学校に通っていた。学校好きの彼女は，クラスの優等生でもあった。これはテストを受けたときに確実に生じていたところであり，以来しばらく継続していた。

　ナタリーの描画でとくに印象的だったのが，表現力と生き生きとした想像力である――勤勉で気長な性質が，多様な星，強い波と力と角ばった星，さらには絵全体に現れていた。はじめての学校生活での自信と勇気は，強く，確かな筆跡から知ることができた。だが，空の領域の強調は，ナタリーが学問的かつ知的志向にあり，高い社会的欲求に圧力を感じながらも，描かれた星のようにきらめき輝きたいという熱望を示していた。外的には，成功を知らせ，明らかにしたいという気持ちが，やや注意深い装飾的なデザインから理解することができた。一方で，

---

[1] 原語は The Star-Wave Test であるが商標登録の関係で本書では「星と波描画テスト」としている。
[2] 簡潔さという理由から，文章では男性の性別のみに言及しているが，男性同様，女性にも等しく適用できる点に留意してほしい。このテキストでは基礎となる事例によって性別は異なっている。

図1 女子／6歳4ヵ月

　海の領域は，その大きさや力の入れ具合から重視されなかった。波に示される感情的・本能的なものの強調は，両親が学位を有していたり，知的な職業についているなど，いわゆる知識人の家庭の子どもたちによく見られるものである。彼女の両親も共に博士号をもち，新たな国イスラエルで学問的キャリアを積むことに深い興味を抱いていた。

　海の領域に2匹の魚が描き加えられたとき，私は安堵した。2匹の魚は，絵を活気づけ，感情的な機敏さと親しみやすさを示しているように見えた。私は，その魚をナタリー自身と大好きな弟を象徴するものとしてとらえた。しかし，長いあいだ，右下に空白を残したまま，それ以外はバランスのとれているこの絵を乱す非対称の魚の配置が気がかりであった。なぜ，視覚的にも敏感で聡明なこの少女は，空白部分への描き込みを避けたのだろうか。絵の調和を維持するには何かが欠けているのだが，それでもナタリーはその空間を無視すると決めているかのようだった。

　その後も私はナタリーの成長を見守り続けた。彼女は優秀な学生として一流大学を卒業した。優等生の彼女は，いつでもリーダーとしてさまざまな社会的活動に参加し，与えられた義務や責任を果たした。彼女は愛されることを望み，学業や優れた性格を周囲に認めてもらいたかっ

たのだろう。

　ナタリーの家族の秘密を知るには何年かが必要だった。テストが描かれるすこし前に判明したのだが，あるとき，ナタリーの母親は夫がひどく不誠実であることに気づいた。母親は夫婦間の問題を解決する新たな方法として，夫を他の女性から遠ざけるべく彼をイスラエルに移住させたのだった。おそらくナタリーは両親の結婚生活に亀裂が生じていることを知らなかったはずだが，長期間の彼女のふるまいや行動から人生の早い段階で無意識に2つのことを決定していたのは明らかだった。ナタリーは両親の子どもとして，ときに両者の調停者として行動し，両親の関係の責任をとるように努めた。さらには，屈辱的な母親の強力な味方になった。いつでも模範的な子どもとして，問題を起こすことも反抗することなく思春期，青春期を過ごした。母親の親友として，親密な感情をも分かちあった。さらには母親と同じ趣味をもち，他の行動や興味をも追い求め，母親との強い同一視を示したのである。描画時のナタリーの魚には，そのひどい夫婦関係が象徴されている。両親に対する感情的愛着は過去に向けられ（左側），不確かな将来は（右側）へと，その右側の空白ではまるでナタリーが泣いているかのように，特別な注意が向けられていた。左側の魚の位置は母親との同一視が，右に向かって泳ぐ魚は，家族の感情的な調和にわずかでも進歩を促したいナタリーの願いが託されている。

　18年が経過した今，ナタリーの将来の多くが幼い頃のテストに現れていたことがわかる。彼女はいまだ母親の家に住み（最近，両親は離婚し，母親はヨーロッパにある家族のもとに戻った），母親の研究を踏襲して，常に明るく，成功した，親しみやすい面だけを他人に向けている。

　しかし，この18年はナタリーだけのために過ぎていったわけではない。SWTは，アヴェ゠ラルマンのもとで学んだ者とアヴェ゠ラルマン自身によりヨーロッパ諸国，イスラエル，日本，中国，イラン，南北アメリカにまで広められた。分析される者（SWTを受ける人）も増加し，異文化比較も実施された。多くの概念と実践的経験が加わり，科学的研究が行なわれ，発表され続けている。この間，継続しての事例研究やこのテストのもたらす予測的な力をも認められるようになってきた。

　私の個人的なケースは18年間続けられ，アヴェ゠ラルマンによるスーパーバイズや励ましに支えられてきた。私は少なくとも年に一度，彼女のもとで学び，臨床場面で遭遇した多くの問題を投げかけてきた。ありがたいことに彼女は，新たな着想や批判的な意見を共に分かちあってくれた。私は幸運にも3人の著名なSWTの専門家と共に，彼女のお気に入りのグループ「金の魚グループ」に加わり，大学でテストを教えている。スタルマ（Jaroslav Sturma）博士は，プラハにあるカルレ大学心理学部部長であり，チェコ心理学会の会長である。マギストラ

リ（Frorenza Magistrali）（イタリア）はウルービノ大学の筆跡学講師（筆跡学プログラム）である。さらに，ユング心理学者であるリーネル（Bruno Rhyner）博士は，東京大学心理学科（訳注：京都大学の誤りであると思われる）にこのテストを紹介した。私の長期間に及ぶテストの予測的価値の継続研究は（第3章を参照）イスラエル心理学会から賞を受け，2つの学会で発表された。この間，私は家族，カップルセラピー，戦略的短期療法のコースも修了し，これらは個々の問題と機能不全にある家族問題について，より深い洞察と理解の後押しをしてくれた。最初の発表以来，未発表のまま25年間SWTに関する知識が貯えられてきたが，これを明らかにするのが本書の目的である。アヴェ＝ラルマンの90回目の誕生日にこの本の草案を差し上げたのだが，残念なことに彼女は完成版を手にすることなくこの世を去った。この本は彼女への思い出として捧げたいと思う。そして，彼女がもっともきらめく星で，揺り椅子に腰掛け，読者に微笑みかけていることを願っている。さらに，アヴェ＝ラルマンの発するユニークで力強い波のポジティブなエネルギーがSWTを研究する私たちに授けられることを祈っている。

星と波描画テスト（SWT）の背景

　アヴェ＝ラルマンが開発した星と波描画テスト（SWT）は，1979年のドイツ語版として最初に出版された。その後，英語（1984），日本語（2000, 2003）[3]，さらにはさまざまなヨーロッパ言語に翻訳されている。

　当初，アヴェ＝ラルマンは就学前の子どもたちをアセスメントする試みとしてテストを考案（1979）した。子どもたちには絵を描きやすいように，あらかじめ星の列，ジグザグな波の線が与えられた。子どもたちの基本的な手がき運動能力を査定する類似の試みとして，就学前の子どもに花の輪の模様と弧の絵を描かせるヘプナーテストがある（Hepner, 1978）。初期のSWTバージョンの，基本的な要素には，全体的な絵画表現が含まれるという概念が発展し，就学成熟度をアセスメントするテストとして導入されるに至った。星と波という親しみのあるものを描く限定された枠組みは，複雑な幾何学的な形，力強さ，しなやかな表現，芸術的，象徴的な要素を加える可能性をも引き起こす。最初の実験で，このように簡単な線を描き続けることが楽しみや刺激となり，さらにはさまざまな個人の問題解決にも関係することが明らかにされた。

3）　ブルーノ・リーネル，杉浦京子，鈴木康明著『星と波テスト入門』川島書店，2000年。
　　ウルスラ・アヴェ＝ラルマン著／小野瑠美子訳　投映描画法テスト研究会責任編集『星と波テスト―発達機能・パーソナリティの早期診断』川島書店，2003年。

SWTでの子どもたちの魅きつけられたような反応も注目された。そして，それは夢の分析のようにユング心理学の理論を用いて解釈された。さらに，すべての描画テストで精神診断学的解釈がされているように，SWTでもまた，象徴と描画表現に関する内容分析が行なわれた。その結果SWTが大人のパーソナリティ・テストとしても導入できることがわかった。

SWTは筆跡学の概念を基礎とした「筆跡学を簡潔にしたもの」と考えることができる。アヴェ゠ラルマンはヘスによる「3つの手がきの絵」（Heiss, 1966）の概念を発展させ，自身の描画テスト分析に適用した。この方法は3つの異なる視点——絵としての形，空間配置，運動——からアプローチするものである。各々の絵は異なる心理診断学，発達上のパターンと意味をもち，この相互作用がパーソナリティの全体的な構造を明らかにする。このような特徴的分析は，さまざまなパーソナリティの側面のみならず，混乱さえも明確にできる。手書きの文字は，より活動的，自動的な過程のなかで形づくられ，位置づけられる。通常，3点（形・空間配置・運動）は混合するとされる。

SWTの被検者は，標準化されたテスト用紙の枠のなかで，普遍的な自然の要素である形の決まった「星」と，自由に変化する「波」の表現が促される。異なる要素を表現する筆跡はもっとも重要である。さらに，アヴェ゠ラルマンは鉛筆の筆跡分析における新しく体系化されたアプローチをも開発した。

テストの実施について

テストは標準化されたA5サイズ21cm × 15cm（8¼ × 5⅞インチ）の大きさの紙，そこに15.5cm × 10.5cm（5⅞ × 4⅛インチ）で枠づけされた用紙で実施される（図2）。この用紙は，数枚の紙の上に置くようにする。中程度の硬さの削った鉛筆も必要である。鉛筆の先に消しゴムがついたものを準備してもよいが，質の悪いものを避け，消しゴムで修正された跡が見えるようなものを選ぶべきである。被検者は，消せるということで初めて安全感を得られる。多くの描画テスト同様に，消しゴムを準備する必要性，良い点と悪い点については多くの論争がある。

テストの教示は「**海の波の上に星空を描いてください**」である。10歳未満の子どもたちは，「**星を波の上に描いてね**」でかまわない。2歳半から3歳の幼児を評価する場合，事前に，これまで夜に星を見たことがあるか，どう見たかを覚えているかを話し合うのもよいだろう。または，波の様子を思い出させるために，水を入れたボウルやバスタブで波を見せてみるのも一案である。さらに，星や波を描くテストがゲームのように和やかな雰囲気で行なえれば，子ど

STAR-WAVE-TEST (SWT)
Draw with pencil: **A STARRY SKY OVER OCEAN WAVES**

```
┌─────────────────────────────────────────┐
│                                         │
│                                         │
│                                         │
│                                         │
│                                         │
│                                         │
│                                         │
│                                         │
└─────────────────────────────────────────┘
```

Name or Code No.: _____ Test date: _____

Sex: male ☐ female ☐　　　　　　　　　Birth date or age: _____
　　　　　　　　　　　　　　　　　　　　　　　　　　　　　　(years)　(months)

図2　The standard test form
　　（原図を86％縮小。原図：タテ105mm×ヨコ155mm）

もらはプレッシャーや不安を感じることはないだろう（Magistrali, 1999）。

　被検者の性別に関する情報，正確な年齢，健康状態と利き手の記録も大切である。さらに情報として残さなければならないのは，異質の要素（星・波，それ以外の描画）であり，星や波の領域に目立った指向性があるか否かである。情報はすべて記録用紙に記入する（付録1および第2章を参照）。

　教示は，わずかな曖昧さを残す最小限のものにしなければならない。「楽しんで」「できるだけ上手に描きなさい」というテストに悪い影響をおよぼす助言，援助は避ける。もし子どもが星，波など描くべき基本的項目を忘れても，質問があるまで待つようにする。描き手や作品について批評めいたもの，疑念を抱いてはならない。絵を描いているあいだに何を考えていたか，描いたものについて何か言いたいことがあるか，などは描き終えてから質問してかまわない。

図3 女性／54歳
学校教育をまったく受けておらず，読み書きができない。最近成人教育プログラムに参加している。

図4 男子／5歳2ヵ月
選択性緘黙だけでなく，大人や幼稚園の先生とも会話ができない。彼が母親にした説明によると，船にいる2人は何もしていない。水のなかには2匹の魚と人殺しのタコがいる。家族画では，家族全員がドラゴンや噴出する火として描写された。

図5 女性／19歳 知的障害

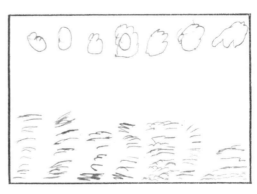

図6 女子／16歳 知的障害

絵が普通でない場合や絵の要素がはっきりしない場合には，進んで質問すべきだろう。しかし，二次的な考えや合理化によって，分析者が本来の意味から離れて分析することがあるため，長めの質問は避けるべきである。

　テストは個別でも集団にも実施できる。集団施行では，他者の描画の写し（真似）を防ぐ必要がある。集団施行は，通常，スクリーニングを目的とし，一定のトレーニングを受けた教師が行なう。しかし，スクリーニングの過程で疑惑を感ずる被検者に対しては，繰り返し，個別に再テストを実施する。また，この場合，十分に訓練を受けた資格のある者が監督しなければならない。SWTが精神診断（Ben-Assa，私信）として用いられる場合，常にこれらを厳守すべきである。テストに制限時間はなく，シャラレー（Shahraray, 1997）の研究では，小学校1年次の平均試行時間は8分と報告されている。

被検者が自発的に他の物，魚，船，飛行機などを加える場合，それを妨げてはならない。アヴェ＝ラルマン（1997）は，仮に被検者が何かを加えたいと言った場合，本来の目的に注がれるはずの努力から離れてしまうため「そういうものは後にとっておいてね」と伝えるよう提言している。他の研究者は描き加えを阻止すると，重要な無意識的連想が利用できなくなることを憂慮し，被検者の要望について「好きなように描きなさい」と答えている。この点は，最終的な評価の目的によって異なるだろう。

標準化されたテスト用紙の代わりに白紙を用いて，星と波を描かせることも可能だが，多くの情報が失われ，テストの全体の概念も歪められてしまう。比較的小さな枠が与えられたとき，被検者は学校の課題のように感じ，作業に注意を向け，集中するだろう。さらに，枠が壁にある絵のように周りの空間から知覚的に分離されていると感じるかもしれない。しかし，背景は直接的に枠に接触しているため，活動の中心とも考えられ，背後から枠の領域へと引きつけられることから前面が強調される（Arnheim, 1988）。枠は限定され，個人的な世界と切り離されていることから，内外の環境と行動の相互交流が可能である。

SWTの長所

- 安価。用紙はコピーして使うことができる。
- 早い。被検者の年齢によるが，通常5〜8分で描き終えられる。
- 管理が容易である。親や教師は，現在，子どもが置かれている環境ですぐ教えられる。
- 集団施行では，スクリーニングツールとして適用できる。
- 3歳の子どもから，より高い年齢層すべてにまで適用できる。
- テストは国際標準であり，文化差にも対応できる。したがって，地域の人びとのなかにサーカスやジプシーなど多国籍遊牧民の子どもがいる学校でも効果的に使用できる（Magistrali, 2002）。
- 非言語的：読み書きのできない子ども（図3）や知的障害のある大人（Avé-Lelleman, 1982; Kohlschütter and Wolff, 1991; Schmuck, 1997），話ができない人，難民や移民者にも適用できる（Avé-Lelleman, 1985; Magistrali, 1997）（図4）。これまでの事例では，木を描けない子どもでもよいSWTを描けている。このような人びとには，パーソナリティの健康的部分に焦点を限定し，導入できることが事例の追跡研究で明らかにされている（図5，図6）。杉浦准教授とその研究グループ（Sugiura et al., 2002）は，SWTを描画テストバッテリー（バウムテスト，ワルテッグ描画テスト）とした継続的な適用を勧めている。これらは，感情を言葉で表現できず，しばしば自分自身の感情もわからないと感じる，失感情症患者の治療にも用いられている。投映法がもたらす潜在的なメッセージは，このよ

うなクライエントの精神状態の理解を容易にし，さらにセラピーの進行をも変えることすらある。
- テストは不安を感じることなく，リラックスし，楽しく実施されるべきである。テストが否定的な事柄を引き出すようであってはならない（人物画描画とは正反対の立場である）。とくに子どもは，テストを面白いと感じ，楽しむのだが，ときに色づけしたいと訴える。テストを受ける多くの子どもたちは，全体的な心理的評価の一部としてテストを受け，アセスメントがもっとも興味ある部分であるかのように語る（Sturma, 2001）。
- 子どもらしいテーマとアーキタイプ的内容は，しばしば退行と早期の記憶を引き起こし，深いパーソナリティの層への接近を可能にする。このため，重要なことや驚くべき事柄が想起されることがある。
- 筆跡学者による分析は比較的シンプルである。テストでは手がきの3つの要素――運動（波），形（星），空間配置（枠内の配置），そして筆跡の質――が確認される。さらに，計算された星の「皮層の運動」（ポハールが説明した一本線（Pophal, 1949））は，波の「振り子筆跡」とに分けて分析される（Avé-Lallemant, 1981）。3点と2種類の筆跡が混ざり合ったような手がきの明瞭な分類は不可能である。
- SWTは非常に情報量の多いテストで，パーソナリティのさまざまな部分に関係している。

ベン＝アサ博士（私信）により，効果的なスクリーニングツールとして最初に提案されたユニークな特性のテストは，大集団での異文化間比較研究で統計的有意差を示した。イタリア人の精神科医リッゾ博士（Rizzo, 1999）は，「SWTから推論される解釈の仮説は，心理的理論として有効であると科学的に認められ，ユングの深層心理学に触れる……精神科医は，専門的な訓練や特定の描画理論の知識をもたなくても，即座にSWTを使えるだろう」と強調している。これは，すべてのメンタルヘルスと治療の専門家にとって真実であることは明かであろう。さらに，確実な描画理論の知識は形や配置，描画の動き，筆跡の質などの分析を可能とし，描画分析をより豊かに，深めることさえある。

SWTにおけるさまざまな視点性

SWTは研究やさまざまな理解によって，異なる側面からのアプローチが可能である。ここでは短い概略のみ示し，詳細は第3章〜第8章で述べる。

A．いくつかの経験的研究は，**文化人類学的**な事柄に集中している。

B．テストの**発達的**側面は，10歳までの知覚，認知，描写運動の機能を対象としている。

機能的なテストとして，とくに実用的なのは，6歳までの子どもの就学成熟度を予測できることにある。量的尺度はすでにいくつかの研究で確認されている（Yalon and Ben-Zion, 1997; Kucharska and Sturma, 1997）。配置の発達パターンとさまざまな反応は青年期までが重要であり，認知と感情はさらなる成長を遂げる。

C．幼児を対象とした初期のテストのさまざまな発見は，すべての年齢層を対象とするパーソナリティ・テストの確立を促した。一般的な描画テスト同様，それらは2つの視点から分析できる。

1．**投映**という側面から「何を」描いたか。すなわち，心理的な象徴でもある星と波，それに加えて，船，岩や月のような付加物も検討される。それらが「どこに」描かれたか（場所），「どこを向いているか」（方向）は空間象徴から検討される。象徴は，常に多様で特定のテーマに関係するが，無限のバリエーションがあり，特別な生育歴や状況によって解釈できる。

2．**表現**の側面では，これらの要素の「何が」描かれたか，すなわち運動，形，空間の配置や筆跡の質などが解釈に関係する。意味するものは，テストでの相互作用の特性から，しばしば非常に直接的で，その解釈から特別な表現を知ることになる。さまざまな図式的指標「障害のサイン」の識別によって，一時的な状態か不変的特徴かの見極めが可能になる。

しかし，これらの側面の評価を議論する前に，まず，適応にかかわる検討が不可欠である。これは，いずれのテストにも該当するが，テスト結果は環境から影響を受けることがあり，それを被検者のパーソナリティと見なしてしまう危険性がある。

相互作用には意味があるので，パーソナリティの多層的理解を得るためにも並行して研究すべきだが，教育的な目的からこれら5つの側面を個別的に扱うこととする（Avé-Lallemant, 1981）。

アセスメントのプロセス

この章は事例を分析する際に，留意すべきポイントを示し，理解の手助けとすることを目的としている。しかし，これが必ずしも分析に求められるとは限らない。

他の描画テストのようにSWTのアセスメントをするときには，以下のような点が実践的傾向において優れているといえる。

Ⅰ．全体的な印象

描き手の世界へ同調する試みともいえる。このユニークな展望は，世界的要素に定義される絵の形態の一般的な質的側面でもある。それには全体的な印象，一般的メッセージ，成熟度，創造性，質，障害，衝動性，風変わりで奇怪な印象などが含まれる。さらに，とくに顕著で典型的な特性，絵の第一印象から思い浮かぶものがあれば，特定できる主要なサインを考えるべきである。ここに一般的な表現でない異質的要素が含まれている場合，これを「反優位性（counter-dominant）」という（Saudek, 1954）。この要素は分析において，調和した印象を妨害するほどの重要な意味をもち，アンバランスでありながら主要な特性である。それは多くの感情的エネルギーをもち，被検者の安定性を脅かす未解決な中心的葛藤を示している。例として，図1では，右下の空白が絵の他の部分との調和を妨げており，青年期の未解決の問題が示唆されていると考えられる。

これらの全体的な要素は，被検者の全体的資質，内的な調和や不安定，主な防衛，衝動の相互作用とコントロール，典型的かつ特徴的な特性，興味の優位性と動機づけに関係する。これらの構成はパーソナリティの「骨格」であり，分析のおおまかな見立てを容易にする。ときには手短にパーソナリティを描写するのに十分なものである。

Ⅱ．特定の詳細

すべての詳細な分析は，全体的なパーソナリティ・プロフィールと全体像を確認した後にすべきである。各々のサインは，さまざまな標準的解釈ができるだろう。ハンドラー（Handler, 1985）は，サインの意味そのものを尋ねるかわりに，それが何を意味しているかを尋ねるべきとしている。仮説は他のサインや全体的要素に支持される必要があり，さまざまな選択からの特定の解釈は絵の全体を考慮して行なわれる。

Ⅲ．統合（組み立て）

テストデータが集められた後に，統合的な要約をすべきである。総合的判断には，テストの主な結論が含まれなければならない。他のテスト結果を評価し，考慮しつつ，絵を理解する手段として，被検者の生活歴を知り，現在の生活状況との関連性を検討すべきである。

付記されたワークシートにテストの原則と段階的な分析を概念化し〔付録2〕として示した。SWTがまだ新しいテストであることを念頭に置き，量的アセスメント（量的研究）を支持する客観的データが不十分であることを忘れてはならない。〔付録3〕には，2つの確認された尺度，1人は学齢期にある子ども，もう1人は，精神的危機にあるレベルの子どもの例を示している。

全体の評価プロセスで分析者は，すべての表現された感情表現と，表現された象徴的な意味を統合し，「なぜ」特定の要素が表現されたのかを探しだす必要がある。ときには，それが表現された1つの理由でない場合もあるが，代わりの要素が存在するはずである。そのような補償は，しばしば芸術的で人目を惹く表現になるだろう。

　ソロー（Hanry David Thoreau）は，「何があるかを見るのではない。あなたが何を見るかだ」と述べている。異なる分析者でも細部の解釈や表現の内容について，同じ意見をもつものである。結論に至るまでの段階で分析者は，やや客観性と明快さに欠けた「個人的な物語」を持ち出し，間違いを起こしやすい。最終的な結論は，価値観，信条，態度，ニーズ，恐れ，歴史，経験，社会的背景から結果として生じる自己像と期待に基づき分析者の世界観の影響を受けて伝えられる。つまり，SWTや他のテストの解釈での被検者の動機づけや補償は，「その理由」「そのかわりに」という問題として考えることが重要である。（例として，柔軟性，心の広さ，曖昧さ，調整力，目的，意志力，忍耐など。）

　サンドナー（Sandner, 2000）も，気質の理論に基づき，体系的なアプローチを留意するべきだと主張する。分析者は，個人のパーソナリティ，当人の葛藤と資質だけでなく「適応しているよい部分」にも焦点を当てなければならない。すなわち，被検者の気質とその周囲の人びととの相互作用や環境がこれに該当する。被検者の心のなかと外界がお互いに相反して相互作用がうまくいかない場合，私たちは体系的な（援助）能力を向上させて，被検者の不適当なパーソナリティ・テストが不適合を起こしているものを克服できるように援助すべきだろう。

第2章

適応的側面

　アブラハム（Abraham, 1989）は，彼女の人物画テストについての著書のなかで適応の原理について広範囲にわたって論じている。そのなかで彼女は，個人のパーソナリティと現実や環境との相互作用は適応過程であると定義づけている。したがってアセスメント場面のような特定の場面に付随する行動も適応過程としてもみなされている。

　被検者がテスト中にとる行動様式はとても重要なもので，たいていはより一般的な態度や反応を推測することができる。テスト中の行動はしばしばテスト状況に対する態度の反映だけではなくて，問題解決のやり方や普通の課題の取り組み方への態度も表している。だから対処技能，適応，自信，衝動や衝動統制の度合いを知ることが可能になる。同じような状況での以前の経験は結果に影響を与えるので，あまり頻繁にテストを取ることはしないほうがよい。だから被検者のテスト中の行動は注意深く観察して記録を取ることが望ましい。（〔付録1〕を参照）

　被検者が描いているときに，テスターは星，波，付加物といったさまざまな細部やそれらの方向を描画の順に記録すべきである。被検者の発言や質問についても，とくにたいへんだったことや感情，表現，変わった行動と同様に書きとめるべきである。変わった点や反応は適応上の問題や大きなストレスか統制不全を表しているので，注意深く検討すべきである。描くことによって不安や注意力，衝動，陽気さ等の程度が増加しているかどうか観察しなければならない。HTPテスト（Buck, 1966）でバックが示したテスト中での系統的な記録法に従うのがよい。バックはテストを受ける被検者の協調性，ストレスのサイン，マンネリズム，集中時間，共感性，反応時間，志向や他の特性を記録した。

　たいていの人はテストに喜んで応じてたやすく描く。一般的な行動は，描く前にすこしのあいだ熟慮しようとしなかろうと無意識的に星と波を描いてしまう。そのように黙っているときは，不安のある状況に対してただ居るのではなくて，行為することによって不安を切り離そうとする努力の結果でもある。

適応しているかどうかは，言語的コミュニケーションによって明らかになる。その場でやたらとしゃべったり，冗談をいったりすることは克服すべき不安が大きいということである。何が認められているか，期待されているかを見つけようとして多くの質問をする人もいる。それは不安定さの表れであり，そういう人は良いところを見せて認められたいと願っているのである。被検者はしばしば絵がへただとこぼし，それに対して実際は絵の才能は関係ないし，むしろ阻害要因になると返答をする。あるいは芸術的才能の発達は10歳で止まってしまうからほとんどの人はうまく描けないということを言ってもよい。ただいずれの場合も被検者はちゃんと描くように求めるべきである。その他すべての質問については「お好きなように」とでも答えておくようにする。

　非言語的コミュニケーションもその人柄をよく表す。声の調子，テスターの動作へ一瞥を投げかけること，緊張やほっとした動きや一般的なボディーランゲージ，神経質なまばたきや荒い息などはほんのいくつかの例であるが，それらが現れたら観察し記録して検討するようにする。また消し続けているとか，いつまでも鉛筆を削り続けるとか，紙をあちこちにひっくり返すといったテスト用紙の扱い方も重要である。被検者が用紙の特定部分や描画の特定の内容を扱っているときに起こるのならばそれらはとくに有益なものとなる。そこから多様な統制，衝動，巻きこまれ，離脱，熱中，欲求不満，楽観や悲観の程度等を特定できることになる。

　厳しい自己批判をする人はよく意見をいい，意図するところを描く，あるいは作成できなかった言訳をし，稀にではあるが，描画を駄目にしてしまうこともある。実際テストをだいなしにするというのは恐れや攻撃性や敵意の表れである。

　被検者が遂行できないときには器質的な問題も推測される。器質的な問題や知的障害はしばしば固執にはっきり現れて強迫的な仕上がりとなる（Ogdon, 1984）。描くことの拒否や反対意見にみられる抵抗は一般的に拒否的な態度を示す。紙を上下逆にしたり垂直にする，ときには枠に沿って描いたり，中央を空白にしておくのも反対傾向の表れか，自分を創造的であるとか普通の基準では測れない独創性があると印象づけたいという欲求の表れである。他の場合ではそのような人は違う主題を描いたりする。まったく異なった主題で描く絵においては，自己統制，境界への配慮，憤り，攻撃性，統合，創造性，生産性を評価することが重要である。また型にはまらないアプローチに影響を与える特性を示す絵の要素を評価することも重要である。成人では描画にまとまりがなく，混乱していて奇妙で基準と外れているように見えるときは常に「外れた人」の行動の印であり，一般的な価値観から見ると問題がある（図7）。若者ではとくに絵が論理的でそれ自体で調和がとれているときは，その人は異なった在りようへの欲求の結果として個人主義的なアプローチと判断することができる（図8）。他のテストや成育歴の情報がその個人の現実検討力を理解するのにしばしば必要とされる。

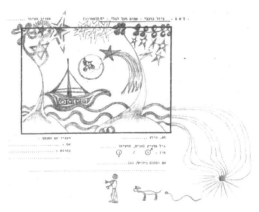 

図7　男性／41歳
被検者は鉛筆を使用することを拒否して自分のボールペンを使うと主張した。描くことを楽しんでいた。そして不必要な多くの付加物を書き加えて枠の外へとはみだしてしまった。彼はキブツの一員だが，高い知性と才能にもかかわらず仕事を続けることも出世することもできなかった。自分を芸術家だと思っていたが芸術的なものは何も生み出さなかった。

図8　男子／11歳7ヵ月
良い生徒である。友達も多く創造的な趣味を多くもつ。波の上に星を描くことを退屈に思い「銀河戦争」を代わりに描いた。尖った形や構図の硬さや鋭い筆跡や斜線が強い攻撃性を表しているが，しかしよく統制されて（平行に線影をつけて枠から出ていない）いる。だから強迫的であるが芸術的に洗練されている。

　非常にまれにはまったく協力を得られないことがある。被検者は空白の用紙を返却したり席を離れたりする。SWT では人物画や家族画と違って不安を引き起こすことはほとんどないので描くことを拒否するのはとりわけめずらしい。400 人以上の 5 歳児に幼稚園で 1 週間にわたってテストを行なったが，白紙で戻したのは新しい移民で言葉の壁のために，課題を理解できなかったと思われる 2 人だけだった。SWT は不安を喚起しないで簡単に楽しんで行なえるので，協力を得るための他の方法や努力が失敗したときによく使用される。

　しかし特殊例として，テストの教示自体がその主題ゆえに大きな不安を引き起こすこともある。このような不安は，たとえば，夜ということでは夜尿とか悪夢とか虐待などで，また海ということでは溺れそうになったり，荒海を航海したといった嫌な経験をもつ子どもたちに現われる（図9，図10，図74 a-b）。

　テスターがテストに与える影響も，それぞれのテスト場面が対人相互作用に依存するところがあるので無視できない大きな要因になる。このような相互作用はしばしばテスターの年齢，性別，外見や性格に左右される。幼い子どもはテスターが好きでないときには，問題を起こしたり，発達水準に達していないことをする（図11a，図11b）。そのような場合には，親，教師や馴染みのある人にやり方を教えてより安心した状態でもう一度取ったほうがよい。同じように上手くできなかった場合，子どもの気分が悪かったとか怒っていたとか，トイレに行きた

図9 女子／6歳1ヵ月
描いているときに非常にストレスを感じ次のように述べた。「星は海のなかにあるが暗すぎて見えない。私は暗闇が怖い」。他の課題では描画能力は普通だった。

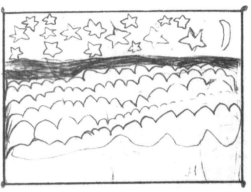

図10 女子／6歳2ヵ月
知覚防衛（多くの感覚刺激に過敏）に悩まされていて水を恐れ海辺に行くのを拒んでいる。

図11a 男子／5歳8ヵ月
このテストはこの子が嫌っている幼稚園教諭が施行した。ここではわずか1点の発達尺度しかなく（第4章を参照）。重度の発達障害のように見える。形と動きの障害構成に重大な問題があるのがわかる。塗りつぶしが強い苦痛を表している。

図11b 男子／5歳9ヵ月
図11aと同じ男児でちょうど1ヵ月後にテストが施行された。今回は週1回彼と勉強に来るこの子が慕っている特別支援教育の教師が行なった。その人のために努力して，まだ幾分障害や緊張はあるが発達尺度で6点（同年齢の平均点）を獲得した。障害は平均以下である。通常の設定（以前のテスト）ではこの子は能力と成長を表現できなかった。

かったということもある。だから1つのテストで病態を断定するのは避け，結果に疑問の残るテストは数ヵ月後に必ず再テストを行なうべきである。

　テストに影響するこれらの記録や隠れた感情はそれらを正しく記録し評価するように訓練された専門家によって個別に行なわれたときにだけ意味のあるものとなる。これらの重要なデータはテストがスクリーニングなどの目的で，集団で行なわれたときには何時でも失われてしまう。子どもの集団のスクリーニングで問題が仄めかされているときは，常に個別のアセスメン

トが必要である。たとえば，2人の子どもが非常に似ている波形の繰り返しと同じ空白がある海の領域を描いた。1人目の子どもはそばにある窓から見える友達の遊びに非常に興味をそそられて，その遊びを覗こうとして何度も描くことを中断した。課題を終えたかったが，注意が途切れ，元気がありすぎて集中できなかった。この子は後に神経学的な検査を受けてADD（注意欠陥障害）と診断された。2人目の同じような中断をした子どもは波形を描くたびに不平を言い深い溜息をついていた。この不安定な子どもは人生を障害に満ちた道だと見ていたが，それでもそれを何とかしたいという希望を持っていた。

　この単純な海の波の上に星を描くという率直な課題はしばしば被検者をウィニコットのいう「可能な空間」（Winnicott, 1971）へと導き，遊びに満ちた状況を作りだすことができる。遊びは被検者と分析家のコミュニケーションの一種となり「心理療法的なやりとり」が被検者と心理療法家の遊びの場で起こる。遊びに溢れるコミュニケーションは被検者が自分自身に触れるという結果をもたらす。遊びは常に個人の内的現実と実際の対象を統制する経験とのあいだの主観的な概念と客観的に掴める物とのあいだの敏感な相互作用である。ウィニコットは親密で信頼に満ちた魅惑的で，はかない瞬間は「可能な空間」で起こると述べている。それはとても生々しく創造的で興奮させられる経験であり，満たされているか，驚かされるものである。決定的なものは被検者が自分自身に驚く瞬間である。そのような自発的な洞察はしばしばSWTを描いているときに起こり，分析家が解釈を行なう以前でさえ大きな治療的価値があるものとなる。ウィニコットはこれらをもっとも明確でかつ意味のある瞬間であるといっている。それにより本当の理解が進むので，治療者の解釈がクライエントの内的成熟なしに行なわれているうちはしばしば単なる教えに終わってしまうと認識していた。だからこれらの洞察の素晴らしい瞬間を大事にして，それが起こる時間と空間を持てるようにすべきである。

　46歳の女性が診断面接の終わりに7つの星と1つのうねりのある波のSWTを描いた（図12）。その結果には非常に不満足でしばらく考えてから汚れたもろい筆跡で硬い影をつけた。しかしそれにはもっと嫌悪感をもってしまった。またしばらく考えて芸術的に多彩に描いた。波の領域では「筆跡ははっきりした」。そこでテストを提出し安心していた。テストを行なっているときに現在の「空白のページの恐怖」が反映している空白の海の領域で内的な空虚と直面していた。そこでそれを何かの内容で埋めようとしたが狼狽して汚い筆跡で混乱したなぐりがきしか描けなかった。そこで知性化の機制で自分を防衛して引きこもってしまった。

　テストを終了したときにもう1枚の用紙を要求して，もっと興奮して理想化されたSWTを描いた。「これは波立つ青い海で波はどんどん高くなります。1つの波は空に届きます。天と地のあいだに行きたい。そこから地面は見えない。青緑の渦のなか。オレンジやトルコブルーや，そう白も使いたい。花もたくさん。スミレ，そうすみれ色も素敵です。でも今日ではない。

図12　女性／46歳

スミレがふさわしいのは他の日。今日は素朴な包み紙のような茶色。そして黒と白。古い本みたいな」。

　この女性は芸術家で芸術療法士である。数ヵ月間非常に神経質になり不眠症に苦しみ創造的な仕事ができず，空虚感と不全感を経験していた。1週間後，非常に創造的で生産的な週を過ごして幸せな状態でやってきた。SWTを描いているあいだに空虚感に触れて，それに対して何か対処できたことに気づいた。心のなかで過去の財産を思い出し，古い本や絵や古い友人のような過去の財産を思い出すことができた。空白のページに直面してもパニックにならず，必要なときには自分のなかにある色や影や形の力を呼び覚ますことを学んだ。茶色の日々は彩られた日々となり情動は再び生き生きしたものになったことにも彼女は気づいた。喜びで気分は持ち直した。だから助言はもはや必要なかった。

第3章

文化人類学的側面

　SWT（星と波描画テスト）は一般的には文化とは独立している。このことは4大陸14ヵ国で行なわれた主要な研究で示されている。したがってSWTは多文化の人びとを擁するイスラエルや米国そして難民キャンプの診断技法としてとくに効果的であることが証明されたのである（Avé-Lallemant, 1984）。

　比較的「文化の影響をうけない」テストが使用された場合には，識字率の高い社会と文字をもたない社会との明らかな差がはっきりと減少することを研究者たちは示してきた（Gardner, 1980, p.70）。SWTの場合，世界中の誰であっても，またいかなる人生を歩んできた人びととでも，描く内容である星と波を知っている。湖や海から遠く離れたところで暮らす社会の人びととでも，夜に星を見ることのできない都会の子どもたちであっても，たとえいくらかのバイアス（ゆがみ）のかかった考え方に浸潤されているとしても，テレビや写真，本などの二次的な資源から情報を得ているのである。したがって，何を描くべきかを理解できない子どもに遭遇することはめったにない。しかしながらそうはいっても以下のような例外がある。

- 私たちはナミビアの北西部の岩だらけの地域にひっそりと暮らすヒンバ族の人びとのSWTをとろうと試みた。彼らは半遊牧民でその衣服や住居や伝統的な暮らしは，とくに今日でも彼らの言語は文体をもたない点で有史以前の社会を思い起こさせる。ヒンバ族はいかなる文化的変化に対しても抵抗し，外部の影響から自分たちの伝統を守り，彼らの子どもたちを学校に送ることを拒否してきた。学校は魂の盗人と考えられているのである。政府の移動学校がたまに彼らの生活領域にやってくるが，1から10までの数を数えることと，名前を書くことだけを教えている。

　水は乏しく，彼らの小さな砂漠の村には遠く離れたところにしかない。女性たちは一度も身体を洗ったことがなく，赤土あるいは油脂で身体を拭く。大きく広がる水を見たことはほとんどなく，彼らの夜空は星でいっぱいである。

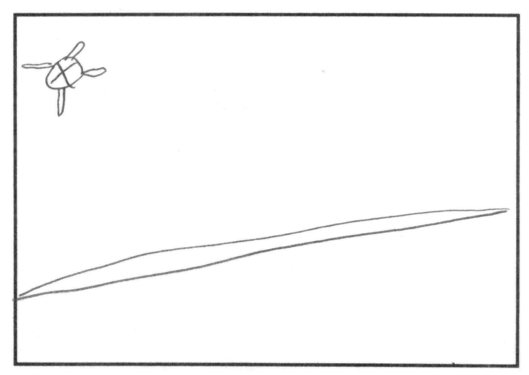

図13 男子／15歳
若いヒンバ族の若者。読み書きができない。

　彼らがまったく読み書きができないことや文房具を用いる経験が乏しいことだけでなく，言葉の違いによって，テストの教示を理解できないことから，多少教育のあった2人の若い右利きの少年からテストをとるだけで精一杯であった。図13はそのうちの1つであり，長いこと考えそして躊躇してから描かれた。他の1名も同じように1つの星を左上のコーナーに押しやられているように描き，水はまったく描かれていなかった。

　この1つだけ描かれた星はなんとか描こうと大変な努力をして疲れてしまった結果かもしれない。しかし2人の部族民の描画には，伝統的な価値観が反映されていると思われる。ヒンバ族には神がいない。彼らの宗教は「聖なる炎」として知られ，先祖が崇拝され，酋長が助言を求められることはない。したがって彼らは西欧社会とは異なった時間概念を有しており，未来に期待することがない。未来は予見できず，見ることができず，それゆえ彼らの背後にあるものなのである。その代わり過去は彼らの先にあるので，彼らの背後には決してない過去は，いつも彼らのためにそこにあると考えるのである。これがおそらく空間象徴の異なった知覚の説明となるであろう（第5章参照）。両事例における描画の左側の珍しい形での極度の強調に表われているのである。

図14　女子／12歳
ケニヤの部族社会の少女（Ben-Assa 博士からの提供）。

- ケニヤの一部族社会に住む12歳の少女は湖や海を見たことがない。彼女は「たくさんの水」として連なった蛇口を描いた。しかしこれらのダイナミックな描写は蛇口にたしかな躍動感をあたえ，ある種の動きを備えており，踊る人形を想起させる（図14）。

- エチオピアからイルラエルの砂漠の町に移住してきた5歳の少女は「水が跳ねている」プールを描いた。

- 部族社会でくらすエチオピア人はときどき珍しい象徴性豊かなものを描く（図15, 図16）。

- テヘランの貧しい家族の子ども（Shahraray, 1997）。

- 中国の西安の近く，人里離れた村の5歳の子どもたち。マギストラリ（Magistrali, 1999）は子どもたちと遊び，プールに流れこむ湧き水から波を作らせることで波を実演してみせた。（訳注：原画は入っていない）

- 1980年代において，遊牧民のベドウィン族の子どもたちは砂の海に似た点をちりばめた

図15　男性／22歳

図16　男性／26歳

　波の領域を描いた。最近は，彼らにはもっとテレビをみる機会があり，おそらく見たことがあるのでそのような点で描画テストを仕上げるようなことはなくなった。この少年（図17）は1998年時点8歳4ヵ月であった。水の波は描かずに，砂漠にある彼らの家に似たテントを海岸に描いた。

　ガードナー（Howard Gardner, 1980）は彼の自由画の比較文化的研究のなかで，特定の文化圏の子どもたちは形式的に同じような方法で描く傾向を示した（p.165／訳注：図177）。そこには「文化のテンポ」を反映した文化特有の傾向がいくつかみられる。たとえばバリ島の子どもたちは強迫的に空間を埋めていて，「空間の恐怖に追い立てられているかのようである」。それはバリ島の踊りに似ている。これに対して日本の子どもたちは，一般的に簡素で繊細かつ正確に描かれた要素が用紙いっぱいに広がっている，空間のあるレイアウトを好むのである。それは俳句のようである。SWTの比較文化研究は，ガードナーのソビエトロシアや中国での発見の追跡調査であったが，早期の厳格な書字教育を強調する文化では，巧みな描画やデザイン化した書体など型にはまった象徴的で写実的な産物が獲得される。イスラエル在住のロシアからの移民家族の子どもたちはより早く程度の高い書字能力を獲得し，彼らの正確な構成に同時代よりもより精密で技巧的熟練を要する形を作る。中国の子どもたちもまたSWTを顕著な器用さですばやく仕上げる。彼らの配置はすでに美しく調和している（Avé-Lallemant, 私信）。何人かの著者はこの卓越した書字能力技能を，幼児期の箸の使用のためだとしている。

　教育的価値に関する文化的な多様性もまた他の異質性の一因となることがある。これはアヴェ＝ラルマンのオリジナルな研究（Avé-Lallemant, 1979）の統計データと比較した，シャラレイ（Shahraray, 1997, 2004）のテヘラン市の1,083名の子どもたちを対象にした比較文化的研究に示されている。この研究の主たる目的は，元来もっぱらキリスト教的な象徴的思考と夢の象徴性が強調されたより個人主義的な文化の哲学と考え方に基づいてデザインされたSWT

図17　男子／8歳4ヵ月
ベドウィン族の子ども。

を，自己の起源や自己と他者の関係，さらにその関係性の意味についての考え方をいくらか異なった集団的文化において使用することであった（2004）。彼女の調査によると，イランの少女たちはドイツの少女たちよりも情動的な反応が高い割合で認められた。それに対してイランの少年たちは，ドイツの子どもたちやイランの少女たちよりも情動性が低かった。彼らにおいては，情動性を表現するテストは他の群よりも1歳遅れていた。彼女はこの知見をイランにおける男児の子育ての実践に役立てたのである。「少年にとっての適切なモデルかつ"健康的なパーソナリティ"はあまり感受性や情動性を示さないことなのである」。感受性や情動性は女性の特徴と考えられ，少年たちがこれらを表現すると罰せられたりするのである（1997）。反対に集団文化の少女たちは行動や描画において容易に自己自身を表現し，情動表現を受け入れ，家族や社会の関係性を示すのである。多くのイランの子どもは神をたたえる言葉や詩を書き，戦争や宗教の強い影響が認められる。

シャラレイはこの知見がドイツでの結果（Avé-Lallemant, 1979, 1984）とたいへんよく合致していることを指摘した上で，「SWTは被検者の特徴を示すのみならず，彼らに及ぼす社会的および文化的な影響を示す貴重な尺度として役立てることが可能」と結論づけている。

第4章

機能的・発達的側面

　当初，SWT は，ドイツの学校教育が公的に始まる1年前の5歳という早い時期に，発達が遅れていて学校教育を受けるには不適当な子どもたちをはっきりさせるための機能テストとして開発された。発達的側面は妥当性があり，その基準は4大陸15ヵ国で確立された。それゆえ，3歳から6歳の幼児に学力テストとして用いられている。

　アヴェ＝ラルマンと彼女の弟子たちは，2つの目的からこのテストをさらに発展させた。1つはパーソナリティのアセスメントを容易にするため，もう1つは幼い子どもたちの発達の障害や遅れを見つけ，幼すぎてまだ十分に役割を果たすことができない子どもたちを無理な要求から守り，また，できるだけ早くから彼らを援助するためである。

　私たちは次の2つの観点から発達的側面を調べることになるだろう。第1に SWT の描画でとくに必要なものに関連する要因，そして，第2に描画技能の成熟と一般的な描画能力（書字運動機能，形の作成，描画空間の配置）の段階的な進歩である。

　3歳から7歳の子どもたちの SWT の発達の基準は，ドイツやフランスといったさまざまなヨーロッパの国々（Avé-Lallemant, 1979），イスラエル（Ratzon, 2002），イラン（Shahraray, 1997），そして日本（Sugiura, Suzuki, Mori and Nishino, 1998）で統計的に確立されている。そして，発達の度合いにおける発達基準と学業成績における発達基準は，基本的に類似したパターンを示している。

SWT 特有の発達

　テストの教示を遂行するには被検児は，以下の機能を含む複雑な心的過程を経験しなければならない。

1．課題の理解

波の上に星を描くことは幼児にとって複雑な課題であり，以下のような結果が生じる。

a．間違った解答

教示を理解していないとき，幼児は**白紙**で戻すが，それ以上に**なぐり描き**をしたり，**違うものを描いたり**することが多い。

b．部分的な解答

星か波のどちらか1つだけを描いているテストからは，部分的にしか理解していないことがわかる。このような場合，「星だけ」を描くという解答が多くみられるが，ときには「波だけ」を描くという解答もみられる。星と波の両方の概念を同時に理解する能力がまだないとき，あるいは，子どもが他の概念の入る余地がないほど片方の要素に感銘を受けたときに，このような絵がみられる。枠一杯に星または波が描かれている場合には，後者が当てはまる（Magistrali, 1999）。「波だけ」に対比して「星だけ」の出現率が高いのは，テストの教示において先に星が出てくるために生じている可能性がある（訳注：英語では star が先に出てくる）。4歳以降の部分的な解答では，省略してしまった要素の回避または拒絶が反映されているかもしれない。たいていの場合，描かれるべき領域が空白のままであることからわかる。成人の場合は，それは障害の兆候であり，他のテストで確かめるべきものである。

c．完全な解答

課題を完全に理解していれば，枠の下部に動きのある波を，上部に明確な星を描き，すべての要素を枠内に納める。

2．星と波の心的イメージの想起

絵を描くには，まず心的な概念が存在しなければならない。それには，その対象がなくても，見たようなイメージを作りだす能力が必要である。このような「視覚イメージ」は，しばしば心の誘導イメージと呼ばれ，子どもが自分の目でそれを見ることを可能にする有能な記憶をともなっているにちがいない。この認知過程で子どもたちは記憶から情報を検索し，無関係な連想を取り除き，さまざまな可能性を検討することで結論に至る。

3．描画の遂行

——完結していて，明確かつ静的な形の**星**
——動きがあり，しなやかでゆったりとした曲線の**波**

これらの2つの要素は，異なるやり方で描かれるべきである。

4．空間配置

星は2つの層のなかの波の上に配置されるべきである。調査者が言及しなくても，2つの要素は枠内に描かれるべきである。これには，空間概念の理解と十分な衝動の統制が必要である。境界線の認識と考慮は，小学校入学前に確立されなければならない発達上の能力である。

SWTにははっきりとした小さな枠があるので，ゆったりとした自由にのびのびと描くことができる活動領域をもつ他の多くのパーソナリティ・テストとは異なっている。この点では，自由に描くというよりも，集中して課題に取り組む必要のある学校の課題に似ているかもしれない。バー＝カマ（Cohen Bar-Kama, 1997）は，書字運動のテストバッテリーの一部として用いたSWTのさなざまな構成要素の出現と小児神経学テストを関連させた比較研究のなかで，枠の認識と権威者（親や教師）からの承認とのあいだで高い相関を示した。それゆえ，枠はより厳しい規則と集中の必要な作業を伴う学校体制への将来的な適応を事前に予測可能な要素であるといえる。

幼児は，これらの作業を認知能力の発達（ピアジェ）と子どもたちの描画の発達段階（Kellogg, 1969）の両方を含む期待された道筋の通りに段階的に習得する。これらの技能を身につけたとき，テストの**完全な解答**が可能となる。幼稚園での統計的調査では，5歳児の97%が完全な解答をできることを示した（Avé-Lallemant, 1981）。教育的背景が重要なのは明らかで，生後数ヵ月あるいは，遅くとも2歳のときには就学前に訓練や教育を始めているイスラエルの子どもたちは，ドイツの子どもたちより半年，フランスの子どもたちより1年早い4歳半で課題を達成できている（Ratzon, 2002）。多くの書字運動の課題と同様に，女子は男子より半年早く達成できる（Kos and Biermann, 1995）。これは，男子の中枢神経系（CNS）の成熟過程がゆっくりであるという科学的なデータと一致しており，また，さまざまな描画テストからも明らかである（Sturma, 2001）。しかしながら，3歳という幼い年齢であっても，完全な回答をする子がいる。非常に知的で，敏感で，書字運動的に発達した子どもたちである。

描画技能の発達

SWTの発達上のパターンは，一般的なすでに確立された子どもたちの描画パターンに従っている（図18）。最初，子どもは創造した動きを意識的に統制するするようにして描画運動が活用される。次に，明確な形を描き，大きさを調整するようになる。最後に，用紙の上に要素を配置できるようになる。3つの技能（動き，形，配置）は，平行して上達し続け，だんだんとより多様で正確かつ分化したものとなる。

From Scribbles to Geometrical Shapes & Schematic Drawing

図18 子どもの描画における発達段階
上段：第1（左），第2（右）段階のなぐり描き
中段：幾何学的な配列：空間の自覚なし（左），空間の自覚あり（右）
下段：テーマに沿った描画

2〜3歳の子どもたちの多くは，依然として**なぐり描き**をするが，描画発達段階で期待されるものである。なぐり描きは純粋な動きであり，形や意識的な配置はまだない。

　作品の質は，子どもの情動的，認知的発達だけでなく，運動の発達や鉛筆の持ち方の成熟に依存する（Ziviani, 1987）。まず，鉛筆を手のひらで握り，持続的な振り子運動（前後運動）を描く（Pophal, 1949）。腕は主に粗大運動の一部として，肩から動く。このようななぐり描き運動は，全般的に自由かつ開放的であり，運動感覚的な喜びが大きい。子どもたちは，長い曲線や螺旋を，持続的かつ柔軟で規則的に描く。

　なぐり描きは，ピアジェの認知発達の第1段階である感覚運動期に描画表象として見られる。その段階では，幼児の知能は運動活動を通じて，象徴を用いることなく表される。用紙の境界線を考慮することはない。楽しげな動きは境界線を越え，机や近くの壁のような隣接した大きな表面にまで及ぶことがある。幼児は，描くあいだその作品を見ることもないため，視覚的なフィードバックは存在しない。この段階のSWTは，与えられた枠の境界線を考慮しないため，必然的にのびのびとしたなぐり描きとなる。幼児の身体イメージを強調する**口唇期**の概念は，丸くて不明瞭な感覚運動的動きから明らかである。

　最初のなぐり描きの段階では，縮まっていたり，小さかったり，ためらっていたり，断片的であったりする動きはほとんど見られない。もし，見られたならば，それらは肩の部分の弱さや総合運動障害といった神経学的または整形外科的問題による一般的な運動性の制限だけでなく，親からの保護や援助の欠如や環境的刺激の不足によって引き起こされた大きな不安感に起因するかもしれない。

　経験にともない，絵を描いているのは自分の行為であると気づくにつれ，幼児は自分の作品をより意識するようになり，そしてよりいっそう上達し，計画することを学ぶのである。徐々に用紙だけでなくSWTの枠の境界線を受け入れるようになる。境界線や限界，分化，内側外側といった空間概念間の分離，動きの計画と制御といった認知機能は，この段階で明確となる。これらの能力もフロイトの**肛門期**の情動的な達成を示す。

　同時に，そして3歳になる前に，子どもは鉛筆を上から四本の指で**手のひらを伏せた状態**で持つようになる。この持つ位置の変化は，肘から始まる前腕の動きをより分化できるようになる。より明確になった動きが生み出され，それによって始点，方向，終点が決定される。この**描画の第2段階**のあいだに，文化に関係なく世界中の子どもたちに共通して20の異なるなぐり描き筆法が発達する（Kellogg, 1969）。子どもたちはこの時点で，直線と曲線を描けるようになり，また，渦巻きのような前後の動きのなかから円のような形を引き出し始める。この際

立った線の構成を選択する能力は，まだはっきりとした形ではないが，意図的で統制された「一本の線（single stroke）」の始まりである（Pophal, 1949）。まず，始点と方向を習得するが，動きをちょうどよいところで止めることができない。抑制能力の段階的な改善で，最終的にはきちんと閉じられた円を描くことができるようになる。

　この初期の発達段階においては，子どもの幾何学的で空間的な認知が，成人のものとまったく異なるということは，言及する価値がある。それは，まさにその通りであり，一目瞭然である。本質的には同じ形であっても，とくに自分で描いたときに，幼児は円や四角形，三角形を見つけ出す。それゆえ，この「トポロジー的思考」は，ゆったりした線（波）と完成した形（星）を区別することができるが，さまざまな星の形を認めない。その上，4歳までは垂直と水平の関係を理解できない。

　この段階では，自由な「動きのある線」と統制された「一本線」の両方の線を自在に使用する。疲れると，彼らは大抵初期の抑制されていないなぐり描きへと退行する。作品の残りの部

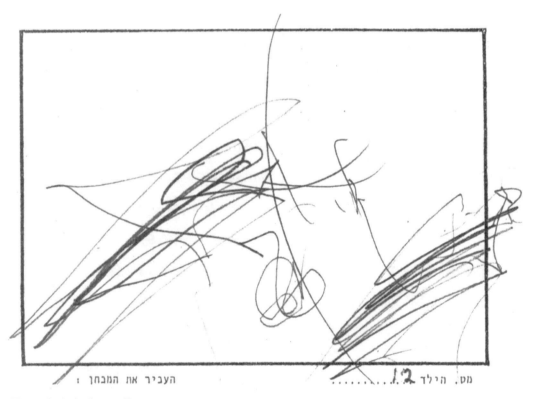

図19　女子／7歳10ヵ月
自閉症の少女で，コミュニケーションをせず，協調性がない。彼女は絵を描くのが好きで，快くテストを受けた。典型的ななぐり描きを描き終えると，「きれい」といった。

分や過去に完成させた作品にもよるが，5歳くらいの子どもたちがなぐり描きをするときは，発達の遅れや前の段階への固着または退行の現れである場合もある（図19）。

　3歳半から4歳では，鉛筆の持ち方はさらに改善され，末端の指先は，鉛筆を固定した三点で持つようになる。親指と反対の面に人差し指と中指をあて，鉛筆をしっかりと持つ。この段階では，手首からの動きが始まり，手だけが使用される。それにより，繊細な運動による描画が可能になり，描画運動がよりいっそう統制される。成長における経験と一本の線を配置し，描くためのよりすぐれた能力は，子どもたちを次の**描画段階**，すなわち写実的な「図」——円，マンダラ，太陽形の星が頻繁にみられる——が描かれる幾何学的段階へと進むことを可能にする。一度子どもたちが確実に円や四角形，三角形といった結合した形を描けるようになり，これらの形が他の線に邪魔されず，独立したものになると，子どもたちは，自分たちが，世のなかに存在する物と同じ形であり，有限な形であり，背景に対して「図」として扱われ，個体性，実体性，「物体性（thingness）」といった印象を引き起こす閉じた線（enclosure）や結合した形を作り出せることを見いだす（Gardner, 1980, pg.58）。母親との共同的関係からの分離という子どもの象徴というこの段階において，いまや子どもは閉ざされたさまざまな形のものも同一のものとして扱うというはっきりした概念を証明する。SWTの描画は，いまや確実に形成され，十分に統制された「一本線」から成る星の形と海の領域における自由でリズミカルかつしなやかに流れる線を含む。これらの筆跡タイプは，いろいろな筋肉群によって生みだされ，おそらくさまざまな神経回路によって統制されるので，それらのうちの1つだけに時どき動揺が確認されることがある。正確な形を作るための集中した取り組みは，多くの場合，波の領域の退行したなぐり描きをともなう。

　幾何学的な段階では，いまだ適切な空間配置を想像できないため，子どもたちは描いている間に用紙の向きや体の位置を変更する。星と波の混在は，女子では3歳半で，男子では4歳でもっとも多く見られる。

　しかしながら，**4歳**になると，トポロジー的な空間概念が徐々に消え，枠の上部に星を，下部に波を位置づける適切な空間配置を想像することができるようになる。5歳になっても獲得されない場合は，神経運動テストを受け，機能障害の有無を検討することを勧める。加えて，4歳児には，与えられた枠の縁を守ることも期待される。5歳になっても枠への配慮がなされない場合は，境界線や一般的な制約の受け入れといった器質的または情緒的な問題が想定される。

　子どもたちは，まっすぐな線と曲がった線，特定の形，辺の長さと数，角の数を見分けることを習得する。多種多様な星は，子どもたちが「ユークリッド」幾何学や空間関係を理解でき

るようになるにつれて現われるのである（Beery and Buktenica, 1967）。

　5歳になると子どもたちは，同時に存在する垂直の動きと水平の動きを調和させ，斜めの線を描けるようになる。右利きの子は，最初に右傾斜の線を習得し，そのわずか数ヵ月後に左傾斜の線も描けるようになる。この習得時期の差は，右手と手首が下から上に描かれる左傾斜の線の一部を覆ってしまう傾向があることや，逆方向に描かれるときに線の向かう方向の一帯を隠してしまうことといった事実によって説明可能である。右傾斜の描線では，視野がさえぎられることがないので，描きやすいのである。

　5歳児は，図式的描画段階に到達していることが望ましい。この時期は，SWTの描画に影響する2種類の**輪郭**が確立される。形式的なシェマは幾何学的な形の組み合わせであり，物の基本的な描写に用いられる。特定の要素の詳細をみるまでもなく同じ種類の対象が共通にもつ特徴を含むこの輪郭は，基礎的な輪郭に自由に加えられる。類似物の共通の特徴を描写するので，輪郭は概して子どもたちが対象物について何を知っていて，何を見ていないかを基礎においている。次に，丸くても角ばっていても，線で描かれていても平面的であっても，典型的な星の形を子どもたちはしばらくのあいだ使用し，詳細に描くのである。

　さらに，子どもたちは空間図式を獲得し，対象間の空間関係の限定された順序の存在への気づきを表す。子どもがまず初めに周囲の状況を含めた全体を意識することは，基線や恒常的な方向性で象徴的に示される。この新たな恒常的な垂直方向の概念は，子どもたちがいまや意図的に周囲の環境に強調している徴候である（Lowenfeld, 1952）。描画は「テスト用紙が，体系だった型やよく考えた上での配置，要素間の一定の距離，抑制の中に要素を配置するだけでなく，背景領域や空白の美または"ただの空白（negative space）"としても役立つという意識」によっても明白になる（Gardner, 1980, pg.84）。

　ゲームをするのと同じように，描画においても5歳児は，先の見通しを立てるといった建設的な活動を好む。想像力や計画力，十分な注意持続といった認知能力の成長は，視覚と運動の統制や，運動機能の向上と同様に，子どもたちが頭に浮かんだことを正確に描くことを可能にする。視覚的なフィードバックは，描画やはっきりとした文字の形を書こうとする最初の試みにおいて主要な統制方法となる。この段階では，子どもたちは星の形と波の動きを簡単に扱うことができるはずである。彼らは，優れた構成力を維持することも可能である。一般的に，星は枠内の上部に横一列に図式的に配置され，多くの場合，空を象徴する高い位置に水平に並ぶ。

　一般的に年長児は，与えられた枠のなかにSWTの描画を納めるべきであることを理解している。枠からはみ出してしまったなら，もはや偶然に起きたことと考えてはならない。衝動性

や反抗心ゆえに環境に適応することや境界を受け入れることの難しさの反映であり，テストにおけるいわゆる力動いかんで決まる。枠内への描画は，獲得されるべきものであり，設定された境界線への順応は，学校でのアプローチを開始する際にもっとも重要なものである。

　4歳半から6歳までのどこかで，十分に発達した3本指で**力強く**ペンを持つことが定着する。それから，鉛筆は親指，人差し指，中指の指先をちょうど向かい合うようにして持ち，薬指と小指は安定したアーチ型に曲げられる。いまや動きは特定の限られた場所に集中して統制され，指の関節はこの動きの最適な統制と連動して，柔軟性を増す。このようなペンの握りは，小学生ではもっとも多くみられ，たいてい一生涯維持される。この握りは，正確で均一な形を描くのにもっとも適しており，最低限の力ですみ，時間的にも空間的にも非常に効率的である。柔軟な手首の動きは，角のある星の形を描いたり，ブロック体を書くのに必要なSの形（2つの曲線）やあらゆる方向のさまざまな斜線の組み合わせを可能にする。しかしながら，子どもたちのなかには，筆記用具が中指と人差し指の間に挟むような別の安定したペンの握り方や，手を逆にして持つ（フックのような筆記用具の持ち方）握り方を身につけるものもいる。鉛筆の先がテスト用紙の下の方を指した場合，手は書く線の上に位置してしまうが，筆記速度と読みやすさは何とか許容できるレベルである（Ziviani, 1987）。

　子どもの幾何学的で図式的な絵は，ピアジェの発達モデルの第2段階，すなわち**前操作期**を反映している。言語能力の発達が示すように，子どもたちのもつ象徴を用いて自己の知性を示す能力は高まる。子どもたちは星と波が実際に目の前になくてもそれらを思い出すことができるだけでなく，それぞれの象徴的な姿を反映させた別個の方法で描くこともできる。SWTの部分的な回答をもたらす他の要素を無視し，1つの対象の様子に注意を集中させる傾向は減少する。子どもは権威者からおしつけられた罪のない「していいこと」と「してはいけないこと」を身につけてしまった。だからこそ，与えられた枠のなかに描画を収めることができる。自己中心的，非論理的，魔術的かつかたくなな考えが顕著であるため，子どもたちはいまだ抽象的に概念化を行なうことができない。十分に成長した創造的な子どもの多くは，装飾的または象徴的な要素を描き加える。しかし，複雑で抽象的な構成は，より発達した子どもにのみ見られる（図20）。

　小学生の間（7歳から12歳）に，子どもたちは自己中心的な思考が徐々に減少する一方で，抽象的な問題を解決し整理する能力が向上する等，認知発達における具体的操作期に移行する。いまや彼らはシンボルを論理的かつ意図的に巧みに扱うことができる。シンボルの見た目や配置の中に実生活を伝えており，絵を描く際の取り組み方が向上しているのは明らかである。

　形や動きの質は徐々に向上し，星空と海のより現実的な描写にたどり着くため，空と海のあ

図20 女子／6歳0ヵ月
カンディンスキーの後期の芸術を連想させる高度に抽象化された人物像。

いだの隔たりが埋められる。これは子どもたちを取り巻く世界についての現時的で内的なイメージを示している。そして，描画の**写実段階**において予期されるより写実的な絵に到達する。図式的に横一列に並んだ星からより自然な構成の星への移行も，より高いレベルの情報処理を象徴している。次の工程にのみ注意を集中させるのではなく，子どもたちは絵全体を扱うようになる。9歳をすぎても横並びの星を描くときは，幼児性や単純思考が優先されていることを意味する。

　一部の児童には図形を描きたいという気持ちがとても強くなり，自由な表現はなされなくなる。子どもたちは期待されたリズミカルに上下するしなやかな線の代わりに，海の領域であっても的確な一本線と正確な形を描く。そうすることに熱中する子どもたちは，自分の衝動や気持ちを抑えることをすでに知っている。このような防衛機制の発達が早いほど，多くの問題が子どものよりよい心身の健康と情動に影響を与えることになる（以下の「障害のサイン」を参照のこと）。

　小学校の実際問題として，**小学5年生から6年生**までのあいだに，大部分の子どもたちは

生き生きとしたテスト結果またはやや質の高い絵を示すことが予想される。シーゲル（Siegel, 1999）はアメリカ，フロリダ州の小学5年生146名を対象とした研究において，多くの絵に自己中心的な態度を表すような人目を引く星や太陽，ボート，水平線といった大きな中央のオブジェクトが含まれていることを示した。また，消しゴムで消して描き直した跡もたくさん見られたが，これは描画者が良いところを見せたい，恥ずかしい，もっと上手くやりたいと過剰に意識していることの表れであり，それはおそらく教育がそうしたことを求めているのであろう。

　典型的な**思春期**の兆候は，すでに明白に表れていた。これらの兆候には，彼らの奥行き感（認知面と感情面の両方），気分や感覚に対する感受性を表す意味のある塗りつぶされた領域や，彼らを取り巻く環境との摩擦を示す崖やその他の多くの象徴的描写が含まれていた。多くはとくに波の形のなかに，性的な興味や衝動への目覚めを示すファリック（男根の）期の象徴をすでに含んでいた。これらの現象は頻繁にみられ，大抵の場合，思春期と青春期の間により強調される。多くの苦悩の徴候（第8章参照）は，この心理物理的危機が解決されるまで，描画と筆跡に明白に表れる。

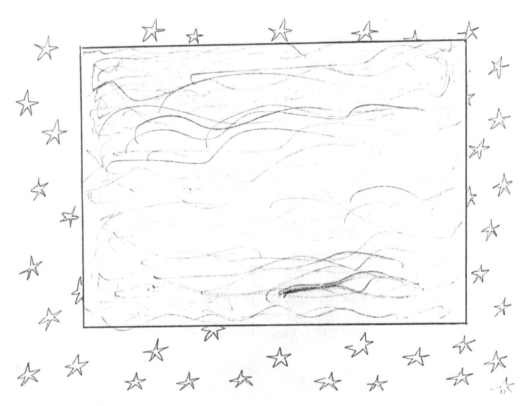

図21　女子／14歳9ヵ月
賢く，創造的，洗練された社交的な少女。

10代の若者のテストには，たいてい彼らの不安定な衝動（強いプレッシャー，制御不能な態度）が表れ，また，多くは本能的な要素であふれている。それらは，肛門期の表現（陰影をつける，黒ずんだ描画，汚れた強い筆跡，枠の無視，攻撃的なファリックシンボル）に表れるものである。他の事例では，これらは整然さや厳しい規則性，装飾的な形によって相殺されている。不安を処理し，克服するために用いられる典型的な青春期の心理過程は，まるで空を飛びながら海を見おろしたような，いわば鳥瞰図を採用することで，しばしば皮肉な言葉による表現や深くかかわりあうなかでの指図から，描画的には距離をとることを用いている（図21）。

　思春期から青春期のあいだに，多くがピアジェの発達段階でいう**形式的操作期**の段階に至る。すこしのあいだ，自己中心的な思考へと戻った後，抽象的に思考する能力がよりいっそうはっきりと表れるようになる。そして，すべての大人がそうであるとは限らないがやがては現実を理解し，対処する一般的な方法に至るのである。10代の若者の描画には抽象化や微妙さ，独創性が頻繁に表れる。デザインへの関心の増加や空間体積の表現への没頭である（Gardner, 1980, pg.14）。青春期は実験と誇張の段階でもあり，それらは現実の生活のように，描画のなかに明白に表れる。したがって，若者らは「実験科学者の方法を芸術的追及の手法に加える」のである（Gardner, 1980, pg.214）。

就学の成熟度

　SWTはなぐり描きと（字を）書くことの中間にある課題と考えることができる。なぐり描きでは自由な動きが許される。字を書くときには，明確な形，標準的な星の形が期待され，また，それらは特定の法則に従って構成されなければならない（Ratzon, 1987, 2002）。

　アヴェ＝ラルマン（1999）は彼女の調査において，子どもたちはたいてい，就学の1年前にはこのテストに完全な回答を描くことができることを示した。5ヵ国（ドイツ，フランス，日本，アメリカ，イスラエル）9,000人以上の子どもたちのうち，学校入学の1年前にテストに完全な回答を描くことができなかったのは約7％のみであった（1989）。したがって，年齢基準からの逸脱がみられたこれらのわずかな事例から，特別な配慮を受けるべき子どもであることが推測される。これらの完全な回答を描くことができない子どもたちは，成熟がゆっくりであったり，後から急激な発達を見せたり，あるいはSWTを描くために必要な技術に影響するような発達的ないしは慢性的な徴候があったりする。一日ごとに，能力におけるまったくの新しいレベルが突然に獲得されるものである（Gardner, 1980）。数ヵ月ごとにテストを繰り返すことで，後の発達が明らかになるかもしれない。入学直前または直後にテストを正確に完成できるようになった子どもは，学校での学業成績と社会的統合の両方またはそのいずれかに，ま

ったく新しい能力レベルが突然に獲得される。しかしながら，4歳より以前に完全な描画が達成されることもときにはあることから，テストが学校成熟度よりもむしろ，学校未成熟度のアセスメントに使用可能であることが明らかとなった。

　これらの実証的な研究結果は，学校での未熟度の予後テストとしてSWTを使用するための妥当な量的尺度の開発に繋がった2つの調査研究のきっかけとなった。その主旨において優れたグローバルなテストであることが見いだされ，また，行政の就学前の心理サービスが完全な手順で実施した成熟度テストとだけでなく，学校成熟度テストにおいてバッテリーで使用される他の心理テストやサブテストといった観察，微細運動，視覚運動協調（協応），知覚，人物画等（Kucharska and Sturma, 1997; Sturma, 2001）を調べるテストとも非常に重要な一致した妥当性を示した（付録3参照）。ヤローンとベン＝ジオンはイスラエルの5歳児の発達尺度を開発したが，その一方でクチャルスヵとシュトルマの尺度は，それより6ヵ月年長のチェコの子どもたちのスクリーニングテストに相当する。

　ヤローンとベン＝ジオンの成熟度尺度は指示された要素を心的イメージへと変換し，動きで形成された相応しい描画を描くというテストの教示に含まれる複雑な課題を理解する子どもたちの能力を判断する（Yalon and Ben-Zion, 2002, 1999, 1997）。しかしながら，学業面の成功はこれらの技能単独からは予測できない。子どもたちは悩みすぎて勉強ができなかったのかもしれないし，器質的問題や環境上の問題，あるいは個人的ストレスのせいでうまく描くことができなかったのかもしれない。このような要因の影響を明確にするために，描画の表現内容の数量化に基づき，悩みの度合いを測る尺度が新たに開発された。これら2つの尺度は一般的にそれぞれが1から10までの数字を算出する。まれに悩みの評価がわずかに高くなる。したがって，すべての子どもの成熟度と悩みの度合いを記録し，追跡調査で再チェックすることができるのである。幼稚園全体をスクリーニングすることで，成熟度が低く，悩みの度合いが高い子どもを見分け，就学の1年前から支援することが可能である。調査研究の全詳細とこれらの尺度の長期予測の実績を付録3に記す。

ヤローンとベン＝ジオンの成熟度尺度

　成熟度尺度は最大10点である。アヴェ＝ラルマンの筆跡学的アプローチは，常に描かれたなかでもっとも完遂度の高いものを捜す。そこから，描き手がなぜ絶えず同程度のレベルで機能を維持することができないのかを知ることができる。このような趣旨から，常にもっとも高い潜在能力を探すべきであり，そのため，テストのなかでもっともよい要素にのみ注意を払う。ときには均一なひと筆が削除されたとしても，得点を回復させることができる。総合得点は，6つの分類に基づき，異なる描画ごとに違った得点を付し表1に表示した。適切な配点をした描画例を図22～図27に示した。

イスラエルの街に住む5歳児413事例におけるこれらの教示に基づき，成熟度は得点化された。平均値は6点であった。したがって，それ以下の得点の子どもたちは，統計的に学業での成功の可能性は平均以下と考えられる。繰り返し成熟度を算出している同一評定者が算出した場合の信頼度は0.96であり，評定者間信頼度は0.87であった。（訳注：付録3，p.249参照）

機能障害

このテストの機能的な側面によって，多くの中枢神経系（CNS）の機能障害を検出するのに重要な前兆の兆候を認識することが可能となる。テストによって発見されたサインは見落とされるべきではなく，また機能障害や発達遅滞が疑われる時には，3～6ヵ月の間隔でテストを繰り返し行なうことが，フォローアップの手続きとして推奨される。SWTは幼稚園のクラス全体をスクリーニングするのに最適である。テスト結果は適切な専門家に臨床像の十分な評価をしてもらうべき，障害の危険性のある子どもたちを特定することが可能である。

5歳までに子どもたちは利き手を選ぶようになり，もし，一貫した利き手の使用が獲得されていなければ，作業療法士による評価が行なわれるべきである。右利きの子どもたちはたいてい波の絵を左から右へと描くのに対し，左利きの子どもたちはそれとは逆の方向に波を描く傾向がある。逆のパターンは，とくにその状態を維持しなかったり，たとえ描いているあいだに手を持ちかえることが多かったときには意味があるかもしれない。これらは（大脳機能の）左右分化の遅れの兆候かもしれず，見過ごしてはならない。これらの現象は，しばしば不完全なペンの握りをともなっている。この（右か左を）選択する方向性は，通常読み書き習慣の影響を受けないという点に注目することは興味深いことである（Shanon, 1978）。イスラエルの右利きの幼稚園児もまた，ヨーロッパの幼稚園児のように，右の方向性を好む。彼らの何人かは書字を覚えると，短期間のあいだ，一時的に方向が逆転することがあるが，しばらくすると元のより手ごろな方向へと戻るのである（Lieblich et al., 1975）。学習障害の子どもたちには，普通ではない不安定な方向性がしばしば観察される。

表1 5歳児の学校成熟度尺度

課題理解（図22）
2点—さまざまな，星と見分けられる形で波の上に描かれている星
2点—関連のある付加物（魚，ボート，月など）
1点—星のみ
1点—波のみ
1点—星が1つだけ大きく中央に描かれている
1点—無関係な付加物（花，蝶，太陽など）
0点—他のものが描かれている
0点—何も描かれていない

星の形（図23）
2点—少なくとも1つの形がよい角のある星が描かれている
1点—動きが悪いために不格好であるが，計画通りに角のある星が描かれている
1点—丸い星，きれいな円
0点—乱れた形
0点—なぐり描き，形がない
0点—星が描かれていない

波の動き（図24）
2点—少なくとも1つのリズミカルに流れる波が描かれている
1点—線状またはぎこちない（ジグザグな）筆運びで描かれている
1点—アーチ型に描かれている
1点—その他の動きのない形
0点—乱れた動きで描かれている（時どき波にだけみられる）
0点—波の領域の塗りつぶし
0点—波が描かれていない

空間配置（図25）
2点—良好なマクロ構造で波の上に星が描かれている
2点—一列に並んだ星が波の上に描かれている（5歳児の典型的な描画）
1点—上部に星を描いているが，下部には何も描かれていない
1点—上部には何も描かれていないが，下部に波が描かれている
1点—マクロ構造が乱されている
0点—空間に問題あり：星の上に波が描かれている，または横並びに星と波が描かれている
0点—テスト用紙の枠内一面に星が描かれている
0点—テスト用紙の枠内一面に波が描かれている
0点—枠内の片側にのみ星と波が描かれている

枠の認知（図26）
1点—枠の内側に描かれている，または1つだけはみ出している
0点—2つはみ出している，または枠の外に描かれている

質的水準（図27）
1点—予備特性（持続性，認識，努力，自信または学校でのことを乗り切る助けとなるかもしれない何らかの特徴）
0点—上記のような予備特性の欠如，または，描画を妨害するような要因（怠惰，放棄，怠慢，不活発さ，夢見がち，など）

課題理解

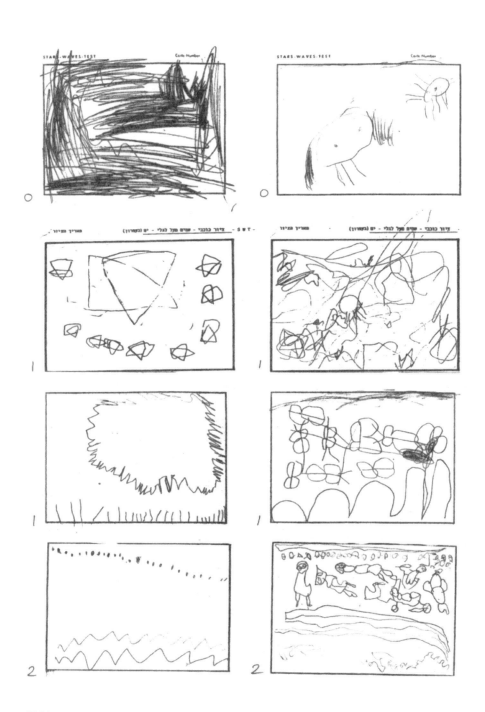

図 22

星の形

図 23

波の動き

図24

空間配置

図25

枠の認知

図 26

質的水準

図 27

子どもたちの何らかの障害へのアセスメントに有効である。SWT を含んだ4つの調査の実施計画を述べる。

[1]
テル・アビブ大学で作業療法の講義をしているローゼンベルグ（Limor Rosenberg）は，4〜8歳の健常な子どもたち 107 名の描画において，SWT 成熟尺度の各項目の得点と養育者が（事前に）回答したダンの感覚プロフィール質問紙の各項目の得点との相関をみた。この質問紙は，子どもの日々の行動記録に従って，子どもの感覚統合と環境からの刺激に対する反応の型を調べるものである。

この先行研究において，彼女は波の得点が感受性（.026）や視覚処理（.028）と有意な関係があることを見いだした。たとえば，波の質は主に動作感覚（前庭感覚）と結びついて，情動反応に影響を及ぼす。星は感覚処理（.015）の結果だけでなく，知覚や微細な運動の問題における困難さ（.016）とも有意な相関がみられた。それゆえ，申し分のない形の星を描くには，適当な心的表象を思いつかせたり事前に計画する能力だけでなく，高い筆跡運動能力の習熟も必要なのである。

枠内の構成は，貧弱な感覚記録（.034）と有意な関係があった。すなわち，子どもの要求は反応としてはより強大でかつ刺激的なものであり，それゆえ，機能，規制そして環境に影響を与えるのである。枠の認識はかんしゃく，程度の低い欲求不満，失敗で泣いたりうろたえたりすることなどのような激しい情動的で行動的な反応について，両親からの報告とのあいだで関係がみられている（.061）。その上，境界線を考慮に入れる難しさもある。

SWT 描画の質的要因は，知覚と微細運動における障害（.055）や，感覚情報を処理に関する反応上の結果（.028）との間にも有意な関係がみられた。臨機応変さや忍耐，勤勉対欲求不満や怠慢といった特性は，子どものテストにおける描画態度と日々の日課に対する態度の両方に影響する。

[2]
ミュラーら（Müller, Kliebisch and Neuhäuser, 1997）は，バー＝カマ（Cohen Bar-Kama, 1977）による書字運動テスト（Hepner, 1978），1 から 10 までの数字，SWT，HTP テスト，ワルテッグ描画テストを含む特別描画テストバッテリーの結果と，身体の協調や微細運動能力および動きのテストである神経学的テストと比較した（$N = 139$，年齢 4 歳 3 ヵ月〜7 歳 8 ヵ月）。最初の結果では，微細運動機能障害を有する子どもたちは運動機能テストで正常な結果を得た子どもたちと比べ，課題の結果に相違がみられることが明らかとなった。課題を正しく

理解し，創造的な発想をするにもかかわらず，前者の子どもたちは考えたことを描画運動の実現へと変換することが困難であったり，まったくできなかったりした。彼らのテストの結果は以下の通りである。

- 要求された対象の不明瞭な表現：絵のテーマを推測することがほとんど不可能
- 一貫性がなく，ときおり筆圧が強い
- とくに波において，筆の運びの乱れや中断，不規則性がみられる
- 与えられた枠の境界線内にとどめることができない

研究者たちは，SWTのような描画運動テストは，短くてわずかな集中時間，衝動性と多動性，視覚運動調整を損なったり，微細運動と身体調整の障害といった多くの要因を調べるのに十分な道具であるように思われると結論づけている。これらすべての問題は，微細脳障害症候群の一部である。バー゠カマ（1997）も同様の書字テストバッテリーが，書字障害やADHDを含む神経学的問題を発見できるとしている。

〔3〕
クリービッシュ（Stephan Kliebisch）医学博士は，ドイツのギッセン大学での就任論文のなかで，描画運動における手先の器用さの効果を研究していた（1998）。被検者は，82名の幼稚園児（4歳0ヵ月〜6歳11ヵ月）であった。

彼は，SWT，ワルテッグ描画テスト，HTPテスト，図形と筆跡運動を調べるヘプナーテストを含み，上述した描画テストに関するテストバッテリーの成績からさまざまな発達的な要因に基づいた書字運動の質を評価するための量的な尺度を考案した。

SWTにおける描画運動の成績をみクリービッシュの下位尺度は，最大18点である。

できばえ：
0＝認識できない形
1＝ほぼ認識できる（点あるいは円のような星）
3＝正確な形

筆使い／痕跡
0＝筆法の方向が不明瞭で，始点と終点が認識できない
1＝始点と終点のあいだの筆の運びがとても繊細
2＝筆法の方向が明確

上下の観点―波の上にある星の認知的能力

0 = 上下の逆転

1 = 不明確な区別

2 = 正確な区別

枠の認識

0 = 枠の無視（枠から1cm以上はみ出している）

1 = 最小限のはみ出し（0.5cm以上はみ出している）

2 = 枠からのはみ出しなし

クリービッシュは，周産期，発達的－神経学的でかつ心理社会的テストといろいろな描画テストの下位尺度の量的な総合結果の質問などからのデータを比較した。おもしろいことに，彼は手先の器用さと描画運動のあいだには，有意な関係がないことを見いだした。しかしながら，描画運動のレベルと，性別（男子よりもよい結果を獲得する女子），知能，教師の報告，子どもの意欲とのあいだに有意な関係がみられた。その年齢群においては，描画運動と出産時の合併症，発達上における重要な過去，明らかな精神病的サイン，両親の社会的地位とのあいだに明白な関係はみられなかった。5つの描画テストの結果が組み合わさっていたため，この研究における運動の評価としてSWT独自の貢献を推定することはできなかった。

〔4〕

マサチューセッツ総合病院（ボストン）で学習障害部門の指導者であるローゼンベルガー（Peter Rosenberger）医師と彼の同僚であるコールシュッターとシュムック（Kohlschütter and Schmuck, 1991）は多動性の有無にかかわらず，注意欠陥がある子どもたちがどんな特性によって異なっているのかを調べるために計画された研究のなかで，付加的道具としてアヴェ＝ラルマンによって提案された「小描画テストバッテリー」（SWT，ワルテッグ描画テスト，樹木画テスト，手がきの報告）を用いた。その研究では，当時，いまだ確立されていなかった弁別できる診断基準と神経的なメカニズムが支持された。

ローゼンベルガーらは，学校不適応によりクリニックを受診した10歳から13歳の38名の少年に対し，型どおりの臨床的な査定を行なった。これらのテストには，学校教育における能力としての学習履歴，十分な神経学的テスト，一般的かつ特定的な知能における標準的テストと両親によって記入された子どもの行動についての質問14項目が含まれていた。この型どおりのバッテリーに，描画テストが追加された。統計学的分析がこれらのテストの臨床的使用からから出発したことを説明しているので，初めのうちは10名の被検者の先行研究を基礎に，ADHD疾患のさまざまな側面について物語風解釈の分類が提示された。描画テストの心理診

断において適格とされる2人の独立した判定者によるブラインドテストでは，彼らの回答の90%以上の一致がみられた。一致と再現から得られた得点による6分類は，それぞれ3～4の可能性をはるかに越えていた。すなわち，知覚能力であり，経験の方向づけであり，社会化スタイルであり，社会化能力であり，成功への動機づけである。

さらに，また注意欠陥の子どもたちの2つのグループは，1人の判定者から2度の評価を受けた。彼らのうち，17名の子どもたちは両親によって多動（ADHD）であると記述され，21名はそうではなかった（ADD）。SWTにおいて2つのグループは，要求された要素（星と波）の1ないしは2つ，あるいは描画における相互の配置や左右対称性を創作する子どもたちの人数には違いはみられなかった。しかしながら，過剰運動のない子どもたちの多くは，「認識できる」要素を描くことができた（97.4%対86.2%；$\chi^2 = 4.29$, $p = .036$）。

以下の一覧は，テストで明らかにされた起こりうる病気に関する記述の一部である。これらはただ症候であって，確定診断をもたらすべきものではない。このような症例では，小児発達クリニックあるいは神経学者や作業療法士による十分な査定が必要である。以下の症候群は，病気を決めつける方法ではなく，これらが当てはまらないことが否定すべき診断であることをほのめかすものではない。さらに言えば，これらの症候群に苦しむ人たちは，まったく異なる絵を描くこともある。たとえば，多動症の子どもたちは動きを抑制し，あるいはけいれんして描いたり，窮屈な絵や黒く塗りつぶした絵を描くといったことがこれに当たり，彼らが楽しいテストであるにもかかわらず描画完成に費やした努力や感情的緊張が彼らの障害よりも強く表れることがある。これらの症例では，あらゆるテストの部分的な情報のみから与えられる事実に気をつけるべきである。

運動機能障害

運動機能障害は，乱れた筆運びによって確認される。それはリズムを獲得できないからである。したがって，ゆるみかつ硬直しているかあるいは，そのどちらか一方であることがはっきりしている。重篤な症例では，子どもは滑らかな筆法を1本も描くことができない。このコントロールの欠如はもっとも有意な要因であり，あたかも鉛筆が描き手の手を気まぐれに誘導しているかのように見える（図28a，図28b，図28c）。

緊張低下は過剰適応の結果として多くは，きわめて弱く，ほとんど筆圧がないか，ゆるやかな筆法というだけでなく，粗い筆法といった極端に強い筆圧にも表れることがある（図29）。

ADHD（注意欠陥多動性障害）

多動を構成する要素は，行動が過剰運動として絵のなかに見ることができる。すなわち，そ

図 28a　男子／5歳2ヵ月　左利き
粗大運動機能と微細運動機能の両方において重度の運動機能の問題がある。滑らかな円を描くことができない。厳密な弧を描く動きによってゆっくりした筆の運びを統制し，維持することが非常に困難。彼はすでに作業療法士による治療を2年間受けている。両親は彼をもう1年幼稚園に通わせたいと求めている。

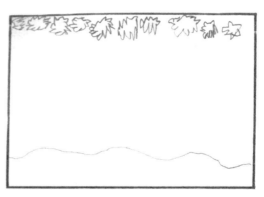

図 28b　男子／6歳3ヵ月
図 28aと同じ男児。さらに1年間身体的な治療を受けた。重大な進歩がみられる。彼は現在星の形と曲線を描くことができるが，彼の動作は依然不器用・不安定で斜線を描くことは難しい。

図 28c　男子／7歳8ヵ月
図 28a-bと同じ男児。さらに15ヵ月以上治療を続け，書字が可能となった。しかしながら，1年生の終わりになっても，彼はまだきれいな円を形作れない。ゆるんだ描線は至る所に見られるが，動作の障害は最後に描かれた（左側の）太陽に見られるように，彼が疲れたときに目立つ。治療の4年半のあいだに，彼は代替行動を教えられたが，器質的な問題は除去されていない。

図 29　男子／5歳4ヵ月
重度の緊張低下症。作業療法士との作業を2年間経験したが，彼は依然として筆記体を明瞭に書くことができなかった。筆記にコンピュータを使用することが提案された。

れは過活動的で計画性と抑制に欠ける。したがって，形と空間は悪影響を受ける。集中時間の短さは，短い波や隣接している星の形の急な悪化であり，それはまたコーナーに単独の星として見ることができる（図30）。

図 30 男子／14 歳 11 ヵ月
神経学的に ADHD と診断される．不安，衝動性，情緒的問題，反抗的態度がある．

　描画における衝動性の典型的な徴候は，完成までの時間の短さや攻撃的な描画内容，描画面積の乏しさ，不連続性，詳細の欠如，省略，サイズの増加，計画性の乏しさなどに表れる。

組織体の問題

　視知覚，視覚心像や視覚運動の統合における基本的な欠陥は，方向づけや方向性における問題や全体像（ゲシュタルトの印象）把握の失敗を引き起こすことがあるかもしれない。これらは，要素の型にはまらない配置にはっきりと表れている。すなわち，星の上にある波，垂直的な配置の欠如，右利きによる右から左へと描かれる波（左利きでは反対の方向へと描かれる）などである。いくつかの症例では，子どもは枠の周囲だけに描き，枠の内部は空白のままである。

学習障害

　上記に述べたすべての問題が 5 歳以降も持続するときは，一般的に学習障害の兆しであり，早期発見のきっかけとなるかもしれない（図 31）。これらの症状は，損なわれた可能性のある技術の合併の一部かもしれない。学習障害の子どもたちのテストはたいてい，描かれた要素と表現能力に単純さや乏しさがみられる。多くの消し跡や修正の有無は自信のなさや不安を示すとみることができる。しかしながら，多くの学習障害の子どもたちは，このような憂慮すべきサインのない絵を描くこともある。

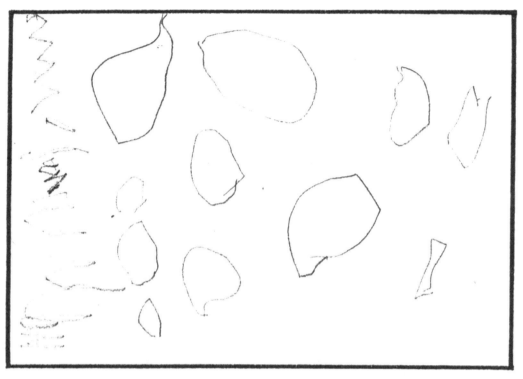

図31 男子・5歳5ヵ月
彼はいまだに描画の最中に手を持ちかえて描き，ペンの握りの発達的な遅れがある。粗大運動と微細運動機能において運動機能の問題あり。構成的な問題は，左側の垂直なジグザグした描線の波から明らかである。学習障害は後に学齢期に診断された。彼は言語の問題があり，指示を理解することが難しい。

知的障害

テストではあたかも幼い子どもが描いたようにみえ，経過観察を行なったテストにみられる発達の程度が期待されているよりもはるかに遅い（図32b）。同様の結果が，ゴロム（Golomb, 1992）やコックス（Cox, 1997）の人物画からも得られ，知的障害の子どもたちの描画には精神年齢が反映され，発達がゆっくりであるという点以外は，年少の健常児たちとなんら変わりないのである。描画に明らかな発達の遅れがみられる場合には知能テストを実施するべきである。

IQ60以下の約50名の被検者についてのアヴェ＝ラルマンの研究（Avé-Lallemant, 1982b）では，テストを完成させることができないかあるいは，一部しか描けなかったとしても，多くの被検者は正確性や固執性をもつ描画を描き，その他の被検者も感受性や表現豊かな意思表示をもつ描画を描いたという点に言及したことは興味深い。後者の症例においては，SWTは被検者が言語的コミュニケーションが困難な場合に，通常，隠されたままになってしまう被検者の内的世界を洞察させ，健康的で機能的な潜在能力の発見をもたらしたのである。

図32a 男子・4歳11ヵ月
彼のIQは54と判断された。なぐり描きを終えると，彼は描画のさまざまな部分に，ばらばらな方法でプール，星，子ども，手，足と名前をつけた。課題を理解していない（成熟度得点＝1点）。

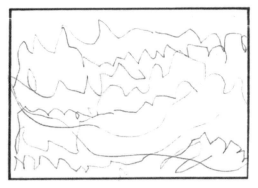

図32b 男子・6歳0ヵ月
図32aと同じ男児。幼稚園に入って1年，多くの作業療法と言語療法を受けたが，彼は依然として波しか描かない。課題の部分的理解は可能であった（成熟度得点＝0点）。

　コールシュッター（Kohlschütter, 1989）は133名の知的障害（うち数症例は，身体疾患を併せ持つ）の子どもたちに対し，筆跡，樹木画テスト，ワルテッグ描画テスト，SWTを含む描画テストバッテリーを実施した。結果は，被検児の60％は描画を完成することができ，パーソナリティの評価にもっとも適したテストであるというものであった。得られた彼らの可能性と潜在能力についての情報は，しばしば彼らの養育者さえもが驚くものであった。

　シュムック（Schmuck, 1997）は，治療過程において攻撃的であった知的障害の子どもの6つのフォローアップケースについて記述した。彼女は彼らのパーソナリティ，対処スタイル，不安や再テストまでのあいだに経験した変化について，テストから理解することができた。あるケースでは，悪化と不安の増加が性的虐待の後に観察された。

第5章

パーソナリティ・テストとしてのSWT：
投映法的側面

　現象学的哲学派に属するアヴェ゠ラルマンは，テストにおいて見受けられるユニークな実存主義的経験に焦点を当てている。本テストからパーソナリティ・テストを作成するにあたり，アヴェ゠ラルマンの目標は，カウンセリングに訪れる人びとがありのままの自分に向き合い，世のなかで自分の居場所を見つけて，そこで生活していくのを支援できるような適切なツールを心理学者や筆跡学者に提供することである。パーソナリティ・テストの性質上，表現的要素はドイツの性格学と密接に関連している。ドイツの性格学とは，図形表現に代表される目で見える意思表示と，内的動因およびその根底にある抑止力との相関を求めるものである。この関連性については第7章で述べる。ただし，本章に述べる象徴的な投映は主に深層心理学に関連するものである。

　描画テストから得られるすべての情報が被検者の行動に明らかに見て取れたり確認されたりするわけではないが，表面上の行動に対する内面的な動機を理解する糸口となる，というのは周知の事実である。SWTはもっとも内的な部分へのアプローチであるため，この事実に対する理解はSWTの分析においてとくに重要である。よって，テストから得られた情報が，観察できる事実に裏づけられていないように見える場合もある。

　被検者の実際の行動よりもテスト結果の方がおだやかで，問題なさそうに見受けられる場合が多々ある。たとえば，乱暴で攻撃的な行動をみせる子どもが，非常にデリケートでときに繊細で内気に見えるというテスト結果を示し，自己防衛的で反動形成的な行動の裏に隠れた内面的な恐怖や不安を露呈する場合も少なくない（図33）。

　ギレスピー（Gillespie, 1994）は，母子画に関する議論のなかで，「描画とは夢と同様，現実よりも願望や空想を描写するものなのかもしれない。願望は，自分を守るような表現または理

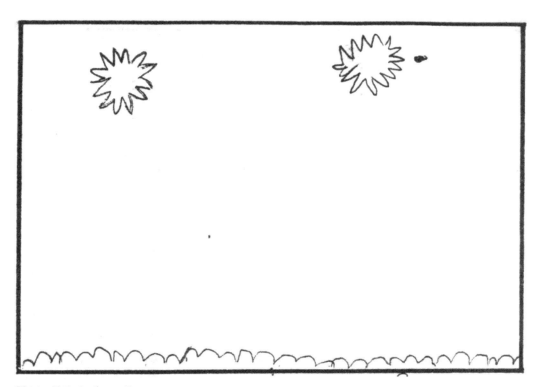

図 33 男子／5歳9ヵ月
非常に攻撃的であり，幼稚園では衝動的であるとともに破壊的であることが多い。矯正指導員により行なわれたこのテストでは，男児の現在の環境では普段見られない，きわめて高い自己制御力が見られる。

想化された表現といった形で描写される可能性がある……。物静かで同調性のある子どもの場合，鬱積した怒りを暗示する絵を描く場合がある。このような社会的人格に相反する描画は，臨床医にとってもっとも価値の高いものであり，その内容は，さらなる探求へとつながる問題を診療時間中に提起することとなる」と推測している。

カウフマン（Kaufmann, 2001）はこのような，通常であれば観察することのできない内的問題がテスト結果によって明らかになるというケースについて述べている。彼女が拒食症を患った少女たちを対象に治療を行ない，SWT を実施した際，拒食から回復したと考えられた時期よりもはるかに長い期間，彼女たちの心のなかにはこの症状に典型的な障害が残っていたことが判明したのである。

投映テストの評価では，特性を個別に調査することはないということに注意しなければならない。これらのテストは，人格的な側面と，動的ゲシュタルトにおけるそれらの相互作用を扱う。したがって，ある特定のサインそのものに何かの意味があるということではなく，複数のサインによって作り出される形態や構造の方が重要なのである（Ogdon, 1984）。

SWT は全年齢層を対象とした，強力な投映法である。夜をテーマとした描画は内向的側面を引き出す一方，テストを受ける側は共通して，自然や宇宙全体との一体感を経験することになる。課題が簡単でときに子どもじみていると捉えられるため，一時的な退行傾向が引き起こされたり，小さかった頃の思い出が蘇ってくる場合もある。SWT において求められる要素は，ユングの提唱する集合的無意識に基づく「アーキタイプ（元型）」である。アーキタイプは，多種多様な民族グループや年齢層に共通する非常に強い意味をもつ。テストではこのアーキタイプが，個人的潜在意識や抑圧内容の投映のきっかけとなる場合もある。結果的に，描画という行為によって個人が，自身の環境において実存主義的な経験に対し深い理解を示すようになる可能性がある。このような投映結果の可能性を考慮すると，患者が疲労し防衛機制が弱まった診察時間の最後に，SWT の実施を提案するのが賢明かと思われる。患者の不安度が比較的高い，診察時間の最初にテストを行なうのを好む者もいる（Hammon, 2001）。

近代心理学では，客観的な「広い世界」は観る者によって経験され，構成されることが示されている。人びとは現実を「ありのままの形」に理解するのではなく，「自身のありのまま」に理解するのである。つまりソロー（Thoreau, H. D.）の言葉を借りれば，「大事なのは，何に注目するかではなく，何が見えるか」ということになる。偉大な美術史家ゴンブリッチはこれを「観る者の役割」と呼んでいる（Gombrich, 1960, 2002）。神経心理学ではさらに，基礎的な視覚認知機能においても，私たちは光学レンズのように受身ではないことがわかっている。私たちの心は選択的な「スナップショット」を撮り，世界を構築する。私たちはこれらのスナップショットを能動的かつ主観的に解釈し，意味あるものへと作り上げる。このプロセスは自身の過去，経験，社会的背景，結果として求められる期待により左右される。私たちは心の受信機のチューニングを完了した状態で暗号の解読に立ち向かうが，その際に重要な役割を果たすのが「期待」である。このチューニング完了状態がおそらく，投映を開始したり，「私たちの知覚周辺で揺れ動く幻像……の触手を押し出す」（Gombrich, 2002, p.190）ための「心構え」なのである。

解釈プロセスにおいては，描画の意味を理解する手立ての一部となるであろう，自身の好みや期待を反映した解釈に十分注意しなければならない。描画にはおそらく解釈の余地が比較的あるが，その事実は描画の「意味」を，統一された世界共通の，固定的かつ客観的な「内容」に単純に結びつけることができない，という注意を喚起する。また，目の前の描画の投映または解釈がいったん固定されてしまうとそれを覆すのは非常に困難になり，その結果がテスト結果を深読みしすぎてしまうという大きな危険性につながる。

選択的かつ主観的な理解が人間一人ひとりの内的世界を構成している。これは観る者だけでなく，テストを受ける側にも当てはまることである。海の波を描きその上に星空を描くという

多少曖昧で一見遊び要素のあるリクエストによりイメージが活性化され，被検者はそれを真っ白な紙の上に投映させていく。このようにして，心のなかに潜む物語の少なくとも一部が，投映描画テストにおいて目に見える形で表現される。

　独特な基本原理をもつSWTは，空間認知心理学者が研究した物と類似する「メンタルマップ（心の地図）」を象徴させる。空間認知心理学者とは人間がどのように空間情報に向き合い，学習し，記憶し，表現し，それを伝達し，適応させていくのかを探究する者たちのことである。メンタルマップという比喩的表現によって，精神的世界が物理的世界として目に見えるものに変えられる。したがって「メンタルマップ」の描画は，個人の認知システムが理解したとおりの現実を映し出すのである。被検者の精神的能力および情緒的能力を反映していると地理学者が考える，学校までの道のりの図，近所の絵，国の絵，世界全体の絵と同様に，同じ方法でSWTを研究することが可能である。SWTでは被検者が自身の世界のなかの関係，環境，経験についての説明を組み立てる。描画はその被検者が心の目を通じて見た物，つまり世界のなかでの自身の居場所についての考え，感情，知覚に関する投映を，目に見える形で表現したものとなる。このような認知地図においては，出発点，目的地，回避すべき地点等という空間的関係（位置，方向）を見ることができる。具体的な目印，地区，経路と同様に，中心となる地点そしてその他の重要地点について強調されていることおよびその性質が重要な鍵となる。同様の展開パターンが空間認知地図およびSWTでも明らかに存在する。その両者において，最初に認められるのは自己中心的知覚パターンであり，その後，もっと成熟し客観的にまわりを見てとれる。

図34　女子／12歳
ファンタジー要素の豊富なメンタルマップには，感情に満ちた内的世界が表現されている。描写は過剰なほど細部に至るものの，差別化やまとまりに欠ける。自己中心的な欲望や性的興奮（ファリック（男根の）形状）は思春期において頻繁に見られるものであり，この絵のなかでは外向的で，派手で，感情が最大化された設定で表現されている。

図35　女子／12歳　左利き
人気がなく，整然とした，明確なメンタルマップである。知的な考え方，秩序，距離の置き方が彼女のメンタルマップにつながっている。被検者はまた，図34の女子と同様に，自身のアイデンティティと世界のなかでの自分の居場所を探し求めている。ただし，今回の被検者の場合は，内向的で，遠慮がちで，感情が最小化された設定である。

無意識の世界は通常画像や描画を媒体として表現されることから，視覚的表現は言語的表現よりも無意識的内容に深く関係している（Kreitler and Kreitler, 1972）。しかしながら，投映法テストを行なう際には常に，「地図は現地ではない」というコルジブスキー（Alfred Korzybski）の言葉を心にとどめておかなければならない。テストの過程で描写された身の上話は常に，内的な物語が部分的に加工されたものである。内的世界からの印象は表面化するものの，事実に基づいた情報は見えてこない。これらの印象がきわめて主観的であり，ときに捻じ曲げられ，忘れ去られ，つじつまが合わなかったとしても，被検者にとってはそれが現実である。被検者のメンタルマップが自身の実存的現実を決定し，それに基づき被検者は人生を送る。したがってメンタルマップの識別と，その正しく主観的な理解が，パーソナリティ評価において常に重要なのである（図 34, 図 35）。

　当初要請された星と波の描写以外の追加的要素として表現されることの多い個人的シンボルは，ユング派個人的無意識から生まれ，この個人的無意識は主観的な人生経験に基づき一生を通して発達を遂げるものである。したがって，詳細に記された既往歴と被検者による連想なしには，個人的シンボルを解明することは不可能である。その一方で，パルヴァー（Max Pulver, 1949）が「空間の象徴的表現」と定義した，描画空間内の位置および方向パターンに対するシンボル的意味はユング派の集合的無意識のアーキタイプに基づく。空間の象徴的表現はもっとも基本的な体験を含むもので，おそらく人間がもって生まれついたものである。この象徴的表現は世界共通かつ普遍的であるため，一般論的意味をもつ。パルヴァーはまた，アーキタイプのもつ多種多様な意味の対比性と，ユングにより始めて提唱された，正反対の存在間の緊張統合の可能性の概念とを導入した。これらの概念はグリュンワルドにより 1 つの解釈図式に統合され（Koch, 1957），この当該図式は後に修正された。後にその詳細を述べる（図 46）。

　この空間－象徴的表現パラダイムは，最初の人が白い紙をもらって完成させる描画と SWT で，枠どられた上下左右の位置空間の中の何もない空間として，自分自身の宇宙空間がが認識されている。描画においては，空白の象徴的表現がその人の無意識でのあり様が直接的に引き起こす唯一の要素である。

　星と波に対するさらに一般論的解釈は，それらのアーキタイプ的意味と，描画のなかの上下それぞれにおける配置により決定する。後に説明するパルヴァーの空間象徴的表現における縦軸は，波の上側に星を書くという指示により強調される。したがって，個人的経験とフロイトの提唱する超自我，自我，イドの三構造による相互作用をとくに強調することが求められる。

図36　男子／7歳11ヵ月　左利き
非常に抽象的な星である。星は小さな点で表現され，衝動的ではなく正確に，ていねいに描かれている。これらの星は非常に才能豊で知的な子どもにより描かれているが，この子どもは社会的スキルに乏しく感情表現ができない「コンピュータの達人キッズ（computer whiz-kid）」である。

図37　男子／12歳
人生のあらゆる面において成功の道を歩む，利口な少年である。彼は星を，ハート型星座にして描いている。この子どもは，何ヵ月も前から恋心を抱いていた少女と数週間前から付き合い始めており，きわめて幸せな状態である。

図38　女子／14歳4ヵ月。左利き
非常に優秀な生徒であり，思春期においてとくに問題はなさそうに見える。大きく輝く星は，注目を浴びたいという願望，そして目に見える成功を収めたいという願望を表す。

図39　男子／12歳
この少年は星を2つだけ描いたが，それぞれが（ヘブライ語の説明によると）映画スターに関連づけられている。「賢い男性（wise guy）」には，成功，評判，名声といった子どもらしい願望が単刀直入に現れている。

星について

　ユング派説によれば（1964），夜空の星は，光，無限の知識源，アイデア，意識，良識，知性，神性，精神的，イデオロギー的，超常的世界を象徴するものである（「〜を解明する（throw light on）」や「明らかにする（bring to light）」と同時に，「空想家（stargazer）」，「非現実的（starry-eyed）」等）なことも象徴している。精神性は合理的なだけではなく，超自然的である（図36）。「アーキタイプの観点からは，光る物体は常に意識を象徴するものであり，

それは人間の精神の精神面の象徴である」（Neumann, 1955, pg.571）。空に描かれた星と星座の一定的な位置は，秩序，普遍性，永遠性というものに関係している。このような星と星座の位置は，フロイト派の観点によれば超自我の象徴である（「輝く光（shining light）」）（図37）。

星はまた，野心，達成，成功，高いステータスへの願望といったものも象徴する場合がある（「大望を抱く（hitch one's wagon to a star）」，「スターが揃う（start-studded）」）。同時に，性的魅力やつややかな印象の象徴でもある（「映画スター（film star）」，「スーパースター（superstar）」）（図38，図39）。星はまた，権威や権威を象徴するものを意味する場合がある（保安官の星型バッジ等）。モラル判断および理想の源となる「天の父」原理も重要である。

波について

一般的に水は生命の源であり，子宮内の環境でもある。波（水の動き）は，変化，再生，変形を象徴し（「過ぎてしまったこと（water under the bridge）」，「波立っている（wavy）」），「変形と再生，生と死のイメージ」を明らかにする（Rizzo, 2000）。生理学的にも，天地創造に関する数多くの神話においての本質的な部分でも，水は生命と活力の源である。波は，容易に変化しやすいすべての動的プロセスや性格の一時的な側面，つまり魂に関係する（「静かな流れは底が深い（still waters run deep）」，「揺れ（waver）」）。波は，情緒経験や情緒危機を反映するが，それらは結果的に穏やかになる場合もあれば激しく荒れる場合もある（「円滑な状態（in smooth water）」，「危険や困難（deep water）」，「混乱状態（troubled waters）」）（図40）。高波や荒波は欲動の強さを反映し，強く野性的なイド構造についての情報となる（図41）。

海は集合的無意識を象徴するが，その奥底で個人的無意識を発見できる場合がある。その個人的無意識のなかにこそ，情緒的な沈没船の宝物が隠れているが，そこにはまた，恐ろしい怪物や本能的なぬかるみや泥もある（「気をそそる（make one's mouth water）」，と同時に「苦境（in hot water）」，「たとえ火の中水の中（come hell or high water）」なども隠れている）。

海はまた，母性原理，特に「母なる地球」経験における養育と原始的な安心感に関係している。ノイマン（Erich Neumann）は「グレートマザー（太母）」アーキタイプ（1955）の議論において，母系精神世界は，SWTにおいて空の部分に見ることのできる男性の知的意識の家父長的発達と無意識的な対照を成すものである，としている（「グレートファーザー」，つまり神）。

図40　女性／18歳2ヵ月
豊かでダイナミックな恋愛人生を送る若い女性。彼女の強い情緒的および性的要求が，彼女自身の強い制御力と合理化によりいくらか抑制されている（斜線を使った塗りつぶし）。

図41　男子／5歳7ヵ月
膨大なエネルギー，本能的な不安（動き），恐怖（黒い塗りつぶし）が，波部分の，過剰かつ奔放で，筆圧の強い原始的ななぐり描きに表現されている。

　芸術や夢において「グレートマザー」のアーキタイプ（母親，祖母，姉妹，娘，アニマ）は通常，海に象徴化される。「すべての生物はその存在を水，つまり大地のミルクにより築き維持するため，母なる海は，抱くのみならず育み，変化する。水は，胸や子宮に象徴的に関連づけされる……」（pg.47）。神と人間の自我が出現したのは，太古の海からである。「再生のシンボルに遭遇するたび，私たちは母系変化の謎に関係することになる。そのもっとも昇華した形が，独創的なパーソナリティの統合プロセスである」（pg.59）。

星対波の優劣関係

　星が描かれている領域と波が描かれている領域とを比較することで，そのバランスがとれているか否か——とれていない場合はどちらに重点が置かれているのかがわかる。優勢状態は多くの場合，領域を多く使用することや，要素数の多さ，多種多様な形状，筆圧や筆跡の変化，その他さまざまな描画的表現等，ある特定の描写対象物に対する情熱により作り出される。この点については筆跡に関する章（第7章）で言及する。

　空の領域と海の領域において予測される比率は，必ずしも1：1ではない。多くの場合，とくに美的評価では約1：1.6という比率が明らかになっている。この比率は上下対称な分割よりも好ましく受け入れられる比率であり，「黄金分割比」呼ばれる。調和と正確性を創り出すこの比率は古代ギリシャ時代から理想的な基礎構図とされている。この比率が好まれるのは，人間のもつ楕円形の視野の縦横比率そのものであるからという可能性もある（Costa, 1990）。

上述以外の比率に関しては，主観的な心理学的意味が含まれている。

　ウェルナーは子どもによる描画において典型的な，「感情の遠近法」について，感情的に重要度の高い要素は描画のなかでその相対的なサイズが増加し，重要度の低い要素については小さく描かれたり，描画のなかに含まれなかったりする（Kos and Biermann, 1995）と述べている。テストにおける上部領域対下部領域比率は，したがってこのような感情表現として判断することが可能である。上下どちらか片方を好む場合，その領域に収まる要素が性格においてより重要な役割を果たしていると考えられる。他の領域を無視することまたは避けることにより，好みの領域の支配力が増加することもある。さらに，どちらか片方の領域が完全に避けられている状態はきわめて重要であり，解釈手順においてもっとも重視される。何も描かれていない領域には焦点となる問題が反映されており，そこには抑圧された内的エネルギーの急速な高まりがあるためである。誇張表現は無視と同じ意味をもつことが多い。

　人物描画においては，同じ年齢で同じ性別の被検者の 85% 以上が絵に含む要素が描画から欠落している状態を無視状態と定義する。この無視状態は，行動や適応能力に問題のある子どもや，脳に障害をもつ人に見られる。高年齢化が進むと無視状態は不安，情緒不安定，反社会的行動，犯罪，総合失調症等にも関連づけられる。これらの関連性が，上下どちらか片方の領域の全体的または部分的省略にも関係するのか否か，非常に興味深い。

星が描かれている領域が大きい場合
　大きく確保された空は，自覚，知性，または高い志の現れである。これらは動機と考えられる場合もあるが，学術面または職場での失敗やストレスの結果として考えられる場合もある。とくに子どもの場合，空が異常に強調されると海部分が押しやられているように見えるが，これは知性が魂を抑圧していることを象徴している。したがって，このような子どもらは学術面での成功に関し高すぎる期待と要望を背負って生活しているということがわかる（Hammon, 2001）（図42，図43）。

波が描かれている領域が大きい場合
　情動性，情熱，本能的な衝動と問題が強調される（図44，図45）。

　上下どちらか片側の優勢状態は，その内容により判断される場合もある。付加物は，上下どちらか特定の領域に関する特定の問題，関心，被検者にとって煩わしい物事を表す。たとえば，雲や飛行機の絵は空の領域を豊かにするのに重要であり，魚や船の絵は海の領域を豊かにする。付加物を求められたわけではなくとも，要素側が注目を乞う場合，被検者は要素を追加せねばという気持ちをもち，それらの要素がなければ絵が完成しないと感じる。これらの付加物はそ

図42 男子／14歳1ヵ月
学校で天才と思われているこの少年は，知的刺激を非常に強く受けている。情緒的には未発達で不安定である。

図43 男子／5歳0ヵ月　左利き
情緒的圧迫感のある家庭の出身で，技術的な興味に偏りが見られる。

図44 女性／32歳
非常に感情的な女性で，機嫌，動揺，他人への依存が表現されている。

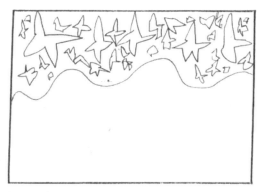

図45 女子／5歳6ヵ月
両親の離婚以降，何度も恐怖を感じ極端な気分のむらを体験している。わかりやすい感情表現をするが非常に内気である。大きく，何も描かれていない海は，空虚，つまり非常に多くの秘密と言葉にならない感情へ注意を導く。

のときの葛藤を描写したり，該当領域に関係する具体的な問題を描写したりする可能性がある。

空間の象徴的表現――縦軸

　縦軸は人間の立位と平行し，私たちを現実にくくりつけておこうとする力（重心）と，それを克服し自身の中核の向こうにある目標にたどり着こうとする力との，緊迫した人間的な戦いを表現する。アルンハイム（Arnheim, 1998）はこれを，熟考の軸（axis of contemplation）と呼ぶ。その多種多様な象徴的意味を，空間の象徴的表現図式に示す（図46）。これは主に内

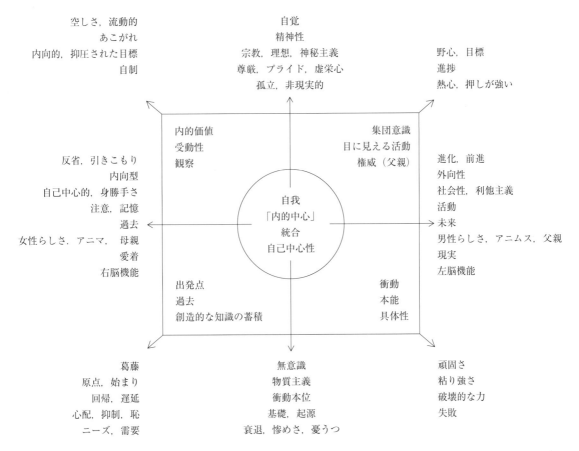

図 46　空間の象徴的表現図式

的力学の相互作用に関するものであり，以下フロイト派「（心の）地図」は以下の3つの構造により説明できる。

- イドは，足，消化器官，排泄器官，生殖器管を含む人間の下半身のように，下部の本能的な満足感を目指した原始的なニーズや欲望をもつ。
- 超自我は，認知的制御や理想をもち，頭部のような上部に示される。
- 自我は，中心となる統合的な構造で，イドと超自我両方の要求を現実と組み合わせると同時に，イドと超自我とを組み合わせて，心臓や循環，呼吸器管，外的ニーズと内的世界とを融合させるための手のような，中間的な領域を創り出す。

空と海の区別には，原初の混沌から生まれた宇宙の秩序が表現される。テストにおいて，自己中心的な考え方が優先されるなぐり書きや幾何学形状の描画段階では，このような区別はまだ不可能である。また，このような発達段階での描画では，子どもが用紙の位置を変えたり子どもが用紙の周りを移動したりして，必ずしも具体的な方向性をもつわけではなく，一定的な

図47 男子／5歳11ヵ月
非常に聡明で，エネルギーに満ちた少年。空と海の重なりから，認知能力の発達に多少の遅れがあり，おそらく情緒面における顕著な自己中心的欲求が原因で，自己中心的な考えをもつ段階が長くなっていることがわかる。この自己中心的欲求は，同心円として描かれる波と絵の中心部に描画要素が集中していることから明らかである。この少年と7歳の兄は，両親が職場にいるあいだ，家に残されている。

上下方向は存在しない。このような描画では，象徴的な解釈は意味をもたない。

しかしながら，図の描画段階に入ると，子どもは上下を区別するポイントを定める。図の上部において，星は多くの場合きちんと整列し，空には横方向の線が加えられる。したがって，子どもの年齢が5歳を超えると，空の領域と海の領域とが重なるケースは珍しい。空と海が重なる場合，子どもはまだ自己中心的で幻想的な考え方をもつ段階にいると推測され，想像と現実，願望的思考と事実情報，そして思考と感情との区別をつけることが難しい（図47）。

まれに，子どもが学校に行き始めてから，もしくはそれ以降の段階にこのような重なりが見られることがある。初歩的で決まったテストにおいて被検者は，内的分化の欠如を表す。つまり，思考と感情とが混乱しているのである。被検者は内的な感受性や性的問題に圧倒されているか，衝動の抑制が不十分であり，人生におけるさまざまな分野に影響を及ぼしている（図48）。

図48 女性／40歳

幼稚園教諭であり，現在6年間失業中。最初に波を描き，次に星を描いたが海の領域まで星が入り込んでいる。彼女は不可能な物事を望んでおり，願望的思考に突き動かされている。

　このような重なりは，感受性の高く，芸術家肌傾向の若者や成人において現れる場合がある。テスト結果は調和し感覚的な絵であり，「実際の」星が水に反射している様子が描かれる。このようなテストでは，上下部分のはっきりとした相互関係から，性格における複雑な知的部分と精神的な部分とのバランスがわかる（図49）。テスト結果が装飾的で派手である場合，自身を反映する表現の中核には，自己陶酔的傾向が存在する。

　ただし多くの場合は，空の領域と海の領域ははっきりと区別されている。この区別は5歳から6歳の子どもではほとんどの場合，領域間の広く隔たった空間として強調される。この広く隔たった空間図の描画段階において典型的であるが，明確な知的動機と情緒的発達の遅れを見せる子どもにおいてとくに顕著である（図50）。

　空と海とのあいだの広く隔たった空間は子どもによる描画において典型的であるものの，年を重ねるごとにその傾向はうすれていく。コックスとチャップマン（Cox and Chapman, 1955）は5歳から10歳までの子ども221人を対象とした調査で，外の風景をクレヨンや絵の具で描かせた。空間をそのままにする状態から，そこを塗りつぶすようになる年齢は，使用道

図49　女性／38歳
水面にていねいに描かれた星の反射は，内的な奥行きと，さらなる統合への願望を表す。

具がクレヨンか絵の具であるかにかかわらず8歳前後であった。

　アヴェ＝ラルマンは3,001人の子どもを対象にした調査（1994）で，SWTに見られる空間は重要な発達的特徴を示すとし，情緒の統合における成長を反映する可能性があるという結論に達した。6歳児による描画では，91.3%の女子および61.9%の男子が非常にはっきりとした空間を残した。学校生活1年目の現実的な描画段階のなかでこの空間は，紙の上半分全体をバランスよく覆う星の絵で徐々に埋められていく。10歳にもなると，空間がはっきりと描かれるのは27.5%であり，女子なら13歳，男子なら15歳に達したところでその確率は10%未満になる。18歳になると，女子で2.2%，男子で5.6%にまでさらに下がる。男子による描画において空間の出現が女子よりも早く，またそれがなくなるのが女子よりも遅いのは，「男性の精神構造」のためであると共に，女子よりも成熟が遅いためでもあると考えられている（Avé-Lallemant, 1997）。

　人生に対する考えが幼稚であったり，統合性にかけるような人物の場合，思春期の子どもや大人においてこの空間が復活する場合がまれにある。自己同一性の問題や分裂が推測される場合がある。このようなケースは犯罪常習者のテスト結果に見られることが多く，退行状態を示

図50 男子／6歳10ヵ月
非常に幅広い空間が，地平線によりさらに強調されている。この少年の高い知的レベルと遅れた情緒レベルとのあいだには現在，大きな差が開いている。

す場合もあると考えられる（Avé-Lallemant, 1993）。ネッカムキン（Nechamkin, 私信）はまた，入院中の統合失調症患者にこの傾向が増加すると指摘している。

　空間が埋められると今度は，「絵の中の2つのパーツ」ではなく，「1つの複雑な全体像」を検査することとなる（図51）。水平線の挿入や，繊細でリアルな横線の描写によって，全体的な視野や統合された自己経験が強調される場合がある。水平線を黒く塗りつぶすことでそれが分割線と捉えられる場合は，自己経験の乱れや障害が強調される。

空間の象徴的表現――横軸

　横軸は重力に対して対称的な方向にあり，縦軸により示唆される従属的状態とは異なり，バランスや協調を創出する。しかしながら，人間の目は絵が左から右へと意味を成すと理解することから，左右は対等ではなく，結果的に，右と左とでは重要度が変わってくる。見る人は，

図 51　女子／ 7 歳 0 ヵ月
1 年生の終わり頃。衝動的なこの少女はすでに全体像的な絵を完成させており，考えや感情を統合させる能力があることを示している。

重要度がとくに高い絵の左側に対して最初に共感する傾向が強い。また，左側は高い重要度や多くの負担を支えることのできる，中心的な存在である。

　ユング派の集合的無意識が原因とされるこの左右非対称的な認知は，左側の視界から入った情報がより早く記録されるという例からも説明することができる。神経心理学研究の結果，左側の視界から入った刺激を受け取る右脳には，空間問題を解いたり高速反応を制御したりする特殊な能力が備わっていることが示されている（Rogers, 2004）。したがって，左側の視界内に存在する認知的な刺激は，右側と比べて重要度が高いと理解されるのである（Arnheim, 1988）。

　左から右にかけての認知的な偏りが，横軸が時間的な発達や退行を示すものと理解される理由かもしれない。右側に向かって進んでいくという無意識的な経験から，横軸はまた，交際や付き合いと呼ばれる活動や，積極的な参加の方向性を象徴する（Pulver, 1949; Koch, 1957）。小さな子どもにはまだ空間的な概念が確立されていないため，5 歳未満の子どもにおいてこの横軸に象徴的な意味があるか否かは明らかでない（Lowenfeld, 1952）。

紙の形だけを考えるのであれば，星と波描画テストは，縦軸よりも横軸を強調するようにデザインされている。この無意識的な欲望はテストに対する自然発生的な回答に現れるが，垂直状態や上下の動きを重視する場合は自我的なものの影響をうける場合が多い。さらに，波の上の方に星を描くという指示は，横軸に関する好みという点では，中立的立場にある。したがって，描画というテスト結果において2つのパーツがそれぞれ別に使われるということが，もっとも重要なことなのである。

左側
左側は，母性原理（母親，女性，アニマ）の領域を意味し，過去，始まり，原点など，人間の発達の出発点である，守られるという経験や愛情をもつという経験に属する。左側は人が退行する場所であるため，依存関係や共生関係も見て取れる場合がある。内向型（「存在すること」），注意，受動性，自己中心的な行動，故郷への思い，ホームシックなどはすべて，左向き傾向がある。

右側
右側は，父性原理（父親，男性，アニムス）の領域を意味し，目標や終点がある未来を象徴する。右方向への進行はイニシアチブ，「行動すること」，新しい領域の征服を意味する。（左側にある）母子間の双方向的な絆が緩まり，その絆が広がって父親がそこに含められる。つまり，世界やその住人と将来接触するための道が開かれることになる。右向き傾向は，交際，外向性，利他的な行動を意味する。右側は，活動の方向であり，未来の方角であり，コミュニケーションである。

左側を母性と女性，右側を父性と男性と認識するのは，将来的に時代遅れとなる可能性があり，現在でもすでに，伝統的なジェンダー表現の根絶や，両親の役割における変化や，過去数十年間に出現した新しい家族構成や多様化した家族構成が原因で，このパターンに変化を見ることができる。左側をアニマ，右側をアニムスと解釈するのはいまだに行なわれているが，それは主となる養育者の同一性とは関係なくなってきている。被検者が2種類のアーキタイプ構造のあいだである程度バランスを取るというのは，昔も現在も変わらず非常に重要である（図52，図53）。

横軸はしたがって，社会的で生産的な世界のなかにおける，パーソナリティ発達プロセスとして左から右に読み解くことができる。心理学者のなかには，横軸は，樹木画テストにおいて縦軸イベントのタイミングとして使用される「ヴィトゲンシュタイン指数」と平行して，受検者のこれまでの人生において発生したことを理解するのに利用できると直感的に提案するもの

図52 男子／9歳2ヵ月
左側には傘を持った少年の絵があり、その上にはファリック型の星が描かれている。右側では激しく雨が降っている。この児童の父親は服役中であり、休暇中でも会いに行くことはない。安定した精神的サポートへの強い願望があるが（足首から下の欠損、足の長さの異なり、バックルつきのベルト、大きく開いた口）、傘では自分を守るのに不十分である。彼の実存的な経験は母親と共にあるが（左側）、権威があり導くことのできる父親役（ファリック型の星）に対する強い願いがある。同時に父親側には、憂うつ、攻撃への恐怖、拒絶への恐怖のみが表現されている（線状に描かれた激しい雨）。

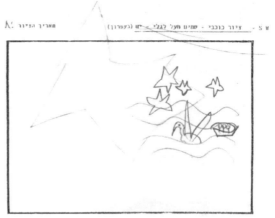

図53 男子／11歳2ヵ月
非常に反社会的な少年であり、攻撃的な行動が原因で、裁判所の命令により家庭から追放された。消された跡のある大きな星は、この男子のもつ、自分を認めてほしいという子どもじみて自己中心的な、罪の意識がいっぱいの満たされていない欲望を示す。彼は左側で自己表現することができずにいる。過去や自分を満たすことのできない家庭については無口のままである。彼は自身の内的世界を見つめることを避けており、内的処理もない。しかしながら、強く鮮明な思い出、欲望、および／または依存の念で振り返っていることが、攻撃的／おびえた感じの筆跡でわかる（左を向いたアヒル）。彼は、守られること、閉じこもること、接触することという、将来の情緒的な目標を欲している（人間らしくない人間を乗せた舟）。

もいる（Koch, 1957）。枠の幅（15.5 cm）を被検者の年齢で割ると、毎年何 cm という発展因子を得ることができる。特定の場所や、波の動きに大きな変化がある場所や、問題の兆候がある場所（黒色での塗りつぶしのような描画表現または大げさなほど象徴的に描かれた要素）に印をつけることで、問題や障害となる出来事がいつ発生したのかを算出することが可能となる（図54、図55）。状況によってはこの方法から興味深い結果を得ることができるという事例もあるが、その使用には注意が必要であり、また、すべての例に等しく該当するわけではない。

ベン＝アサ（Ben-Assa, 2002）は、70歳代、80歳代の回答者によるテスト回答を調査し、回答者の人生経験を示す手がかりを見いだした。回答者の多くは左右の中心部から描画を開始するか、または右側から開始して、右方向へと絵の勢いを無くしていく。この現象は、将来および外の世界に対する情熱や興味の減少を表している可能性がある。

全年齢層において右利きの人は通常、波線を左から右に向かって描き、左利きであれば反対

第 5 章　パーソナリティ・テストとしての SWT：投映法的側面　73

図 54　女子／12 歳 4 ヵ月　右利き
4 歳のときに父親が死去。星と波とを描き終えた後，舟を描き，4 歳という年齢を表す場所で波の一部を消して，「父親が生きていたら今頃こんな感じだと思う」といいながら，老人が砂浜を歩いている様子を描いた。その後父親像の上に雲と天使を描き（「天国の父親が見守っている」），図の中央にある船の上には神が描かれている（「神が私を見守っている」）。この絵では，背を向けて去っていった（と少女は思っている）父親への別れが描かれている。彼女は，成熟する自立性とその欲望という葛藤を抱えている（絶対的な父親像の監視下にある，右方向へ進む船）。しかしながらこの少女は自身のなかにあるアニムスの要素，制御（波の平行性）と理性的な判断（砂地と自身との距離），も維持しようと努力している。

図 55　女性／46 歳　右利き
瞑想中に見たというイメージを描いた。輝く星がつながっていて，それがぐるぐると回るというイメージである。33 歳のとき（波の動きが変化する部分），生まれ育ち，後に教師として働いていたキブツを離れ，都市へと引越し，名前を変えて巫女兼神霊治療家となった。この女性は，そのときから幸せと心の平安を感じていると主張しているものの，テストの結果からは，大きな変化により気分のむらは改善されたものの，子どもじみた自己中心性（星座の位置）からはまだ卒業できておらず，本当の意味での調和にはまだ到達していない（絵全体の調和が取れておらず，波には途切れがある。現在の感情的生活に過去が統合されておらず，奥行きがない）。

方向に描くことを好む。体の中心から加速しながら遠ざかって行くというこの筋肉運動の優先傾向はほとんどの場合，進歩の象徴的方向と同質であるが，右から左へと波線を描く場合（主に左利き），横軸沿いに出来事の発生タイミングを計ることに意味は見いだせないだろうと考えられる。

　横線の描画調査の結果からも類似した知見が報告されている。書き方を習得し始めた段階にある児童であれば，アルファベットの方向，つまりヘブライ語で右から左の方向，に影響されてその方向にしたがって横線を描くが（Lieblich, 1975），成人においてはイスラエル人もアメリカ人も横線の引き方に違いは見られず（Shanon, 1978），「ほぼ例外なく，右利きであれば左から右へと描き，左利きであれば右から左へと描く。文化の違いはない（p. 590）」としている。描きやすい方向での自由で表現力豊かな動き（右利きであれば右方向，左利きであれば左方向）は，全調査参加者が右方向に表現するものと予測されていた象徴的に表現される外向性傾向を，否定することとなった。

図 56a　男子／9 歳 3 ヵ月
野心家の両親と，競争心の強い姉をもつ少年である。この家族が目指すのは「卓越性」である。家族は全員非常に才能があり，自分に自信をもっており，職場でもきわめて大きな成功を収めている。趣味は競技である。少年は「スト」を起こし，宿題をするのをやめ，何時間もテレビの前で過ごした。知的活力の欠如と将来への恐怖が，何も描かれていない右半分の空に表現されている。絵の左側にある，右に曲がった波は，外の世界に向けられた，抑制されたフラストレーションと受動的な攻撃性を表す。

図 56b　男子／10 歳 0 ヵ月
9 ヵ月後の図 56a の男子の絵。9 ヵ月間の治療の後，少年は活動的になり，学校や家でもやるべきことをやるようになった。彼の両親はこの結果に満足し，治療の終了を決定した。星は以前よりもバランスよく散らばり，学校で努力している様子（右側）も明らかである。彼の頑なな自己防御は緩まったが，自我はいまだにもろく，傷ついている。怒りは抑えられ，自己中心的である（左に曲がった波）。罪悪感，厳格な命令の必要性，義務遂行の必要性が明らかである。少年はまだ，治療を終えられる段階ではなかった。

　ただし，イスラエル人心理学者リーブリヒら（Lieblich et al., 1975）は，右利きの被検者が描いた横線の方向を調査し，右利きのヨーロッパ人が好むことが多い左から右への仮説的方向性は，調査対象となったアラブ人学生の 85％ と逆であることを報告している。アラブ人学生は，就学前のアラブ人児童のほとんどが好んだ自然な動きよりも，習得した方向での動きを好んだ。方向性の影響が弱くなりつつあり，厳しい方向性調整も必要でないヘブライ語と比較して，アラビア語の強い方向性影響は，アラビア文字すべてが必ず右から左に書かれるということが原因となっている可能性がある。また，アラブ語を使う子どもたちはヘブライ語を使う子どもたちよりも，厳しく長い書字教育を受ける。したがって，アラブ語を使う児童が回答したSWT 結果の調査は非常に興味深いものになると思われる。

　具体的な波の形や，星の非対称的な形状からも補足的な情報を得ることが可能である（本章内にて後述）。右方向に曲がる，鋭く固まった波の形は攻撃性，外向性の強い恐怖心や怒りを表す。衝突しても，外の世界と対峙して，人生を前進させたいという強い要求が現れている。左方向に曲がる波は回帰的で，自己防衛，自己嫌悪，退行性，遮断や隔離による外の世界からの影響の回避を表す（図 56a，図 56b）。青年期ではこのような波の右方向または左方向という傾向は，字の傾き方が頻繁に変わるように，速いペースで変わりやすい。

先述の，そして図式（図46）を使用して説明した右側，左側の象徴的な意味には，ユング，パルヴァー，コッホの主張するとおり世界各国の多くの伝統が含まれている。しかしそれらは西洋の文化に強く関連づけられている。中国の伝統では，象徴性が大幅に反転する。たとえば，左は名誉，男性的な「陽」側であり，右は対応としての女性的な「陰」側である。したがって，比較文化研究が強く推奨される。面白いことに，イスラエル人が回答した描画テストの結果と，ローマ字アルファベットを使うさまざまな国籍の被検者による描画テストの結果を多数比較したところ，絵の右側および左側の象徴的な意味合いは，読み書きの方向が逆であっても変わらないことがわかった。描画の印象における右側・左側の象徴的表現の役割を示すヤローンの図式では，このような基礎的空間概念の持続性について，学校で学び年齢を重ねてから完全に理解可能となる高位の読み書きでは変えることのできない，奥深い，原始的な刺激に基づくものであり，集合的無意識により把握されるものであると説明している（Yalon, 2003）。

4つのコーナー

描画の枠内における4つの区画とコーナーは，縦横軸の組み合わせから具体的な意味合いを導き出す。どれか1つのコーナーが強調された場合には，描画またはその象徴的な意味合いを通じて，具体的な要素配置箇所から意味を解明することが可能となる（図46：空間の象徴的表現図式参照）。

チェトウィンド（Chetwynd, 1982）は，描画の4つの区画が人間の発達段階を示すとしている。
- 左下：幼児期
- 左上：青年期
- 右上：成熟期（男性らしさ，女性らしさ）
- 右下：老年期。興味深いことに，ベン＝アサは老人の描画表現に関する研究（2002）に，人生を楽しみ生産的な高齢生活を送ろうと決心したダイナミックな女性のSWT結果を盛り込んだ。その女性の絵は，右下部分に波間から生える木を付け足した。

左上

知的志向性と内省的な考え方とが組み合わさる。したがってこのコーナーは，理想，宗教的または倫理的価値観，自己要求，「内的統制」といった，内的価値のコーナーである。この時期に何の役割を果たすことなく人生を傍観していた者の立場を示す場合がある。このコーナーが強調された場合，抑制された野心，精神世界へのこだわり，精神世界への逃避，受動性，内省，熟慮を意味する可能性がある。左上部にこだわる被検者は自身の「内側からの声」に耳を

図 57 女子／11歳10ヵ月
4人姉妹の1人。両親は不仲で何年ものあいだ離婚を口にしている。少女は母親を嫌っており母親に対して失礼な態度をとるものの，父親とは非常によい関係を保っている（「父親は私だけを愛している」）。父親が両親の寝室で寝ないときに少女は父親と寝ているが，性的虐待はまったくない。少女の母親は，結婚生活への「悪影響」を減らすために，少女が10歳のとき1年間全寮制の学校に入れたが，少女は家に戻りたがった。現在は母親を以前よりもさらに嫌っている。絵の左半分には，大きく幼稚で，勢いのない光を放つ，すこしの微笑みと中が空白の目をもった太陽が描かれており，これはおそらく，支配的で冷たい母親像への少女の依存心を意味するものと思われる。この領域には星がなく，これは，少女が自身のアイデンティティに関する要求や夢を満たすことができない状態を示している。

傾け，自身の判断に基づいて行動を起こす。この区画の空間構造は，母親像またはアニマと関係し，ホームシックや何らかの退行状態とつながる場合がある（図57）。この区画が非対称的に空白になっている場合，被検者は自身の内的価値や欲望が，少なくとも絵を描いている時点では，否定されなければならないと感じている可能性がある（図58）。

右上

このコーナーは，非常にわかりやすく表現される外的な価値であり，目標，達成度，職場での成功にかかわる努力または問題，学問的な優秀性の追求等が例に挙げられる。この区画には，将来の計画が映し出される。目に見える成功や一般からの評価に対する野心や積極的な努力だけでなく，ステータスの主張や名声の渇望等も明らかになる場合がある。いずれにしても対象者は，自身の功績で他人を感心させ，関係を作り，社会的評価を受けたいと思っている（図

図58 女性／29歳
劇場で働くスタイリスト。外向きには，出世し，素晴らしいキャリアの持ち主であるが，心のなかでは葛藤を抱えている。

58）。

　権威者，父親，アニムス，さらには支配的な母親像（外の世界への仲介者としての役割を主張）への要求が，この区画内にたとえば月として表現される場合がある。したがってこの区画での表現は，個人が外部や権威から何らかの指導を受けたいと願う場合に，複雑な表現となる。よって，相談に訪れる者の多くがこの区画を強調する。この区画が空白になっている場合，社会的基準から測定される，葛藤，無力感，成功への努力の諦めが，その時点で優勢状態にあると考えられる（図56a）。

左下

　この区画は人生初期の記憶を表す区画であり，これらの記憶はこの発達段階への固着が発生した場合や，退行した時期に抑制される。ここが，人間の始点である。左下部はまた，衝動の力が弱かったり内向的である場合にも強調される。左下のコーナーに向かって攻撃的なジェスチャーがあった場合には，自滅傾向や自殺傾向の可能性を無視してはならない（図59）。

図 59　女性／60 歳
退職したばかりの管理職。左側の一番下にある星は，大きく派手なデザインで非常に目立っている。彼女の説明によればこの星は，左下のコーナーに向かって流れている。これは，地位の損失に対する抑うつ反応，知的優越感，退行感，葛藤，孤独，そしてその当時の危機に対する前向きな対処能力の欠如を表している。

　大きくて力強い波がこの区画にあり，右側に穏やかで動きのない海が描かれている場合，非生産的な衝動，そして消極性や自発性の欠如で実現不可能となっている強い願望が表現されている（図 55）。

右下
　この区画には直感的そして実質的な関心が表現されており，実際の日々の生活において物事をやり遂げることで，被検者は安心し達成感を得る。内容と描画から，性欲や外向性の満足感によって喜んだり悩んだりすることがわかる。対立状態が発生したときや急な問題が発生した場合の対処の仕方が，この右下のコーナーに示される。ここには障壁になる物が描かれることが多く，パーソナリティの十分な成長が妨げられ，身動きが取れないといった感覚を表現している（図 60）。

　テストを行なう側は多くの場合，さまざまなコーナーに表現されたさまざまなメッセージを比較し関係づけて，得られた象徴的な情報を統合し，パーソナリティ評価をより奥深く洗練さ

第 5 章 パーソナリティ・テストとしての SWT：投映法的側面　79

図 60　女子／11 歳 6 ヵ月
家族とひどく衝突しているほか，思春期の始まりと同時に学校でも問題が発生している。

れたものにする必要性を感じている（図 61）。

絵の中心部

　偉大な美術研究家アーンハイム（Arnheim, 1998）は自身の著書 "*The Power of the Center*（中心の力）" で，「中心傾向は心理学的に，人生初期段階で将来の姿と動機とを特徴づけるような，自己中心的な態度を意味し，人生を通して強力な衝動であり続ける。人はそのうちに，自身の中心が他の中心のなかで唯一の物であり，他の中心がもつ力や他の中心の必要性を，危険を冒すことなく無視するのは，不可能であることを知らされることになる。この補足的な中心傾向は，単一または複数の目標やターゲットに向かっている，主な中心の行動すべてを意味するものである」としている。

　アバーバネル（Abarbanel, 私信）は，その他多数の描画テスト（樹木画テストや人物描画テスト）と違い，SWT では中心像となるものの描写が求められず，背景に描かれたものが中

図61 男子／12歳1ヵ月
この少年は仲間からひどい拒絶を受け，入学当初から社会的問題と学問的問題を多く抱えている。少年は2年間以上，死への欲望や自殺願望を口にし続けている。絵の左下に描かれている崖にいる羊は，反省や考慮との葛藤，そして，水に飛び込むことへの抵抗を描写しているように見受けられる。絵の右側に描かれた，彼の発達を妨げ感情を抑圧するファリック形状の柱は，さらに注意すべき象徴的表現であり，少年の苦悩の理由を知る手がかりになる可能性もある。水面下に描き足された土壌と縦方向の網掛け線で強調された絵の下半分は，少年の内的な苦痛を表現した絵をさらに引き立たせている。

心像に取って代わる物になるという点が興味深いとした。被検者はしたがって，無意識のうちに一歩下がって自我を忘れ，世界のなかでの自分の位置を示すよう求められる。よって，被検者がこういった他者中心的な態度を取ることによって自我の要求に従うことができない場合，それが重要な意味をもつことになる。

　マシッグ（Mussig, 1991）は，絵の中心部が重要であり，また，そこから深刻な問題が明らかになる場合が多い，家族と自身の描画に関する議論のなかで，絵の中心は人生の中間点を象徴化するのではなく，その人が自身の人生をどう観ているのかという現在の時点を象徴化するものであると提唱している。

　絵の中心というのは感覚的に決まるものであり，幾何学的に正確な位置である必要はない。紙の中心部から絵の中心がずれていたとしても，中心とは，視覚パターンを構成するベクトル

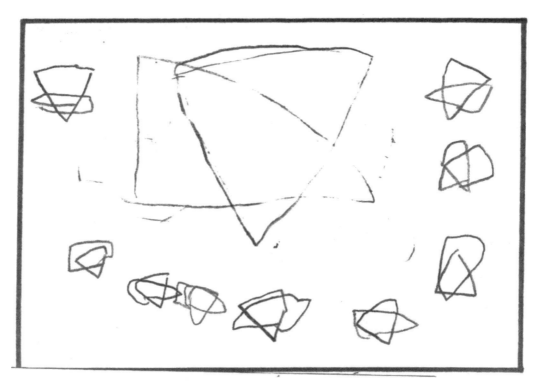

図62 男子／5歳7ヵ月
孤立した移民家族の一人っ子で、両親および祖父母と暮らしている。非常に甘やかされた「赤ちゃん」であり、いつも注目の的になっている。この少年は、運動機能に多少の問題を抱えている。自己中心的な考え方が原因で、情緒面が適切に成長していない。このテストは、兄弟の束が自身の束に敬意を表するという、ヨセフの夢（創世記37：7）を彷彿とさせた。

すべてが釣り合っている場所なのである。「いかなる視覚対象物であっても、動的な中心点を構成する。なぜならそれが、その中心点から発せられる力の中心点であり、その力がその中心点を覆おうとその中心点に向かうからである」（Arnheim, 1988）。よって、非常にわかりやすく表現される中心的モチーフは、実存的問題に関わり得る自己愛性問題を意味する場合がある。絵の中心部分に描かれた物は、内的統合経験、自我の力や要求、支配的な自己愛性問題を象徴化している。中心部で語られる問題はしたがって、自己認識、アイデンティティの探究、アイデンティティ問題、劣等感、その埋め合わせに関連する場合がある。

　中心部分または中心となる像が、華やかで派手な場合、ポジティブな自尊心や自我の誇張が顕著である。中心となる像が中途半端であったり、消されたり修正されたり、黒く塗られていたり、小さくされていた場合には、危機をともなう自尊心の低下が表されている。この星が他の星と違う様子や、その輝きもきわめて重要である。

図63 女子／5歳8ヵ月
重度の薬物中毒者である彼女の父は，2ヵ月前に自殺を図っている。家族のなかには数多くの秘密や嘘が存在している。彼女が描いた家族像には，両親と妹が描かれていたが，彼女自身は描かれていなかった。この空虚で，奥行きがなく，心が痛むテスト結果から，彼女が家族のなかで子どもとしての居場所を与えられず，必要とされていた初期段階の肯定的な自己愛を経験することがかなわなかったという，深い根をもった感情が表れている。

　小さな子どもの描く絵には，初期の自己愛性が表現されている場合が多く，そのまま全年齢層でも，絵の中央に描かれたより大きな星，より装飾された星，もしくはより強い筆圧で描かれた星として見られる。このように異なる方法で描かれた星は，誇張された自己中心性や，子どもを生活の中心とする家族に非常に甘やかされた子どもの幼稚な要求を示す。この現象は，ハイリスク妊娠や流産の後に産まれた一人っ子や，子どもを赤ん坊として扱い続ける崩壊した家庭に見られることが多い（図62）。

　反対に，被検者が保護者の目にきちんと入っておらず，自己愛的な傷を負っている場合にも，同じ主題で絵が描かれる場合がある。感情的なネグレクトや虐待の結果，注目，認識，賞賛への終わりなき要求が発生した場合にも，絵の中心部分を支配する星となって表現される（図63）。

　第二段階の自己愛として，さまざまな問題を抱えたアイデンティティの探究が一時的に優先

図 64 女子／14 歳 4 ヵ月

シングルマザーの娘であり，母親の権力をまったく認めようとしない。現在，彼女の優秀な能力，高い自尊心，激しい感情が誤った方向に使われており，年代に依存した怒りや自己中心的な態度を悪化させている。少女は母親が嫌がることを繰り返すことで「ネガティブな依存状態」を見せている。これが現在，アイデンティティ探究における中心的な課題となっているが，少女の不安は生意気でまことしやかな見せ掛けの裏にうまく隠れている。

されることが多い，思春期や青年期にも，絵の中心部に星が描かれることが多くある。興味深いことに，このような特性は必ずしも行動で示されるとはかぎらず，その当時は満足させることができない潜在的で，多くの場合破壊的な要求として内的経験に残る場合がある。このような場合，被検者は自身の内的な問題を把握することができないために問題へのアプローチが難しいため，治療を受けてもその効果はあまりない（図64）。

絵の中心に波が描かれることは，絵の中心に星が描かれるより少ない。星が描かれる領域に波が描かれる場合，認知パターンよりもこのような描画において，自己愛的な固着や退行といった情緒的特性がより強調される。したがって，先と同様に，アイデンティティの探求や現在の実存的な問題に関連する一時的な危機を表現している可能性がある（図65）。これらは生々しく，多くの場合非常にダイナミックな，現在未解決もしくは埋め合わせのまだされていない情緒的経験に焦点を当てているため，星の領域に描写された自己中心的な考え方や自己愛的な状態像のようにすぐに消滅し，長期間にわたって存在することはないと思われる。自己愛的な状態像は，より恒久的な態度に発展する。このような波の領域における短期的な出現は，それ

図65　男子／12歳
非常に力強く，攻撃的な少年で，落ち着きがなく，感情起伏が激しい。精神的な中核部分に関する不安を伴う全般性不安が，絵の中央に描かれた網掛けつきの波と，波のなかの弱い筆運びに現れている。女性（左）側に描かれた派手なファリック形状の月は，少年が現在抱える性的な発育に関する心配を表している可能性がある。消されたり修正されたりした，絵の下側に描かれた星は，低迷する成績に対するフラストレーションを意味している。彼は今，成績に悪影響を及ぼし，攻撃的な感情の爆発をそのはけ口とするような，感情的な悪循環に陥っている。

が思春期や青年期といった不安定な段階でも，その相対的な希少性を説明しうる可能性がある。

　絵の中心部がその他の部分と異なる画法で描かれている場合，（他の星とは異なる星，他の波とは異なる波，中心部でのなぐり描き等），または中心部に焦点となるような要素が追加された場合，中心部が強調されていると理解できる。水（船や鮫）や空（日没，日の出，月）等（図66），このような要素が何と関連づけられているのかが，具体的な意味へとつながる。絵に追加された要素には重要な抽象的な手がかりがある可能性があるため，これらの要素については後に説明する。

　高い位置で中央に描かれた星は，学問的もしくは理想主義的な優越感に基づいたポジティブな自己像，つまり自我理想を表す（図67）。よそよそしさや高飛車な態度を表す場合もある。このような場合，過剰な自己防衛が多く見られるが，これは距離を置き，現実問題を回避して

第5章 パーソナリティ・テストとしてのSWT：投映法的側面 85

図 66 女子／11 歳 6 ヵ月
聡明でダイナミックなこの少女は，下部中央にまばゆい星のような物を書き足したが，彼女によれば，「真ん中の点は，遠い海上にある船の明かり」である。注目を集めるこの要素は，自身の人生の舵取りをしようとするこの少女の，方向性そして理解への総合的な探求を意味する。強い自己中心性をともなうこのような自立性と情緒的な価値の探求は，思春期前の段階ではまだ珍しいことであり，少女の発達が進んでいることを表している。

いることを映し出している。

　低い位置で中央に描かれた星は，高い位置で中央に描かれた星よりも，より具体的な態度や目標を表現し，ときに抑うつ傾向を示す場合もある他，重大な危機を映し出している可能性もある（図 68）。

　中央に描かれた二重星は，自己像と低い自尊心との分裂を意味する場合がある（Rhyner, 1997）（図 80）。

　中央に描かれた巨大な星から，描いた人物が自身のことを重要な「スター」的な存在であると感じており，自信をもっている。

　黒く塗りつぶされたり，色がつけられた星は，自信のなさ，実存主義的な葛藤，恐怖を現し

図67　男子／5歳11ヵ月
まれにみる有能な少年であり，小さな科学者である。非常に優しくフレンドリーで，甘やかされているが謙虚である（「自分は，星のことをすべて知っているわけではありません」）。上部に上手に描かれている，大きくしっかりとした星には，全体の雰囲気として，自然に湧きでる自信と知的優越性の認識が現れている。

ている。

　また，中心部分が空白であったり，インパクトが弱かったり，他の部分と比べると無視されているようなテスト結果が見受けられる場合もある（図69）。この「内的な穴」は，子ども時代に必要とされる普通の自己愛的要求が満たされていない状態や，その後の段階におけるトラウマにより，成熟したアイデンティティの確立に対して弱さや不安感を感じている状態を意味している。

左右非対称に描かれた星

　細かい非対称性が繰り返し強調されていたり，星の角がなかったりというケースは非常に多くみられる。左右非対称に描かれた星の心理学的解釈は，星や非対称性が多く出現するほど意味が深くなる。ただし，斜線はもっとも引くのが難しい線であり，5歳以下の幼児や，図形描

図68　女子／6歳1ヵ月
小さく形のいい加減な星が低い位置に描かれている。少女は生まれつき整形外科的な問題を抱えており，複数回の手術の結果，足に手術の跡が残った。少女は3人姉妹の長女であり，次女は聡明で自信があるため長女よりも可愛がられ，三女はまだ赤ん坊である。

画に障害をもつ人間は，斜線描画を行なえる能力レベルに達していない場合があることを心に留めておく必要がある。オグドン（Ogdon, 1984）は，絵のなかの左右非対称性の原因が器質的なものでない場合，不器用さ，不安感，低い自己価値，自己像の問題，自身への注目の不足，衝動性，顕著な攻撃性が反映されていると推測する。

　星は左側よりも右側でより慎重に描かれている場合があり，これは，内的な沈思黙考よりも外観に関する懸念の方が強いことを表している。コミュニケーションや交際面で問題がある場合には反対に，右側よりも左側が強調される。その他の例としては，星の一角のみが特別に長かったり尖っていたりする場合には，攻撃性，恐怖，怒りが主に表現される方向を示している。光が右側に飛び出している場合は，積極的な探求や，外側の世界からの何らかの満足感を希望，切望していることを示す（図70，図71）。光が大きく左側に飛び出している場合，被検者は内向期，内的葛藤期，もしくは探求期にある。星が非常に角張っていて先が鋭く尖っていたり，筆運びが鋭かったりする場合には，自傷傾向が明らかになる可能性がある。特定の方向が無視されている状況にも重要な象徴的意味合いがあるが，運動発達が遅延し斜線を描く能力がまだ

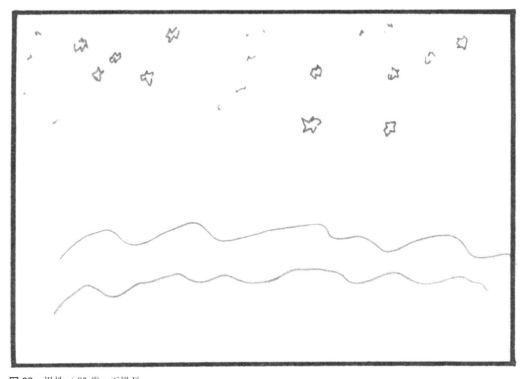

図 69　男性／35 歳　工場長
親による保護や子育て，家族との生活を経験したことがないまま，イスラエルのキブツで育った。

備わっていない幼児や，脳の損傷部分と左右反対側にある物を見たり，その物に反応したりすることができない半側無視患者は除外される。

　このような左右非対称性は無意識に作られるものであるため，それが繰り返されるパターンは非常に重要で，被検者の特色を示している場合が多い。長期間に及ぶパターンの繰り返しは，時間の経過と共に顕著になる場合，とくに被検者の独特な傾向や癖を示す。

付加的に描かれる要素

　このテストでは星と波のみを描くように指示されるにもかかわらず，他の要素が書き足されることが多い。児童の場合は描いた内容を装飾する要素であり，絵のなかで目立ったり，緊張や障害の画像的なサインがみえないかぎり，深い意味はない（第 8 章参照）。絵の装飾は浜辺周辺，とくに多くの活動がみられる浜辺の近くに暮らす児童に多い。フロリダ州の 10 歳から 11 歳の児童の場合，魚，椰子の木，船，島等を書き足す場合が多い（Siegel, 1999）。紅海にあるエイラット出身のイスラエル人幼稚園児は珊瑚礁で見たことのある要素（珊瑚，魚，水生植

図70 女子／12歳5ヵ月
右方向そして右上方向への光が強調されている。この少女の両親は離婚しており，少女は母親と暮らしている。父親は再婚し，小さい子どもが2人いる。この少女は怒りと嫉妬を感じている。

図71 女性／37歳
右下方向への光が長く，狭く，尖っている。この女性は学校教師であり，現在自身のキャリアについて強い不満を感じ，他の職を探している。

図72 女子／6歳3ヵ月
イスラエル，エイラット出身。

図73 男子／5歳5ヵ月
イスラエル，エイラット出身。

物，水棲動物），水浴びする子どもたち，そして海岸通りにある空港に飛行機が着陸する様子がみられることから，非常に多くの飛行機が書き足される場合が多い（図72，図73）。

しかしながら，上述の装飾的要素には象徴的な意味合いが含まれている場合が多く，被検者はこれらの要素なしには内的世界の表現が不完全であると感じる。被検者は，このような要素を書き足す強い欲望と，後に知らされるこれらの要素の意味とに，驚かされる場合が多い。

テスターは，象徴が複数層から成り，対照的な内容，もしくはおそらく矛盾の合成と統合を意味しているということを常に心に留めておく必要がある。象徴は，生と死，愛と憎しみ，恐怖と誘惑，感情と理由といった主題的な対立と関連づけられる。これらの対立はユングの個人的無意識の範疇にあり，したがって，個人のこれまでの人生や，生活の状況に左右される。よ

って，解釈を行なう場合は既往歴を慎重に検討しなければならない。そして，「解釈の主観性と個別性は，絵の主観性と個別性の次にくるものであるため，読者が異なる解釈をするのは疑う余地がない」というギレスピー（Gillespie, 1994, p.60）の警告を忘れてはならない。分析者はしたがって，他人の検査結果に自身の内面的な意見を投映してしまうという逆転移反応に注意する必要がある。

検討対象となっている象徴の正確な意味は，夢判断と類似した自由連想法という手法を使った心理療法において確認される。ただし，象徴に関して書かれた本は関係すると思われる問題についての手がかりを提供する場合が多く，基礎的な意味の表面的な評価に便利である可能性がある。心理療法から離れた文脈では，テストで得られた象徴の情報は事実として被検者に提示してはならず，漠然とした手がかりや質問といった形で提示されなければならない。この情報は分析プロセスにおいて，将来の調査に関する着想につながるなど，高い有用性を発揮する可能性がある。

象徴は，夜を描いた絵が夜尿や悪夢のような具体的な恐怖を呼び起こすような場合に，容易に力を増す。海に関する具体的な連想も，より強い象徴的な反応につながる（図74a，図74b）。マギストラリ（Magistrali, 1997）は，サラエボからの難民家族の少女に関して驚くべき事例を提示した。イタリアへの道中，ひどい空腹と恐怖のなか，家族は見つからないように

図74a 男子／6歳2ヵ月
少年の住んでいる地域で多くの水難事故が発生した夏のあいだ，少年も自分が溺れるのではないかと常に心配していた。少年は常にニュースに耳を傾け，このような事故が発生すると興奮した。テストでは，多くの黒い旗が書き足された（ライフセーバー詰所にある黒い旗は，海に入るのが危険であり禁止されていることを意味している）。夜尿症が8歳になるまで続いた。

図74b 男子／6歳2ヵ月
図74aと同じ少年だが，次の日に描いた絵。少年は前日のSWTを覚えており，もう1枚描きたいと要求した。これは，恐怖を処理していることを示す。少年は「12人が溺れた。母親が真ん中にいる」とコメントした。一番高い波の近くに黒い旗が描かれている。

夜のアドリア海を渡らなければならなくなった。描画テストで少女は，空の左側に，星と片手鍋を描き，満たされない基本的欲求を恐ろしく象徴的に表現した。

　太陽と月は，それぞれの重要度が非常に高く，それぞれがもつさまざまな意味がややこしい二重性を成しているため，おそらくもっとも相反する象徴であると思われ，被検者は，それぞれがもつさまざまな意味のなかから自身に該当すると思うものを選び出す可能性がある。

月

「暗めの光」である月は特別な天体であり，SWT で描かれると目立つが，それはとくにその大きさ，丸さ，そして画像的な特性により選び出されるものである。月はミステリアスで，恐ろしい場合さえある。月は女性のホルモン周期と類似した周期性をもつ，女性の象徴である。心理分析的には，二次的光源という月の役割が重要である（図 75）。さまざまな可能性のなかで「グレートマザー」というアーキタイプが月により象徴され，私たちはそれを母系意識と関連づけている（Neumann, 1955, pg. 571）。再生の象徴に遭遇した場合は必ず，母系精神と関連づけながら，母系変化の謎を考慮にいれなければならない。アニマとしての月は，感情の波を司る（Chetwynd, 1982）。

　月は，三日月として描かれた場合，とくにファリック形状に似せて描かれた場合，より男性

図 75　男子／17 歳 6 ヵ月。
この少年の両親は，少年が 10 歳のときに離婚した。少年はこの検査を受ける 1 ヵ月前まで母親と暮らしていたが，彼自身の意志で父親の元へと移った。左側に描かれた高く大きい月は，母親に対する罪の意識をともなう現在の状況（走り書き）を表す。少年の判断の基となった彼自身の内的価値を示すコーナーが強調されている。

図 76　女子／14 歳 3 ヵ月。
絵の中央に描かれた太陽のように見えるが，被検者はこれを月であると説明した。この月は雲のあいだから現れ，魚群を照らしている。少女の両親は離婚したばかりである。少女は最近名字を変更し，通常は男性に付けられるその新しい名前で呼ばれることを要求している。アイデンティティの探求，孤立している気分，特別な存在でいたいという要求をもつことは彼女の年齢においてごく普通のことであるが，必ずしもこれほどまでに顕著に表現されるとは限らない。

的になる。月の，鎌のように冷たく恐ろしい側面が強調される可能性がある。そのとき月は，成長を促すことをやめた「黒い光」になる（Burns, 1990）。バーンズとカウフマン（Burns and Kaufmann, 1972）は陰気な月の，冷たく，生気のない側面を強調した。この側面は，父親との一体感に問題を抱える子どもによる動的家族画テストの結果に見られたり，親からの支持や愛の欠如に抑うつ傾向をともなっている場合に見られたりする。彼らは月を，報われない祈り，片思い，守られなかった誓い，非現実的な期待のような，望んでも手に入れることができないものの象徴と考えている。

　より大きい星として考慮されるSWTでの月は，被検者が依存している権力者像を反映していることが多く，そのため，月が左に配置されているのか右に配置されているのかが大きな意味をもつ。絵の中心に描かれた星として月が中心に描かれた場合，被検者は自分自身を友人と異なった存在として経験し，友人の輪に属していないような気持ちをもつ（図76）。月が人間像の上に描かれた場合は，その人物が気の狂った世界に住んでいるか，抑うつ気分を患っていると考えられていることを示す（Burns, 1990）（図52）。

　さまざまな月の位相は興味深いが，決定的な解釈には至っていない。1つ提案されているのは，新月は右側が輝き，閉じ括弧の形状をしており，それには新しい始まり，若いアニマ，純

図77　女性／42歳
中年期危機に直面している。彼女は非常に若くして結婚し，夫の研究を長年サポートし，自身の欲望は諦めてきた。現在は寂しさを感じる教授の妻であり，自分でも勉強を始めたいと考えるも，社会的義務に順応しなければならない状態を経，現在は依存心が強すぎて不可能である。彼女は「夜の風景に太陽を描いてしまったわ，馬鹿みたい！　消したほうがいいかしら？　いえ，このままにするわ」と言いながら絵の端に太陽を描いた。

図78　男子／17歳
ひどい学習障害をもっているが，9年前に行なわれた診断結果を母親が公表しなかったために，治療はまったく行なわれなかった。母親は非常に支配的で押し付けがましく，すでに成長した息子の体をいまでも洗っている。父親は家庭において発言権をもたない。検査の結果，右側に大きな太陽が描かれたがそこからの光線は比較的短い。熱というよりは，危険で裂けた矢が太陽から出ており，腹立たしげな様子で左方向に後退する垂直な波に描かれるように，母親に背を向けてそこから逃げ出そうとしている。

潔な白色光の誕生という感覚がある。「赤い」満月は，愛の完全な成熟状態や妊娠，ライフサイクルにおける継続的な成長を象徴する。開き括弧の形状をした下弦の月は，消滅（黒い月）に先立つ暗闇，減退，老化を意味する（Chetwynd, 1982）。

太陽

夜空の星と太陽が一緒に描かれるという場合がまれにある。「従来，太陽は光と熱の源，そして生命の源として考えられていた。したがって太陽は神と考えられ，原始人は太陽を神として崇拝し，太陽は神話すべてにおいて主役的立場にある」（Burns, 1990）。

この場合における現実性の欠如は，被検者の精神的な現実を映し出しており，その精神的現実のなかで被検者は権威者により与えられるエネルギーや温かさなしには自分自身を完全な個人として見ることができない。原始的なエネルギー，活動性，支配性をもつこの天体は主に，父親由来の父性意識，または父系社会における男性像に関係する（図77）（Neumann, 1955, pg. 571）。従来の父親像の役割を果たす支配的な母親が，外の世界との仲介役として，右側，つまりアニムス側に描かれる場合がある。日差しの温かさはまた，母親を主とする保護者の温かさを象徴する。この「より明るい光」は心地よい温かみを与える場合もあるが，危険なほど

図79 男子／12歳1ヵ月　左利き
感受性が強く知的な少年により描かれた日没の絵。彼は幼児期の無邪気さを捨てつつ，さらに深い意味を捜し求めている。

燃えるように熱い場合もあり，太陽の光の場所，大きさ，長さ，そして筆運びの様子に左右される（図78）。熱源を絵に追加する必要性は，温かさへのあこがれを示している。太陽の相対的な大きさが，愛を求める気持ちの強さを表現する。

太陽が半分海に入っている場合，被検者が日の出を描いたのか日の入りを描いたのかを判断することが非常に重要であり，日の出は始まりに，日の入りは終わりに関連する。日の出は楽観的で，希望にあふれ，未来志向である。日没は精神的でロマンチックであるが，それと同時に抑制，疲労，葛藤，抑うつ気分や抑うつ状態のサインでもある（図79）。

彗星，隕石，流れ星
　これらの特別な星は，その動きで識別される。これらの星は，空間の象徴的表現の原理にしたがって評価することのできる，目標への道標として考えられる。彗星は，尾より前を飛ぶ。尾の部分が右側にある彗星は，男性らしい態度に由来し，家父長制を光源とする。これらのシンボルは，抑制された経験や危険に関するメッセージをともなう場合もあるため，覚えておく

図80　女子／13歳3ヵ月
中央には，問題がある現在の自己像を表していると思われる。彗星と三日月が大きく描かれている。自己愛的——おそらく年代依存型——に配置されているにもかかわらず，中央の星の複製，乱れた筆運び，低い位置，彗星の左下のコーナーへの動きから，内的な不安感が明らかになっている。この少女は人気者で非常に可愛いが，自身では醜く価値のない人間であると感じている。

図 81 女性／32 歳
中年期危機に直面している。安息休暇をとっている女性教員で，転職を望んでいる。

ことが重要である（図 80）。これらの星はまた，精神的な方向づけや人生における自身の位置に関するより深い理解に対する欲望を示す場合もある。彗星が強くて生き生きとした線で描かれた場合，希望や突発性のポジティブな驚きを意味する場合がある。

雲

心のなかの雲は，意識活動を鈍化させることが多い（Chetwynd, 1982）。雲は，心配，不安，曖昧さ，不明確な目標，現実を理解するにあたっての障害を示すサインである。雲は変化や危機が発生している時期に頻繁に描かれる（図 81）。クレプシュ（Klepsch）によれば，覆うような雲には親の愛が不足していることが映し出されている。

水平線

水平線は，空気と水，上と下という，相反する要素を統合する。絵の内容によって，水平線は境界・分割線にも，接続・統合線にもなり得るが，線が追加される場合は必ず，問題の二重性や衝突の経験が強調されている。黒く塗りつぶされた水平線や，鋭い線で描かれた水平線は，抑圧と抑制を意味しており，心理学的な崩壊の経験があったことを示唆する（図 82）。水平線

図82　女性／32歳
中年期危機に直面している。緊張した感じで黒く塗りつぶされた幅広い水平線は，統合性の低下や満足感の不足を示している。彼女は妻であり母親であるが，仕事なしに幸せを感じることがもはやできなくなっている。

図83　男性／43歳
この品質管理専門家の衝動的な特性（いい加減な形と自由な動き）は，客観的で偏りのない理念に対する願望により部分的に相殺されており，それがカーブを描く水平線として現れている。

図84　女性／50歳
大成功を収めた女性マネージャーで，コントロールを維持し，新しい目標と方向性を見いだしたいと考えている。彼女は，若さを失う不安感と，夫が若い女性に対して見せる強い興味とを克服したいと考えている。

図85　女子／9歳0ヵ月
少女が妹の面倒をみているあいだに両親は長い時間仕事をしている。この少女は食卓に両姉妹を描き，それ全体が船のなかに閉じ込められた形になっている。「船についている窓から，空に飛ぶ鳥や星をみることができる」。強い責任感と，それよりもさらに強い，束縛や栄養に対する要求が，絵の中央の特大の「子宮の船」に現れている。

がカーブしていたり弧を描いたりしている場合，距離をおく傾向が顕著である（図83）。

　船

　船は，海の近くに住んでいる子どもが描く絵に，純粋に装飾要素として，よく登場する（第6章の「絵画的なパターン」を参照）。船は，新しい方向に行ってみたい，または個人的な義務の遂行を再開したいという被検者の願いを表している。船は，人生の旅を象徴的に表現する

(Chetwynd, 1982)。したがって，若者や若年成人だけでなく中年期危機に直面している者の描画においても，自立性の不足や，自立性を求める戦いが中心的な課題になることがよくある。人生に変化を起こす目的で筆跡学者にアドバイスを求める成人は，船を描くことが多い（図84）。

　船は多くの場合，存在に関する不安感を表す可能性があり（とくに船が大きい場合），さらに具体的には，船が象徴的な子宮に関係することから，母親に関する問題を表す。ノイマンによる女性アーキタイプ「グレートマザー」は，船や容器のような原始的な器に象徴される場合が多い（Neumann, 1955）。ノイマンによれば，船は生死に関する問題も意味し，「死の船ではあるが，『ゆりかごやベビーベッドという象徴性』も運ぶ。ゆりかごは子宮という船を模造した物であり，そのなかで眠っている胎児が，原始の海に揺れながら，生を受ける（pg. 256）」。子どもを対象とした描画では，小さい頃から責任を負う傾向がある場合は，親によるネグレクトを示唆する警告である可能性がある（図85）。

岩や崖
　岩は障害物である。敵意，葛藤，緊張，確執を意味する。岩はときおり海の底に隠れており，

図86　男子／5歳4ヵ月
奥深いところに隠れている問題は，行動から簡単に読み取ることができない。これらの問題は，水のなかに描かれた石として表現されている。この少年の両親は重度の薬物中毒者であり，現在は家を離れて長期的なリハビリテーション治療を受けている。

 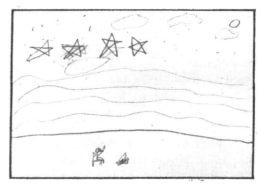

図87　男性／22歳
恥ずかしがり屋で内向的なインテリで，理論物理学に興味をもっている。やわらかくカーブした繊細な海岸線と大きくとられた空部分，小さく体系的に並べられた星，空間には，明らかな個人主義と，冷静な合理性が現れている。

図88　男子／14歳7ヵ月
非常に挑発的で，無礼で，怒りに満ちた若者であり，いまにも非行に走りそうである。海岸（障害物）の中央に，大麻を吸う人物が1人描かれている。ファリック形状のタバコ，口唇的な要求，ぬくもりへの欲望が，火や薬物の潜在的な破壊性と組み合わさって，少年の自主性／自立性の悩みを表現している。少年は，彼をガイドできる男性権力者を求めている（右側に窮屈そうに描かれた月）。少年の挑発的な攻撃性と自己破壊的な危険性は樹木画テストでも明らかであり，そのなかで少年は木におしっこをかける棒人間を書き加えていた。

おそらく避けられていたり，抑圧されていたりする根の深い問題の存在を暗示している（図86）。右側の崖は，将来に関する悩みや環境との葛藤を示し，それは多くの場合，支配的で敵意に満ちている人間であると考えられている父親との葛藤である。絵の左側に描かれた岩は，内的な葛藤，パートナーとの葛藤，または母親との葛藤の現れである。岩は，許すことができないと感じている被害者のように，孤立してしまった人びとが絵に書き足している（図61，図205）。

　葛藤の本質や，結果に対する被検者の無意識的な期待の性質は，描画表現から読み取れるができる場合があり，そこには岩が腐食しそこに生物が発生する可能性があるのか，または岩が堅い状態であるのかが示されている。

障害物
　絵のなかには，3種類の水平層が存在する。空（上部），水（中部），そしてその下の障害物，たとえば砂，砂利，岩，もしくは黒く塗りつぶされた岩である。絵に書き足されるこの層は，自我から距離を置いている状態，他人から常に見られているという感じ，世界からの別離を意味する（図87）。障害物はまた，神経症患者や犯罪者が描く絵によく加えられている（波の下の砂や海岸に関する具体的な解釈を参照のこと）（図88）。

図89 男子／14歳2ヵ月
少年は，暗い夜で海が荒れていると説明した。海の中央部分につむじ風が描かれている。右下には失ったシャツが，左下には失ったバケツが描かれている。感情の奥底に，喪失経験，空しさ，属する場所がない恐怖感が，大きな不安感となっている（絵全体に見える，張り詰めた感じの荒い筆運び）。

図90 男性／42歳
明るい内的世界が，海底に育つ魚や海藻といった追加要素で豊かになっている。支配的で，複雑でニュアンスの豊富な感情（多くの線）が，最初に描かれた，詳細に及ぶ，しっかりとした土台の絵に支えられており，これが彼にとって重要な課題であることを示している。

波の下の砂

波の下の砂は，足元のしっかりした土台が欠如していることに起因し，それの探求を意味する場合がある。被検者は自分が宙に浮き，自身の現実を理解できないと思いがちである。そのような感情に耐え切れないことから，安全な土台が埋め合わせ的に強調される（図89）。

海底には，海藻や珊瑚等の装飾的要素が描かれることが多く，活気やポジティブな感情的態度が表現される。これらの要素は珊瑚礁の近くに暮らす子どもたちがよく描画テストにおいて書き足す要素で，象徴的な価値はない（図90）。

海岸や桟橋

海岸は，必ずしも水面下に障害物として描かれるわけではない。海岸線は安定性と物質主義，または直接的な経験や自己表現から距離を置いている状態を象徴的に表現する（図91）。海岸線はときとして，積極的な避難所の探求，つまり足元にしっかりとした土台をもちたいという要求を表す。桟橋は，帰属し所属することへの強い要求を表す場合がある。保護という意味の象徴的表現である傘が追加されることもある。砂浜に描かれた人物が行なっていることは，被検者の願望や要求を示すことが多い。ごつごつしている，危険である，浅い湾である等の海岸の特性はもっとも意味深い。

図 91　女性／43 歳
彼女が結婚した年齢である．21 歳から 22 歳を示す領域に桟橋が描かれている．この女性は不妊症に悩んでいたが，彼女が属する非常に宗教色の強いサークルでは大家族が標準であったため，彼女にとってもっとも苦痛であった．38 歳のとき（右側の船がある場所），彼女は双子を養子に迎えた．彼女は非常に幸せな結婚生活を送っているため，桟橋は彼女の人生における安定した停泊できる地域を象徴的に表現している．

図 92　女子／12 歳 8 ヵ月
穏やかで非常に信仰深い少女であり，彼女が言うところの「静かな海」にポジティブな感情の象徴的表現である．友好的な魚が書き加えられている．

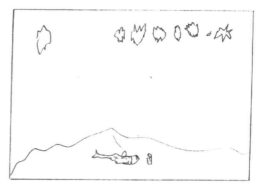

図 93　女子／5 歳 4 ヵ月
波部分の中央に描かれた「死んだ魚と錆びた缶」は，恐怖，内的な喪失感，感情の死，原因の確認が必要な程度を象徴的に表現する．このように小さな子どもが悲痛な経験を描くことはあまりないが，人生の終わりや，死後について，または環境的な問題に対してこの年齢層がもつ興味を表している可能性もある．

魚

魚は，被検者が絶やしたくないと考えたり，大事にしたいと考えている，明るい感情を象徴的に表現する。魚は，絵に生を吹き込む（図92）。感情の性質は，嬉しさである場合もあれば（金魚や，かわいい小型魚），恐怖である場合もある（鮫，メカジキ，電気魚）（図93）。攻撃的に左方向へ進む魚は，自傷傾向や自滅傾向を意味する場合がある。魚は，集団内での社会的活動やカップル関係を表すが，魚が一尾のみであったり迷子になっていたりする場合は孤独感や孤立感を表す。

イルカと鯨

イルカは水面から飛び上がっているところを描かれる場合が多い。イルカは知性と覚醒状態の象徴であり，人間のような親切心と感受性をもっている。イルカの絵は，感情的な世界のなかでの意識的な気づきと合理的な思考が一致していたいという望みを示している。したがって，「情緒的知性」が総合的な結果となる可能性がある（図94）。

鯨は，聖書の預言者ヨナのように飲み込まれてしまう恐怖に結びつけられる場合が多い。鯨は抑うつ，闇，恐怖を意味し，これらの感情は，かなえられなかった願いに起因する，隠喩的な渇望の結果である可能性がある（Müssig, 1991）。

図94 女子／14歳4ヵ月
とても美しく，賢く，人気があり，自分に誇りをもっている少女である。

図95 男子／9歳5ヵ月
乱暴な少年で，クラスでももっとも悪い生徒である。中央にある変形した楕円形のなかに「サーフ」と書かれている。多くのサーファーが書き足され，そのサーファーたちが危険な場所に描かれていることから，少年の冒険傾向が強調されている。

図96 男子／9歳4ヵ月
クラスでももっとも悪い生徒である。この少年は2隻の海賊船の戦いを描いた。恐怖，攻撃性，不安感が主な動機であり，現在それらが彼の集中力を阻んでいる。

グライダー，サーフボード，海賊

遊び好きであることは，危険な行動や活動過剰と関係づけられることが多い。危険な状況に置かれた子どもによる絵に頻出する（図95，図96）。

泳ぐ人

想像力，社交性，信頼を意味する。

ダイバー

素潜りやその他の水中活動への強い関心が，十代の被検者，とくに父親との接触がない少年による絵に見られることが多く，引きこもり傾向や抑うつ傾向が示されている。彼らは，水中にいれば両親が怒る声を聞かずにすむと考え，水中が，隔離状態と静けさを手に入れることができる場所なのである（Burns and Kaufman, 1972; Burns, 1990）（図97）。

溺れる人，ライフセーバーの詰所

溺れる人やライフセーバーの詰所は，絶望，自殺傾向，危険，不安を意味する場合がある。被検者が生きる現実は，危険で，不安定で，不向きだと感じられている。人生に対する悲観的（ときに現実的）な見方が支配的である（図98，図99）。

日光浴をしている人

太陽が書き足されている絵（図99参照）には，浜辺や船の上で日光浴をしている人物も書き足される場合があり，ぬくもりをたいへん強く求めていることが示されている。これらの人

第 5 章　パーソナリティ・テストとしての SWT：投映法的側面　103

図 97　男子／16 歳
絵の右下に描かれたダイバーは，より積極的な父親像への，深い感情的な要求を表現している可能性がある。

図 98　女子／9 歳 1 ヵ月
絵の中央に描かれた人物が「助けて！」と言っており，右側の人物はライフセーバーのボートから「いま助けに行く」（スペルミスあり）と言っている。この少女は，怠慢な移民家族の一員である。少女は学習障害をもち，学校で多くの支援や奨励を受けている。現在両親は引越しを考えており，転校について少女に話した。学校カウンセラーはこの検査結果を使って，少女はこのまま同じクラスに留まるほうがよいと説得した。

図 99　男子／6 歳 0 ヵ月
非常に抽象的なテスト結果である。左側には，一見友好的であるがきわめて押し付けがましい，支配的な母親（太陽）が存在している。少年はおそらく父親（右側）が助けにきてくれるのを期待しており，この希望は赤いダビデの星が書かれたライフセーバーの詰所として象徴化されている（イスラエルの赤いダビデの星は，赤十字と同じ意味をもつ）。

図100 男性／29歳
最近離婚しマネジメント地位から解雇されたこの男性は，両親の元へ戻り生活を始め，現在は無職である。この絵では日光浴ならぬ月光浴をする人物が描かれており，「天体すべてに守られているのなら，海岸はいらない……」というセリフから，無力な消極性と保護の必要性が明らかである。

物像は，うつ状態で貧しい，自身の影（シャドウ）を示唆している場合がある（Burns, 1990）（図100）。

灯台

灯台は，方向性の探求，希望，安全な港への憧れを意味する。合理的な解決策や何らかの人為的な解決策への要望が存在する可能性がある。

島

島の近くに暮らす子どもたちが描いた絵でないかぎり，島は孤独感を明らかに示すものであるが，同時に，特別であること，そして価値のあることも示す。島は，安全な場所への憧れを示す可能性もある。島の特徴や植物，海岸等が重要な意味をもつ（図101，図102）。

図101 女子／6歳3ヵ月

たくさんの実がなる島，友好的な水中動物，そして砂の城が，器用かつクリエイティブに描かれている。感情的な距離を置きつつも（海岸線と砂浜の石が障害物となっている），この少女が望んだ特別な立場（島）は親しみやすく価値が高いものとして経験され，しっかりとコントロールされた線で描かれている。

図102 女性／18歳

この島は，最近アメリカ合衆国からイスラエルに来た移民により描かれたものである。この絵には強い孤独感が表れている。この少女は，感情的にも知的面でも危機感を感じている（荒い波，死をモチーフとした旗を掲げ黒く塗りつぶされた海賊，丘の上に1本だけ植えられた木，黒く塗られた星）。

第6章

パーソナリティ・テストとしてのSWT：
表現的側面
──〔パートⅠ〕反応の様式

　ここでの表現的側面とは，「このテストはどのように描かれているか」ということ関係しており，これは第7章で論じられる，アセスメントの主に筆跡学的な部分を意味している。筆跡学を含む描画テストにおける解釈と同様に，研究方法は全体そして個々の構成要素にまでおよび，形の内容の細部について評価することが可能である。

　パーソナリティは絵を描くという課題に被検者がどのような取り組みをするかによっても表現される。第2章で言及した適応の様式は，被検者の環境的側面にのみ関連したものである。しかし，適応はまた一般的な課題に取り組む際に見られる潜在的な傾向からもわかるのである。つまり，被検者が進んで自己表現をしようとしたのか，一生懸命に取り組んだのか，骨の折れる仕事を無理やり強いられたのか，それとも努力をまったくしようとしなかったのかなどが，最終的に結果となってはっきりと示されるのである。私たちは現実の状況をテストに表現するとき，情報を理解し，処理し，また生産するために独自の手法と「フィルター」を通し，描画として示す。人はそれぞれの角度から，異なる方略，精神的能力，感覚を用いて描画という作業を行なう。平易な論理を用いる人もいれば，そこに感情を投入する人，さらに非常に感覚的あるいは本能的とさえ言えるような知覚を活性化する人もいる。現実が認知され，操作されるこれらのフィルターは，反応の様式から観察することができるのである。機能の分類についてはユングのタイプ論を参考にする。

　ワルテッグ描画テストのフェッテルの分析法に従い，アヴェ＝ラルマン（Avé-Lallemant, 1994b）は，被検者の現実の認識や，問題解決の仕方をもとにした課題の処理や達成をもとに反応の様式の5つのパターンを示した。

図103 女子／6歳3ヵ月
聡明な子どもの効率的で最小限の反応。

図104 女性／34歳　左利き
幼稚園教諭。紋切り型で浅薄な感情反応。

A．要点のみのパターン

これは単純で事実だけを概念的に波の上に星を描くものであり，子どもたちは好んで描く（図103）。そこに反映されるのは，課題に対する理性的な処理や効率性，実践性であり，ときには合理主義，感情表出の回避や神経症的な防衛が見られる（図104）。

B．形式的なパターン

描かれたものは，形式的で型にはまっており，グラフィックポスターに似ている。ヘス（Heiss, 1966）は，「形式的な絵（picture of form）」は，描画において主要なものであり，先入観によるイメージに左右されているとしている。被検者は人目を引くデザインを生み出しつつ，活動性を避け，緊張しながら自分の感情を抑制し表現を統制している。被検者が，外界とその問題に近づくときに用いられる「フィルター」は，美的，装飾的，芸術的なものである。おそらく厳格な教育のために，被検者はすべてをよく，正しく，印象深く見せたいのであろう。被検者は，自らの弱さをさらすという危険を冒すことなく，他者に感銘を与え，自分のよい面を見せることを望んでいる。そのため，ある理想に基づいたイメージ，ペルソナを構築し，それを示すことによって自分自身を防衛しているのである。内的感情は，制御され，覆いつくされ，抑制されており，被検者は注意過敏だけでなく，とても強く自分の行為や表現を意識している。実際の経験や感情から距離を置くことは，昇華と知性化というメカニズムを通してなされる（図105）。

こうして描かれる形式的反応は，思春期前にはごくまれであり，その発生率はおよそ15％

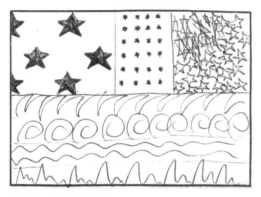

図105 女性／32歳
デザイン優位。プロのデザイナー。とても抑制的であり，構成に多様なアイディアが表れているが，感情は自由に表現されていない。

図106 女子／7歳10ヵ月
高圧的で，成功を指向する女性の娘。この子はリーダー的な地位を求めて励むか，あるいはまったく社会的な活動に参加していないかのどちらかである。感情をあらわに出す描画は，社会的側面の発達の始まりを見せている。

にすぎない。なぜならそれは発達した防衛機制によるものであるからである。このように描く幼い子どもがいたとすると，それはかなり早熟であり，過剰な教育の結果ということはよく知られている（図106）。

C．絵画的なパターン

全体的な絵を描くことにあり，単に個々の要素を提示することではない。そのため描画は，通りすがりに目に留まった1つの風景画のような印象を与える。いろいろと変化していくであろう経験の諸相は，さまざまな形やさらに生き生きとした動きによって描かれている。星の配置に見られる空間的表現が，普通ではないこともある。それは，被検者が自分のしていることを楽しみ，より一生懸命努力しているということである。星のさまざまな形や，もともとは求められていない付加的な要素などが絵を豊かなものにすることが多い。

これは感情的な反応パターンである。被検者がとらえている自発性や，明確な社会的要求などに強い感情移入が見られる（図107）。考えられている現実は被検者にとって不十分なものであり，被検者は想像力，創造性，夢想，空想さらには恐怖を付加物の程度や内容で表す（図108）。こうした感情的な移入は子どもの描画にはよく見られ，とくに少女に多いが，西欧社会では多くの少年にも見られる。彼らは描くことや自己表現に喜びを見いだしているのである。なお絵画的なパターンは，海岸のリゾート地域の子どもたちにはとくによく見られる。

図107 女性／37歳
学校教師。彼女の一風変わっているが，自然で表現豊かな星の形は，想像力と気まぐれさを見せている。

図108 女子／6歳0ヵ月
絵を描くなかで，少女は海岸で貝殻を集める男の子の物語を創作している。彼女は他に何を描くように言われたかを忘れており，星を描くように確認されると，それらに右から左へ「赤ちゃん星，丸，花星，横縞星，笑顔星，普通の星」と名前を付けた。この子はとてもお茶目で，生き生きとした想像力の持ち主である。おそらく自分の空想の世界に迷い込んでしまったのだろう。もう1年幼稚園ですごすことが望ましい。

D．感情のこもった（雰囲気のある）パターン

　これはフェッテルではなく，アヴェ＝ラルマン自身により考案された，独特の動きと空間をもつSWTに特有のパターンである。実はこれまでに挙げたパターンはすべて，必ずしも言葉に表現できない様子や感覚的に経験した雰囲気などを，どこかに表しているのである。多くの場合このような雰囲気は，筆使いや影をつける，黒くするといったやり方で作られる。この描画表現は感受性の強さや活気があり深みもある生の感覚を表すが，ときにはストレスや緊張，恐怖や憂鬱などのサインを示すこともある。つまりこれらは気分を表しているのである。そしてそれは感受性や，感情刺激への率直さ，内的経験の深さなど強い感覚的なかかわり合いから生じる（図109）。

　外界での経験や内的世界への刺激に開かれているということは，青年期に特徴的なものである。実際，感情のこもった雰囲気のある反応は15〜16歳で50％という割合に達するが，これはアイデンティティの危機と強く結びついているのである。若者やそれに近い心性の人においては，このパターンは思慕や渇望，空想的な願望，ノスタルジックな記憶，情熱，悲しみ，さらには厭世（Weltschmertz）を表しうる（図110）。また恐ろしい雰囲気が，悪夢やおねしょといった特定の問題を示唆することもある。

第6章　パーソナリティ・テストとしてのSWT：表現的側面―〔パートⅠ〕反応の様式　　*111*

図109　女性／46歳

ユングの「感覚的タイプ」。描く合間の何気ない発話のなかにも，自分の感覚的な経験を見せている。「すごいわね。このテーマはほんとうにロマンチックだわ。海はとてもおだやか。あとでそうでなくなるかもしれない。月は沈みかけている。駄作なのよね。海には月の影。なんてロマンチックなの。空の星がどんな感じが覚えてないわ。遠くの星は見えないし，他の星はもっとキラキラして……」。

図110　男子／12歳4ヵ月

たいへん利発で感受性が強いが，失読症のため学業成績は不振。思春期によくみられる悲哀感と内向性はすでに明らかである。静的で螺旋状の波から彼のテストは形式的なパターンで仕上げている。

E．象徴的なパターン

　D．で論じた象徴のように，個人的無意識に端を発する投映的な内容を示すものが，まれに自発的に描画に含まれることがある。また描画全体が象徴的意味をもつものとして表出する場

図111　女子／5歳4ヵ月

左上角に波がありその下には星がある。左側の張り詰めた感のある走り書きは海である。右半分は鉄の棒で，彼女がいつも自分の描くものに付け加えるものである。父親は服役中である。彼女は非常に抑制的で扱いにくい。構図に問題があるので，それが器質性のものか情緒的なものか把握するために，神経心理学のアセスメントが必要である。

図112　女性／19歳

内気な少女による象徴的なパターンである。彼女は恋人がずっとできないことに悩み，自分のパートナーシップの様子に問題があるのではないかと不安を抱いている。中心の星に，テニスをしている男女の星を描いた。KFD（動的家族画）テストでは，球技は幼子アーキタイプ（Child Archetype）の遊びすぎと関連して，男らしさを象徴することが多い。

図113　男子／6歳1ヵ月
これは形式的なパターンの特徴をあわせもつ象徴的なパターンである。第一印象としては安定感があり友好的，創造的で修練も感じさせる。ユーモアもあり元気で活気にあふれている。しかし，すぐに気がつくのは，支配的なファリックシンボル（メカジキ，コウモリの翼，三日月，パイプ）と，絵の中心にある空想上の「海コウモリ」が魚を捕らえるという殺戮の場面である。コウモリ自体が複雑な象徴をもち，夜間に敏捷に活発になるが，内気で恐ろしく，さらには悪霊，また友であり敵でもある（Brem-Graser, 1970）。場面に描かれた恐怖には，それらへの強い支配欲もみられる（細かい平行線，星の不自然な微笑み，ひどい緊張）。シンボルのもつ両価性がよく現れており，それは混沌とした描画の様子から強調されている。

合もある。象徴的な表象は，要点のみのパターン以外のすべてに見られるであろう。このような投映は無意識の深層からの「難民」である。それらは深さと複雑性を暴露するだけではなく，葛藤，障害，緊張，懸念や恐怖をもさらし出す。象徴的パターンは大人ではたった5％にしか見られないが，思春期や青年期，神経症や精神病の場合はよくある。特定の象徴を投映的に解釈することは，重要なものとして評価される。（図111，図112）。

　多くのテストにおいて，同時にいくつかのパターンを見いだすことができる。たとえば，絵画的なパターンには装飾的で静的な波といった形式的なパターンが含まれるかもしれない。あるいは対照的に，より図案化された形式的なものは，魚や波など，自然に付加されたものによって，いっそう豊かなものになるかもしれない。象徴的なパターンは必ず他のパターンと関連しているのである（図113）。

パターンは，テストを受けること，あるいは一般的な描画を被検者がどれほど楽しんでいるかによってさまざまである。要点のみのパターンは，描画をすることという要求に対する適応にすぎない。だがテストと距離をとりテストへの防衛や拒絶をすることが装飾的な反応を生み出すかもしれない。絵画的なパターン，感情のこもった雰囲気のあるパターン，象徴的なパターンには，喜びや深い愛情，また分析者に対する秘密の吐露への開放性などが見られる。

第7章

パーソナリティ・テストとしてのSWT：
表現的側面
─── 〔パートⅡ〕筆跡分析

　テストの細部に注目することで，ハイス（Heiss, 1966）のいう「手がきの要素」の3つの観点に分離させて分析することが可能になる。つまり，絵の動き，形，空間配置である。この全体構成と各観点に含まれる描画の構成要素の分析だけではなく，それらにおける相対的な関係を決定づけることも必要になる。ある絵について，3つの観点のうちどれがもっとも目立っているか，目立っている理由は他の観点に比べて強いからなのか，それとも著しく乱れているからなのか，といったことである。この比較によってパーソナリティの多様な側面を見るための階層ができあがる。

　動きの表現が形や空間配置の構造的な，そして意識的な側面にどのように関連しているかを明らかにすることもとりわけ重要である。たとえば，荒っぽい人の描画には，動きのなかに強いダイナミズムが見られる。その結果，形は弱くなるか，いい加減となり，配置も混乱することもある。反対に動きの少ない，あるいはまったくない描画では，厳格さ，緩慢さ，過剰なコントロールによって正確な形と配置がもたらされることとなる。

　ここで描画の各現象からどのような解釈ができるか，その可能性を示すが，これらは完全なリストではないことを忘れないでほしい。他の解釈の可能性も考えることができる。さらにこのリストは解釈の提案と受け止めるべきであり，テスト内にある他の要素，テストの全容，他のテストの結果などによって補わなければならない。筆跡分析では，この描画特徴はこのパーソナリティ特性と関連があるというような，1対1の関係が存在するわけではない。ポピュラーな本のなかにはそのように誇張して書かれているものもあるが，そういうわけではない。

Ⅰ. 形

形がもっとも表れるのは星である。一定形と多様形（uniform or polymorphic），鋭角と鈍角（sharp or softened），完全と不完全（full or meagre），正確といい加減（accurate or neglected），単純と装飾（simple or embellished）などがある。

形に見られるすべての要素は，紙の上に積極的に描かれたものであり，かなり意識的に描かれているのが普通である。それゆえこれらは主に，パーソナリティの目に見える部分に関連している。またこれらから描画者の外見，他者がこの人をどのように経験しているかを認識できる。描画者が社会規範や自身の考え，期待に合わせて獲得してきた，または適応させてきた個人の行動が，形の要素には反映されている。以下のような場合には，描画者の不自然な態度や演じるような態度が明らかとなる。形に動きがない（motionless），硬い（rigid），大げさ（ostentatiou），変わっている（bizzare）ときである。形の構成は，描画者の創造性，独創性，生産性を知る手がかりにもなる。

詳細な描き込みの数とその質もまたとても重要である。詳細な描き込みが過剰に多いときは，描き手が強迫的になることで自分の不安を処理していることを表している（Handler, 1985）。これは知ったかぶり，過敏，強迫的，硬い，不安な描画者の特徴である（Ogdon, 1984）。動的家族画（KFD）では，子どもは星を冷たく，遠くにある物ととらえていることが分かっている（Burns and Kaufman, 1972）。非常に貧しい環境に育った子どもは繰り返し脅迫的にたくさんの星を描き，それはたいてい抑うつ反応である。

詳細な描き込みが少ないことは，引きこもり，エネルギーの低下，躊躇，テストに飽きていることを示す（Handler, 1985）。標準的な知的発達の子が重要な細部を描いていないときは，何らかの精神的な退歩，退行，あるいは行動的な問題がある（Ogdon, 1984）。詳細な描き込みがないことは，心のなかの空虚さ，過緊張，従順さの欠如，抑うつ傾向を示す。省略がある場合は省略されたものが何を象徴しているかを考えることで，描画者の心配や葛藤を知ることができる。

変形（deformation）は器質的な問題の可能性を示す一方で，失敗感，低い自尊感情，混乱した自己イメージを表すこともある（Ogdon, 1984）。とくに以下の描き方によって，形を閉じられないという変形になる。線がくっつかない，線が重なる，消しゴムで消したり重ね描きしたりする，強調して描いたり描き直したりする，などである。ベンダーゲシュタルトテストではこのような描画の問題は，適切な対人関係が維持できないこと，対人関係をもつことへの恐

第7章 パーソナリティ・テストとしてのSWT：表現的側面—〔パートⅡ〕筆跡分析　117

図114　女子／6歳2ヵ月

図115　女性／43歳

図 116　女子／5歳8ヵ月

れ，情緒障害，ときに精神病と関連づけられている（Hutt, 1977）。

明確な形
明快な考えと自信。細部に正確さと根気が見られる（図114）。

多様な形
創造性，想像性，多様な考え，決まり切ったやり方を嫌がっている。不格好な形が多い場合，集中力や根気が足りないこと，書字運動能力の欠如が考えられる（図115）。

大きく生き生きとした形
外向的で活動的，リーダーシップとカリスマをもつ。しかし不正確な形でせっかちに描いていれば，衝動コントロールの欠如を示す（図116）。

小さく穏やかな形
内向的，デリケート，自己コントロール型（図117）。

図117 女子／12歳2ヵ月

円

閉鎖的，内向的，秘密主義。尖った星ではなく丸い星を描くことは，高い抽象能力かいい加減さ，描画能力の弱さを示すともいえる（図118）。円が黒く塗られているときは，問題，障害の要因となる。

穏やかな点，小さな円，ダッシュやコンマで描かれた星

抽象的な思考，繊細な認知，精神性。不正確な形だったり，コンマや散らばった点で描かれているときは，散漫さを表す（図119）。

ベンダーゲシュタルトテストでは，円の代わりにダッシュを描くのは情緒面に要因があるとされ，深刻な情緒問題をもつ子どもともたない子どもを分ける指標の1つとされている。これは幼児の衝動性と関連づけられたり，興味や注意の欠如と関連づけられたりしている。自身の問題で頭がいっぱいになっている子ども，やるようにと言われていることから逃れようとしている子どもに見られる形である（Koppitz, 1963, p.132）。

線やアスタリスクで描かれた星

論理的で実際的な手法，せわしない思考，最低限に抑えようとすることの表れ。正確さの程

図118　女性／43歳

図119　女性／32歳

度と，線が中心で重なっているかどうかを見ることで，能力をもって描いているかいい加減に描いているかを見分けることができる。強い筆圧と尖って終わる線は，怒りを表しているだろう（図120）。

十分な形
豊かな情緒，想像性，社会性を示す（図114）。

☼ 太陽または蜘蛛の形
明確な形とは一部異なるが，子どもによくある描き方である。暖かみを求めているのは明らかであるが，太陽からの光を太陽にくっつけて描いているときにのみそう解釈される（Burns, 1990）（訳注：太陽の描き方には国による文化差もあることを考慮したほうがよいだろう）。

曲がった光線が付いたうずまきの太陽
暖かさを強迫的に求めており，心のなかに渦巻きがあるかのように行動している（図201a）（Burns, 1990）。

図120　男子／6歳6ヵ月

図121　女子／5歳0ヵ月

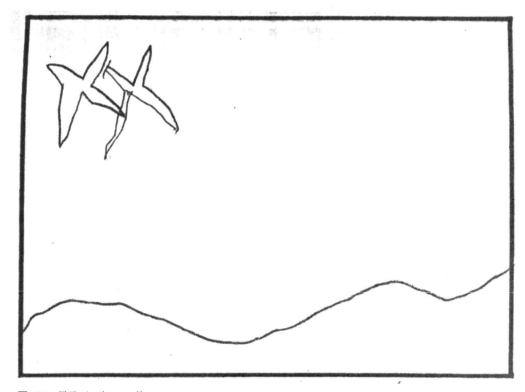

図122　男子／5歳10ヵ月

三角や角張った光線が付いた丸

暖かさを得ることを攻撃的に求め，こだわっている（図 165）(Burns, 1990)。

丸い花形

角張った絵を描く能力の欠如でなければ，柔らかさ，主張性のなさ，喜ばせて印象づけ，助けを得ようという努力のサインと考えられる。多くの場合，装飾的な要素からなる（図121）。

✧ 抽象的な思考，大変な仕事をこなす能力がある，または避けようとしている（図 122）。

☆ 「地面に立つ二本の足」をもっているかのような，人間に似た星。援助と安全を探し求めているといえる（図123）。

生き生きとした五芒星

五芒星は時代を超えて多くの文化で頻繁に使われてきている。古代エジプト人の時代から，装飾的な星や魔法による守りの象徴として使われており，それゆえ国旗によく使われている（Costa, 1990）。SWT では五芒星は通常，早く効率よく，一筆書きで描かれた形である。これは描画者が生き生きとしていて，共応能力があり，処理能力も高く，適応も早いことを表す

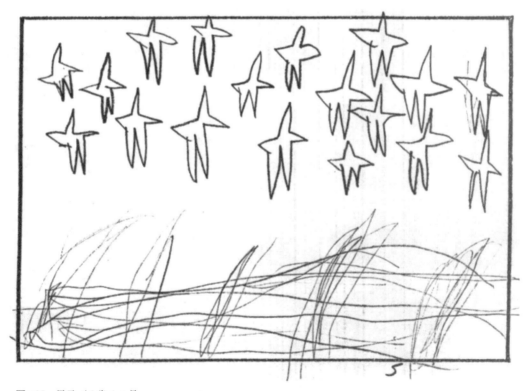

図123　男子／6歳4ヵ月

図124 女性／37歳

（図124）。しかし適当に描かれた五芒星，つまり左右の対称がとても崩れていたり，きちんと星が閉じていなかったりする場合は，衝動性の高さ，忍耐力の低さを表しているだろう。

ダビデの星（六芒星）

ダビデの楯（shiel of David）は多くの文化で魔法の象徴とされてきた。たとえばアラビアの千夜一夜物語に出てくるソロモンの封印（訳注：ソロモン王が悪魔を従えるために，六芒星が刻まれた指輪を用いる），インドにおけるヴィシュヌ・ヤントラなどである（訳注：ヴィシュヌはヒンドゥー教の神の1つ。三身一体論において最高神，ブラフマー，シヴァと共に一体の神を構成する，最高神の1つ。ヤントラは幾何学的な図形で表されたお守りのような物。ヴィシュヌ・ヤントラは六芒星で描かれている）。19世紀以降，ナチ政権によって六芒星はシオニスト運動の象徴として有名になったが，このとおり六芒星は必ずしもユダヤ教のサインとは限らない。2つの逆向きの三角形からなる六芒星は，反対の物の統合，善と悪，男らしさと女らしさ，火と水のような相対性の調和を象徴している（Costa, 1990）。SWTではイスラエルと同様に，ヨーロッパやアメリカでもよく見られる。多くの場合，それは合理性と建設的な傾向を表している（図125）。

装飾された形，光輝く星

強い自我欲求，目立ちたい，高い地位を得たいという欲求。支配的できらびやかなペルソナ（図126）。

第7章 パーソナリティ・テストとしてのSWT：表現的側面—〔パートⅡ〕筆跡分析　125

図125　女性／26歳

図126　女子／14歳5ヵ月

図127 女子／6歳2ヵ月
この女子が計り知れないほどの愛情欲求をもっていることは，目玉焼き形の星とハート形の波の両方から明らかである。緊急に家族療法が必要である。

図128 女性／39歳

図129　女性／52歳

目玉焼き形の星

不定形のカプセルに包まれた円のような形は，身体的，精神的に疎外されてきた人が太陽を描くときによく見られる。この太陽からは暖かさが外に出られない（図127）。

暗い，黒い空を消しゴムで消すことで描かれた星

具体的で現実的なアプローチである。鋭い感性，官能性，芸術を好む傾向をもつことが明らかである。行動する前に計画を立てることも示している（図128）。

いい加減な形

芸術に興味がないこと，忍耐力がないこと，細部への興味の欠如を表す。速い筆跡の場合は衝動性，ゆっくりとした筆跡の場合は心神喪失を表す（図129）。

Ⅱ．動き

「動きのある絵」（Heiss, 1996; Yalon, 2004）は描画に表された「動きの凍結」からでも説明することができる。描線の動きはそれが描かれた時点での描画者のボディランゲージの表れで

あり，テスト実施者が描線の形に集中して見れば，無意識の表現を多く含んでいることがわかる。描線の動きはパーソナリティのダイナミックな側面と関連しており，一般には生得的である気質と関連している。反応時間，能動性と受動性，敏感性と鈍感性，衝動性と統制性といった基本的な特性も観察できる。動きのある絵の一時的な変化からは，安心感と回復力のさまざまな程度や，身体的，心理的，情緒的な危機と混乱といった，描画者の現在の状態もわかる。

　SWTでは波を描くときに動きが要求されるので，波のなかに動きが見られる。動きはダイナミックなものや静的なもの，リズミカルなものやゆるすぎる，かたすぎるもの，その他あらゆる描線の障害が見られる。遠心性の噴出または求心性の萎縮，閉鎖，長いあるいは短い衝動などが線の動きに見られるのである。また水の表現には，それが自然に見えようとも固まっているように見えようとも，硬直していようとも崩壊していようとも，描画者の情動すなわち衝動の強さや衝動コントロールの程度を浮き彫りにしてくれる。

リズミカルな，しなやかな波

　リズミカルな動きとは，筋肉の緊張弛緩の相互作用を，十分に調整された方法で，バランスよく自由に生じさせた結果である。動きの流れがよく表れていて，なめらかで，筆圧の変化がゆっくりと繰り返されている（下がる線ではわずかに筆圧が強くなり，上がる線ではわずかに

図130 女性／32歳
幼稚園教諭。優れた書字運動能力をもつ。家庭，仕事，趣味を楽しんでいる。

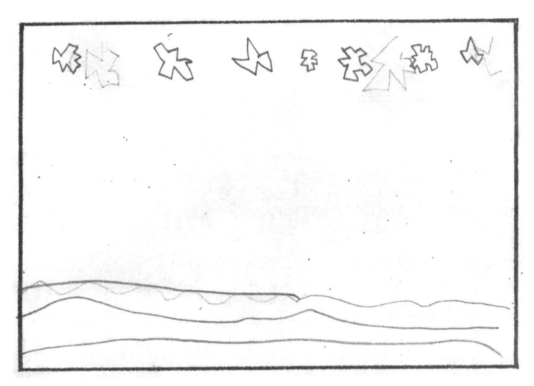

図131 男子／14歳8ヵ月
この男子は最初に書いた波の線を消し，凍った海面を描き直している。彼は学業でも社会生活でも重篤な問題を抱えている。「冷静」さを装って自分を守ろうとしており，それは習性になっている。

筆圧が弱くなる）。リズミカルな動きはしなやかで，ゆるすぎたりかたすぎたりすることはない。この線は描画者の内的なバランスのよさ，努力し続けることができること，忍耐力，回復力を表している（図130）。

平坦で「凍っている」水

活気のなさ，活動の減少，人生における興味の少なさ，感情の抑圧や抑制あるいは「感情の死」ですらある。よどんだ水は，発達が停滞していることを示している。それは多くの場合，母親を信頼できないことに関連している。凍っているような海面は内的な関係の凍結を経験していることを表している（Müssig, 1991）（図131）。

嵐の波

動揺，荒れている気性あるいは状態，強い情動，強い感情，衝動性，混乱を表している（図132）。

あちこちに乱れている線

方向性の欠如，エネルギーの浪費，コントロール不能の恐怖や怒りや攻撃性（図206）（訳

図132 男子／6歳5ヵ月

注：p.212）。

螺旋状の動き

かき乱された情動，「行き詰まった」感覚と生産的な動きのとれなさを表している。自己中心的な傾向も表し，その傾向は螺旋が装飾的で動きのないものであるほど強まる（図133）。

静止した，鉤状のあるいはかたい波

強い失望，かたい態度，こわばりや怒りを表す（図56a）。鉤は鋭い痛みを象徴することが多く，さまざまなトラウマ体験と関連づけられる（Burns, 1990）。左に尖っている鉤状の波は，葛藤が阻止されているか抑圧されていることを表す。それは怒りを表現できないこと，自己破壊的な怒りがあること，情緒的なストレスをあらわにすることができないことを意味する（図134，図56b）。

波しぶき

エネルギーの浪費，楽しさの表現か葛藤の表現（どちらなのかは描線のタイプによる）（図135）。

図 133　女性／52歳

図 134　女性／27歳
母親との関係に深刻な問題をもっている。実家に住んでいるが，冷たくてネグレクト傾向のある母親を嫌っている。女性性の困難さ，人と協力することの困難さを抱えている。

図135　男子／6歳8ヵ月

図136　女子／4歳10ヵ月

図 137　女性／41歳

図 138　男子／15歳2ヵ月

枠にくっついている波

不安感，依存，現実世界での足場が安定することへの切望，外からの助けとサポートを求めていることの重要なサインである（図136）。

弱く，ゆるく，ばらばらになった波

エネルギーとモチベーションの欠如，あきらめやすいこと，抑うつ傾向を表す（図137）。

多様な波

他の分類からの情報を用いて判断する。たとえば多様な波によって調和した絵になっていれば，調和という性質をより豊かにする波であるし，逆に多様な波によって絵全体が混乱しているならば，葛藤傾向や一貫性のない態度を表しているといえる（図138）。

Ⅲ．空間の使い方

「空間のある絵」（Heiss, 1966; Yalon, 2004）は白い背景を重視している。というのも，枠で構成された空間にひとたび何かが描かれると，そこには背景が浮かび上がるからである。枠のなかに何かが描かれ，まとまっていくことで，さまざまな特性が表れる。たとえばその絵は空間が多いのかぎっしりつまってあふれているのか，調和的なのか堅苦しかったり不規則だったりするのか，余白はどうか，描かれた物の大きさはどうかなどである。

これらの特徴は描画者が図として何を描くかに関心を払っているうちに，地に自然にできあがったものである。それゆえ残された白い背景は副産物であり，半意識的（semi-conscious）なプロセスによってできあがり，直接的な表現を可能にする。背景の配置の仕方は，描画者が通常，制限や境界に対してどう反応するかを表している。自分に与えられた物理的，社会的なスペースに対してどう適応するかの現れであり，社会的な制限のなかで自分のテリトリーに対する欲求をどうするのか，つまり対人関係における距離をどう維持するかについての計画や統制の仕方の現れでもある。これらすべての行動様式は，描画者が置かれている環境との交互作用，描画者の社会的な背景と生活様式に関連させて分析しなければならない。

余白はそれ自体意味をもっており，過小評価してはいけない。余白は描画者が活動をどう計画，統合，評価，批評しているかを表す「内なる声」である。それは描画の前後どちらにおいてもいえる。この内的な過程は，はっきりとした描画を妨げる情緒的な問題をともなう。表現されない内容が不明確であったとしても，はっきりと表現されている内容に比べてその重要性が低いわけではない。音楽における無音部分と同じく，この沈黙は私たちに語りかけてくるし，

沈黙によって私たちの注意が喚起されることも多い。リッゾ（Rizzo, 1999）は精神科患者を対象とした臨床経験とユング派の視点から，不均衡な余白をユング派の影（シャドウ）の概念と結びつけている。「描画を行なうときに，被検者にとって未知で認識されていない側面，無意識の影が，広漠とした余白の領域に投映される。（中略）それらが実態としての存在，現実の存在と価値は目に見えて明らかである。なぜならすぐ横の領域にそのプレッシャーが表現されているからである」。

マクロ構造

アーンハイム（Arnheim, 1988）は描画を描かれたものとしてみるだけではなく，エネルギーの場ととらえる。それゆえ絵の構図は力の配置と見なされる。力動的に，図と「ネガティブな場」としての地がお互いのバランスをとる力の中心である。彼はさらに，構図とは全体的な構造のなかで定義可能な形を調整していった結果であり，ものを描いていった結果偶然できあがったものではないと主張する。ビジュアルアートの世界における構図の普遍性は，人類に深く根ざしたものであり，究極的には人類全員が共有する神経系の構造そのものに他ならないのである。

マクロ構造は配置の構造を全体的に見る主要な概念である。アヴェ＝ラルマンはそれを手がきの分析においてこう定義している。描画を白い場に置かれた黒い編み物と見るのである（Avé-Lallemant, 1985a）。それゆえ地に分配されたイメージが関係してくる。描画者が自分のテリトリーをどのように満たすかを定義するために，描画のテクスチャー，空白の作り方，詰め込みの度合い，規則性がアセスメントされる。空白が非常に多い場合，理性によるコントロール，意図，知的な傾向，そしてときには受動性や放棄といった，多くの停止があることを表す。詰め込みが顕著な場合，強い活動性や過剰な行動がそこにはあり，それらは描画に十分に反映されておらず，恐怖，空虚さ，強い情動，官能が表されている。それはおそらく，白い紙に向かったときに生じる恐怖による過剰反応であろうし，会話において沈黙を尊重できないことの指標でもあろう。

マクロ構造は描画者が現実世界で見せている適応がどの程度組織化され，調和がとれているかも明らかにする。適応困難は描画者自身の何らかの欠損からばかりでなく，上手く適合できていない環境との相互作用からも生じる。それゆえマクロ構造は現在どのような状況に置かれているかに対して非常に敏感に反応し，バランスを崩していく（Avé-Lallemant, 1985）。したがってSWTはこういった反応が習慣となって固定化していく前に見つけることができる。マクロ構造に見られる描画者の人生における一般的な適応と，テストの場でのみ見せる適応を比較することがいつでも興味の対象となることは，第3章で述べたとおりである。

配置の質は年齢に依存していることは強調しておかねばならない。3～4歳の子どもは各要素の大きさと配置をうまく計画して描くことはできない。5歳になると，要素を一直線上に並べる傾向が出てくる。星は通常テストの枠の上端にくっついて並べて描かれ，その下には大きな空間ができあがり，調和した絵にはならない。それにもかかわらず，並んだ星のなかであっても，調和や厳格に規則的な配置がはっきりと見られることが多くある。星と波が用紙の枠に沿って並ぶのは子どもにはよく見られることで（12歳までだが），以降の年齢で見られる場合は遅滞と判断される（Koch, 1957）。子どもの絵の配置によくあるのは，単純さ，図式化，空白，一列に並ぶなどだが，混乱して一ヵ所に固まり，ごちゃごちゃになることもある（Kos and Biermann, 1995）。全体的な配置が重要になるのは10歳以降であり，星空と波のあいだの空白は普通は埋まる。そして4つのマクロ構造のタイプが認識されることになる。

A. 自然の調和（釣り合いが取れている）

描かれているものの配置は自然の写真のようで，描かれているところと余白，黒と白，収縮と緩和といった要因によって調和がもたらされる。調和は類似性が見られないことや，柔軟なリズムがあることによって成り立つもので，正確に測定されるものではない。描かれているものの間隔は似ているのだが，同じではない。ときには葛藤している絵においても調和は見いだされる。釣り合いがとれている配置というのは，最終的な描画のバランスだけから判断されるのではない。描画を描いていくプロセスも考慮され，自発的で自然に描いていかれている必要がある。意識，コントロール，意思だけがそれを阻害する。

釣り合いがとれている絵は内的なバランスのよさを意味している。調和がとれている人は自分の内的なモチベーションと欲求にしたがって生きており，仮に厳しい状況下に置かれても内的な強さと方向性を保っている。彼らは良好で柔軟なコントロールと，幸福や自己充足の感覚をもっており，それは客観的な状況に左右されないことが明らかである（図139, 図140）。フ

図139　女性／37歳

図140　女性／32歳

図141a 男子／13歳 　　　　　　　図141b 男子／15歳

ランスにおける「harmony（調和）」の概念と異なり，ドイツ語で「Ebenmass（釣り合いがとれている）」という言葉で表されるこの概念を用いるとき，クラーゲス派（訳注：ドイツにおける筆跡学の第一人者であるクラーゲス（Ludwig Klages, 1872-1956）の考えに基づく心理学理論）では描画者の認知的な能力は含めない。

B. 厳格に規則的

自分のなかに本当の調和を見いだせない人は，自分で作った規則や社会の規則に合わせることで安定性と安心感を求めることが多い。結果，強迫行動という防衛規制を使うことになる。測ってわかるくらい均等な間隔でものが描かれることは，コントロール過剰であることを明確に示している。描画の要素が正確すぎるぐらいに規則的に並べられ，それゆえ描画は厳格かつ機械的で，生命感がないように見える。

厳格に規則的な描画は，描画者が厳しい規律をもっていて，特定のルールや方法にこだわり，強迫的になっていることを表す。横暴な超自我の支配を受け，自身を達成やモラルへと導いていく。描画者の態度に自由さはなく，まるでロボットのように自動的に行動する。衝動や情動表現を生き生きと楽しむことに欠け，義務と過剰な剛直さだけが彼の活動を方向づける（図141a，図141b）。

C. 類似

この分類は描画が上記の二分類のあいだにある可能性を示している。順序を決めたりコントロールしたりしたいという強い傾向はあるが，規則的な絵に比べればずっと柔軟性がある。しかし調和ではない。類似の配置を作り上げるための多大な努力がそこには見られる。

図142　女子／16歳6ヵ月

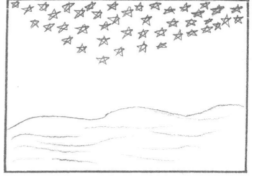

図143　女子／8歳3ヵ月

描画者は外からの要求によく従って行動しており，社会的に達成と見なされることに向かって努力している。それは彼が受けた教育のため，あるいはさまざまなポジティブ／ネガティブなモチベーションのためである。目に見える秩序やコントロールによって描画者はよく適応することができ，その結果描画はいくぶん図式的になる。自発性や気安さはないが，フレンドリーで心地よい対人関係を保つことができる。たとえ個人的な接触がなくてもである（図142,図143）。

D. 混乱

混乱したマクロ構造には，その基底に調和も何らかの規律を組織することも見られない。でたらめさと釣り合いの欠如が勝っている（図144）。よりはっきりとした混乱は，侵襲的な絵に見て取れる。紙面いっぱいに描き込まれ，内的な緊張が高く，情動があふれ出ていることを示している。結果的に描画は不安で表現過剰になり，冗長で理性的な判断が十分にされていないものとなる。ベンダーゲシュタルトテストではどの年齢においても，描画が重なることは神経機能，運動機能の障害を表す。しかし7歳未満では運動機能の未成熟により，このような描

図144　女性／35歳

図145　女子／5歳8ヵ月

画の重なりは頻繁に見られる。7歳以上では描画の重なりは，計画性と先を見通す力の欠如，イメージと背景を区別できていないこと，強い衝動が存在していることと関連づけられる。また自我機能の障害や，臨床的に重大な問題をもっていることの表れともいえる（Hutt, 1977）。

一方，空白を広くとりすぎていることは内的な空虚さ，方向性の欠如，喪失感や麻痺が描画者の内側にあることを明らかにしているといえよう。空白は過剰に活動的で，非生産的で，それゆえ疑いや恐れや漂う不安として特徴づけられる「内なる声」がある可能性を示している。

もっとも困難なケースは，これら2つのパターンが同居している場合である。思春期においてはアナーキーなレイアウトはよく見られるが，これは衝動コントロールの欠如や社会規範に対する拒否感情があるが，安定して自立した方向性はもてていないことの反映である。このような内面の混沌状態は，児童期においては深刻な警告サインとして現れる（図145）。

すべての混乱した描画は苦悩，不安，内的バランスの欠如の反映であり，多くの場合好ましくない生活環境が背景にある。このような場合，環境のちょっとした変化でも援助となることがある。しかしより永続的な問題の反映であることもあり，その場合は学習障害に代表されるような，一般的な器質障害（器質的，知的，情緒的な問題）が原因である。

ヤローン（Yalon, 1994）は縦断的研究から，どの時点でも釣り合いがとれている描画が描かれることの重要性を指摘した。釣り合いが取れている描画が過去に（手書き文字やSWTで）描かれている場合は，回復の可能性があること，一時的に問題によって阻害されているとしても，後に解決されるであろうことが予期される。このような予後のアセスメントはとくに子どもの発達パターンを分析する際に重要となる。児童期には調和した描画を描くが，思春期には悪化し，青年期に後期にまた戻るというパターンに出会う人は多いだろう。児童期の調和の欠如は警告となる指標である。そしてそれは10代に入ってさらに大きな問題が起きることの予兆でもあろう。

Ⅳ．描線の質

ルドロフ・ポファール（Pophal, 1949）によれば，描線を作り出す過程は2つに分けられる。「振り子（往復）の動き」と「一方向の動き」である。両者はその線ができる原因が異なり，その背後には神経学的な違いもある。SWTではこの2つのカテゴリーは波と星に別れて現れることが想定される。波は一般的に振り子の動きであり，角度のある星を形作るには，よくコントロールされた一方向の動きが必要とされる。これらの異なる神経運動のパターンは別々に

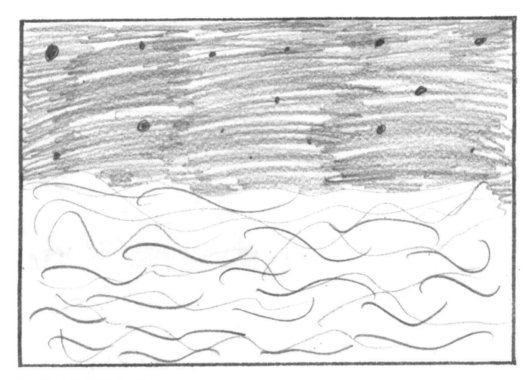

図146　女子／13歳6ヵ月

確認，分析される。結果的に2つのタイプに分かれるこれらの線は，ときに特徴（筆圧，濃淡，連続性，修正の度合いなど）が異なる。それは両者の線がパーソナリティの異なる層と関連しているためである。

　まず主要な線である「振り子の動き」を見ていこう。自発的に行きつ戻りつし，柔軟で，なぐり描きのような動きで，主に波や表面の色づけに見られる線である。この主要な線は強い活力や，自然でリラックスした動きや，直接的で自発的な表現を意味している。しかし星にもこの描線がなぐり描きの段階を越えた年齢でも表れているような場合は，衝動コントロールが不十分なことか，絵を描く技術が未発達なことが推測される（図146）。

　次にコントロールされた一方向の動きだが，この線は始まりと終りがはっきりしていて，はっきりとした形を描くことにつながり，主に星に見られる。この2番目のタイプの線は，線を引くに当たって計画性があり，緊張と意思が介在していることを表している。理性的で，ゴールを目指す傾向が強く，自己への気づきも高い人に共通する描線である。この線が波の領域にも見られ，波が静的，鉤状，角張っているまたはアーチ状になっている場合は，感情表現がかなり抑制されていることを表す（図147）。

図147　女子／5歳5ヵ月

　描線は安定性で分類することもできる。確実に描かれている線ははっきりした目的としっかりした遂行の結果であろう。そこには描画者がゴールを明確にもっていることと，多くの場合高い自尊感情をもっていることが現れている（図148）。描線が途切れずに連続していて，同じ筆圧で長く描かれていると，その傾向はより強まる。連続している線は描画者が長いプロセス，集中力，コントロール，活力，忍耐を要する作業を維持でき，実際に絵を描く前に完成図を想像できていることの表れである（図149）。あらゆる作業を維持し続けてできた線の典型例は，ジグザグに一続きで描かれた星である。

図148　女子／5歳6ヵ月

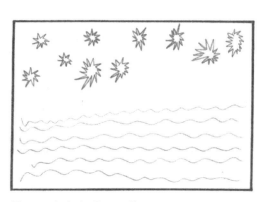

図149　女子／5歳11ヵ月

図150　女性／32歳

図151　男性／28歳

逆に不安定な線は，震えて，つまった，苦しい管のなかに入って，自分の道に臆病になっている。このような線を描く人は過剰に敏感で，傷つきやすく，自己信頼感は低い。怒りっぽく引っ込み思案で，バランスを取ることをあきらめやすい傾向もあるだろう（図150）。このような線の乱れは運動機能あるいは書字運動機能の欠陥によって起こることもある。線が分断されていたりばらばらになっていたりすると，この不安定な描線のインパクトはさらに強くなる。持続性が欠けていることは行動が短時間になっていることを表す。こういった線を描く理由は，注意を十分に保てていないから，不安があるから，自分の衝動の上回るほどの合理的で信頼あるコントロールが欠けているからである。したがってこのような線を描く人は，要求水準が高く，多くの場合自分の能力を超える要求を自分に課している（図151）。また美術を学び，テクニックとしてこういう描き方を学んでいる人もいる。

　アヴェ＝ラルマンは師であるアウグスト・フェッテルに倣い，描線の分析をもっとも大事にしている。それは描線が意志の力では変更できない内的な真の衝動が直接表現されたものであるという考えからである。フェッテルは鉛筆の描線の質を2つの要素を組み合わせて分類した。つまり筆圧と太さである。アヴェ＝ラルマンは4種の健康な線に加え，乱れた線について詳しい解説を付けている。乱れた線とは筆圧か太さのどちらか，あるいは両方が極端になっている線である。すなわち，かすれるほど弱い筆圧の足りない線か，紙に跡が深くつくほど強い線である。乱れた線はリズミカルな流れのなかでも現れ，結果として線は震えたり，結合部が崩れたりハンダづけのようになったり，繰り返し修正されたりするだろう。表2には4種の健康な線（上）と，それぞれに応じた4種の乱れた線（下）が示されている。すべての乱れた線は障害の重篤なサインである（第8章参照）。あるいは健康上の問題があってこの線になることもあり，その場合は原因を医師か心理士が確認すべきだろう。

　ここに示された描線の要素は連続している量的な指標でもあり，ほとんどの描線は2つの尺度の中心付近にくるだろう。つまり中程度の筆圧と太さである。以下に示す表と記述は，描線

がどこかの極に近いかどうか，どれかの線に寄っている傾向があるかどうか分析するのに役立つだろう。そういった傾向が顕著であるほど，その性格は強固であるし，描画者のパーソナリティの総体においてその性格がもつ重要性は高まる。

筆圧

　鉛筆が紙にどれぐらい食い込んでいるかという筆圧の強さは，描線から簡単に判断できる。線の濃さと黒光りの度合いが増すほど，鉛筆の先に力がこもっている。鉛筆の鉛が紙に乗っているわけである。テスト用紙が何ページかの束になっていて下に紙があったときや，木の机など柔らかいものの上で描かれていたときは，用紙の裏側を触れば描線の出っ張りが確認できるはずである。筆圧を判断するには描画の原画を見るのが最良であるが，経験を積めばコピーやスキャン画像，さらにはファックスされた描画からも筆圧を判断できるようになる。しかしそれでも描線の質はそういったコピーからはわからない。

　筆圧は外に向いた活動的な要因であり，心的エネルギーの解放を意味している（ユング派の言葉ではリビドーである）。一般的に，強い筆圧はさまざまな活動の源となるような主張性と攻撃性を表している。筆圧が強い描画者は，具体的で実質的なことを扱い，障害を目前にしても自分の意志を通す強靱さと十分な潜在能力をもっている。この種の描画者は周囲に自分の痕跡を残すことを好み，摩擦を恐れない。

　弱い筆圧は，まるで弱々しい握手のように，内的な力の弱さや自分の力を直接表すことへの抵抗を表していると考えられる。見た目としては元気には見えないが，それは必ずしも弱さの証拠ではない。人は自分の強さを表さなくてもよいときもあり，知性や精神性を用いることで適応するという選択肢ももっている。したがって弱い筆圧は受容的な態度を意味し，それは能動的にも受動的にもなりうる。

太さ

　太い描線は比較的開放的に楽な線を描くと現れる。鉛筆を斜めにもったり，ほとんど紙と平行になるぐらいに鉛筆を倒して筆先の横の部分で描くと線は太くなる。もう1つ，太い線はさっと紙面をこすった強い筆圧の結果として表れることもある。太く開放的な境界を作るという行動は，原初的で感覚運動的に線が描かれていることを意味し，活動的，動物的で子どもっぽいパーソナリティを特徴づけている。描線が細くなるほど，外界から自身の最深部に向かってコントロールし，制限するように機能する力が強くなる。そういったコントロールは通常二次的なものであり，昇華や分化といったコントロールプロセスを学習した結果である。細い描線

表2 鉛筆の描線の質
アヴェ゠ラルマンとフェッテルの分類を修正

筆圧	太さ	
	細い線 コントロール，繊細さ，分化	太い線 原初的，感覚運動
弱い筆圧 受容的	繊細な線 感覚受容的，繊細，共感的	やわらかい線 情緒的な認知，楽しむ，具体的
	か細い線* 脆弱さ，興奮，抵抗の弱さ	もろい線* あいまい，周囲の影響を受けやすい
強い筆圧 活動的	鋭い線 合理的な行動，意識，意志	しっかりした線 本能的な行動，コントロールされた力，外向性，攻撃性
	硬い線* 情緒に欠ける，感情の拒否，冷酷さ，残忍さ	乱雑な線* 衝動コントロールの欠如，暴力的，破壊的

＊乱れた線：
・筆圧か太さがいきすぎている
・乱れた引き方（震えている，分断している，ばらばらになっている，修正されている）

は緊張して先端を紙面に付けるように鉛筆を持った結果であり，鉛筆は紙に対してほぼ垂直になっている。このような鉛筆の持ち方は感覚運動能力が発達しなくては身につかない。

　これらのさまざまな要素の組み合わせを表2に示す。それぞれは自然の水の流れと比較することができる。水は流れ方によってその痕跡を周囲に残していく。ある筆跡を使う人は同じような方法で周囲に自分の痕跡を残している可能性がある。

やわらかい線

　これは太くて筆圧が軽い健康な描線である（図152）。まるで紙に広く優しく軽く触れながら，撫でているような線である。したがってこの描線は情緒的で，鉛筆が紙と攻撃的な接触を起こしていないことを表している。それはあたかも，浅い湖に優しいさざ波が起きていて，その波は湖岸の砂に打ち寄せるが，景観を変えるほどは砂を削らないかのようである。このようなタッチはユング派のいう「感覚タイプ」の人に典型的に見られる。このタイプの人は現実的で実践的であり，生活でのさまざまな刺激を楽しむ。彼らの最大の長所は，知覚力の鋭さと敏感さである。彼らの行動は感覚，経験，芸術的な傾向に基づいたものとなる。やわらかい描線はテストにおいては雰囲気を出すため，柔らかさを表現するため，ロマンティックでまろやかにするために，下地に影を付ける処理のなかで多く見られる。

図152 女性／29歳　写真家

図153　女性／35歳
波にもろい線が見られる。

もろい線

　これは乱れた線に分類される（図153）。描線の流れが誇張され乱れることで，拡散し，汚れ，泥だらけになっているような印象を与える。これはきちんとした流れがない，濁った沼の水のようである。そういう沼は絶えず水が不規則に動くので，決まった景観を私たちに印象づけることはない。もろい線を描くのは未成熟で依存的であり，物事をまとめるような手段をもち合わせていない人である。拡散した描線により境界がはっきりしていないことは，自我境界が不十分であることを示唆している。情緒性が確立しておらず，外からの刺激を求め，あるいは依存していることもある。アディクション，物質依存，見境のない性行動のハイリスクであり，常に親密な関係と肉体的な接触を求めている。

しっかりした線

　これは太くて筆圧の強い線である（図154）。この描線は存在感があり，紙にしっかりと跡を残す。アマゾン川やザンベジ川（訳注：アマゾン川同様，南米大陸に流れる3,000km弱の大規模な川）の力強い流れのように，周囲の環境には大きな影響を及ぼし，地形を変えることもあるが生命とエネルギーももたらす。その強い活動は原初的で直接的な見た目と相まって，描画者が力強い行動にコントロールされ，外に向けられた本能的な力をもっていることを明らかにしてくれる。建設的な方向に向かっていくことができるので，この線の描画者は影響力があり生産的な人物で，リーダーシップとカリスマをもつと同時に，自身の力強いエネルギーを誤用してしまうこともある。

図154 女性／39歳

図155 男子／5歳11ヵ月

乱雑な線

　強すぎる筆圧と太すぎる線のどちらか，あるいは両方によってこの描線が生まれる。しかしこの線がリズミカルに描かれることはない。あまりに強い力で，紙が破れてしまうこともある。この描画者の圧倒的でコントロール不能なエネルギーは砂漠を襲う鉄砲水に似ている。鉄砲水はコントロールできないし生産的な流れでできたものでもないので，通り道のすべてを破壊していく。この暴力的な流れは粗さ，コントロールされていない欲動，生得的なおびただしい活力とエネルギーを意味し，それらには衝動のコントロールが欠けている。この描線の理由が感覚処理や書字運動能力の欠陥でない場合は（図155），描画者は粗野，ぶっきらぼう，衝動的，暴力，怒り，恐れといった特性をもっている。

繊細な線

　これは筆圧が弱く細い健康な線である（図156）。穏やかに流れゆく小川にたとえることができる。小川は周辺に静かに影響を与え，川岸を形作っていき，広く深くえぐっていくことはなくても，生命の源となっておりその影響力は大きいだろう。この描線はきちんと独立してコントロールされた行動による受容的な態度を表す。この線を描ける人は敏感，繊細で，エネルギーは抑えられているが，それを攻撃的ではない方法で効果的に使うことができる。それはおそらく情緒的で知的な方法である。慎み深く穏やかで，共感的で思いやりある人である。

か細い線

　筆圧と太さのどちらか，あるいは両方が非常に抑制されており，線の流れは損なわれ，フェードアウトするか完全になくなっている（図157）。それはほぼ閉じられている蛇口からした

図156　女性／38歳　心理士　　　　　　　　　図157　女性／41歳
ボートと月以外に繊細な線が見られる。

たり落ちる水滴のようである。この描画者は弱くて傷つきやすく，エネルギーが低いにもかかわらずコントロールができていないことは，危機状況あるいは病気の結果であることもある。そうでない場合は，恐怖，フラストレーション，ときには弱い衝動を抱え込めないことの表れである。描画者はいらいらして神経質になっており，自分をコントロールすることが難しく，外のちょっとした刺激に気分が大きく左右される。気持ちのばらつき，フラストレーション，存在への不安が急激な攻撃性の爆発につながる。

鋭い線

鋭い線は強い筆圧で紙に刻みこまれるが，抑えられた細い線となる〔図158〕。砂漠の渓谷のように，この描線は堅くて岩だらけの地盤を鋭く削り，地形を劇的に変えていく。勤勉さが表現の自由と官能的な喜びの代替となれるように，描画者の強いエネルギーはよく抑えられた方法で表現される。この線にはやわらかい線とは反対の経験が表れている。強い筆圧で細い線を描くことは異質のコンビネーションによるものであり，強い衝動とそれ以上に強い抑制に基づいている。本能の赴くままに自由にほとばしらせることのできない強いエネルギーは，意識的な精神活動つまり強い意志の力と多大な努力へと集中していくことになる。それは科学研究や批評的な思考，冷たい認知的判断，長期的な活動の基礎となり，大きな障害に遭遇したときにもそれは役立つ。

硬い線

これは鋭すぎて乱れた線である。鋭いナイフに斬りつけられた傷のようであり，景観を傷つけ破壊していく〔図159〕。自然界に似たような水の流れはない。鉛筆の芯の先が半分折れたためにこの線になることもある。この描画者は我慢できないほど強く，身体的にも精神的にも

図158　女性／43歳
星に鋭い線が見られる。

図159　女性／42歳
非常に控えめな数学者。高学歴の家系で育った。母親は常に冷たく他人行儀で，描画者はいまでも母親の愛情を切望している。多くの星，とくに左と中央の星と，黒く塗られた月に硬い線が見られる。

図160　女子／11歳2ヵ月
「1本の鉛筆でいろんな色を塗れるよ！」といいながら，この女子は実にたくさんの線を描いた。ほとんどは健康な線だが，月に粗い線と波に少しだけもろい線が見られる。

図161　男子／5歳10ヵ月
粗い線ともろい線の葛藤的な組み合わせ。

緊張している。そこには顕著な情緒の欠陥，内的な堅さ，情動とリラックスと喜びの欠如がある。義務，冷たい認知，合理化のすべてが描画者の行動を動機づけている。このような情動の否認は疎外，感情の完全な欠如，残酷さ，怒り，そして多くの場合，虐待的で犯罪的な行動へとつながる。

　描線のバリエーション——描画テストが1つのタイプの線だけで描かれていることはまずない。1つのタイプしかない場合は，描画者が人生のどんな局面でもあまりにも安定し，一致していることを表しているだろう。多くの場合，それは平坦でつまらない人物である。通常は2つ以上の線のタイプが描かれるか，1つのタイプでも程度の異なる線が描かれる（つまり繊細

な線と非常に繊細な線が描かれるが，乱れた線であるもろい線まではいかない，など)。描かれる線のタイプが多いほど，パーソナリティが複雑であり，それはよいことの場合もあるし悪いことの場合もある。それゆえ，描画のどこにどんなタイプの線が使われているか，それらは相乗効果をもたらしているか，互いにぶつかりあってしまっているかを見極めることがもっとも大事である。たとえば，鋭い線の星にやわらかい線の波がともなわれているのが，合理的な認知と共感的な感情の美しい相互作用である。しかし逆の場合は思考と感情が不適切に分化されていること示す。

異なるタイプの線が健康で柔軟である場合，通常は生産的な万能性を表している（図160）。しかしほとんどの線が乱れていて，パーソナリティのバランスの幅広い悪さが明らかであるとき，描画者の精神状態は悪くなっている（図161）。書字運動能力に欠陥がある場合もこうなることがある。

V．平面の処理

多くの描画において，描画者は基本要素を描くだけでなく背景に何らかの工夫を加えている。つまり色をつけて遠近感を出したり，特定の雰囲気を演出したりしている。絵画表現のなかで光と影を描く手法はキアロスクーロ（明暗法：イタリア語で光と影のこと）として知られている。この手法はイタリアのルネッサンス期に確立されて以来，絵画に奥行きや立体感をもたらすのに役立てられてきた。色づけすることは描画者が課題遂行をして必要最低限の合理的な絵を描くだけでなく，絵を描くことにもっと情動的に関与し，自己を表現し，客観的に要求されている以上のことをやりたくて，自分の環境を個人化して表現したがっていることを表している。下地の処理は筆圧の強さ，圧縮と収縮の程度によってモードが異なってくる。

影をつける

弱い筆圧と比較的自由で解放された鉛筆の動きは明るい灰色を生み出す。多くの場合透明にするような塗り方である（図162）。これは鉛筆を非常に長く持ち，芯の横を使ってやわらかい線かもろい線にすることでできあがる状態である。影をつける人は情動的な快感，芸術的な傾向，感覚に身をゆだねてわずかな刺激でも繊細に感じ取ることで雰囲気を変えようとする傾向をもっている。しばしば10代の描画に見られ，それは感受性やロマンティックな夢，あこがれを表している。

暗くする

影をつけるやり方に比べればやや強めの筆圧による強い描き方で，子どもの描画によく見ら

図162　女性／21歳
建築学科の学生。波に暗くする箇所も見られる。

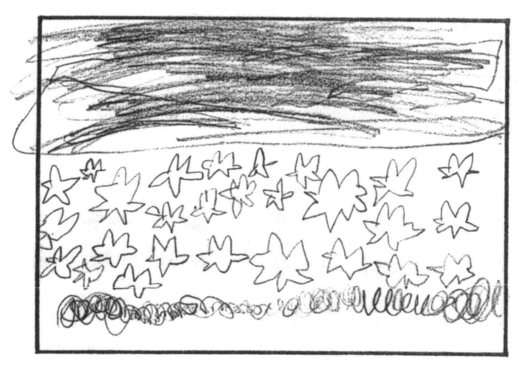

図163　女子／5歳5ヵ月
夜尿の女児による重く,緊張し,暗い空。

図164　男子／5歳11ヵ月

図165　男子／5歳9ヵ月
右の星は強く塗られ，黒光りしているために，コピーでは白い線となって写っている。

れる（図163）。鉛筆で絵を描くことに慣れていないと，情緒的な人はこのように暗くすることで色づけの代わりとすることがある。この表現からは描画者がよい絵を描こうとしていることや，一生懸命やることと自分の感情を表現することの準備性が備わっていることがわかる。暗くする表現は抑うつが抑えられず不安になっているときにも見られる（Ogdon, 1984）。ミュジッヒ（Müssig, 1991）は絵を暗くすることは恐怖を抱く傾向の表れではないかと考え，それは有史以前，日暮れを恐れて守りを必要とした時代にまでさかのぼって遺伝的な原因をもつのではとしている。

黒くする

アヴェ゠ラルマンはこれを「黒く固着して描かれた線」と呼んでいる。莫大な労力を費やして強く描いた線であり，ほとんどの場合終わりが見えないぐらい強迫的に固着して描かれている。強い筆圧，暗く黒い描線，紙面全体や特定の場所を集中的に塗りこめる鉛筆の動きから強烈な緊張が明らかである。広いエリアや場合によっては枠のなか全体が黒くなっているときは，漠然とした不安，劣等感，絶望，憤慨して怒っている反応のサインである（図164）。星や月のような象徴的な箇所が黒く塗られているときは，特有の恐怖や葛藤がそこにこめられている（図165）。

線影をつける

特定の箇所を複数の平行線で埋める描き方（図166）。この珍しい下地の色づけ方法は，内的には自然な感情と情緒的な欲求を下地を塗ることで表現したいが，それが強いコントロールと合理化（直線，平行，空間，厳しく規則的な動き）によって抑えられているときに表れる。こういう描画をする人が育った環境はおそらく，その人の表現能力を受け入れなかったか，ときには制限さえしていただろう。

図166　女子／6歳2ヵ月
非常に内気で引っ込み思案で，いつも1人で遊んでいる女子。

図167　男子・4歳10ヵ月
非常に多才で不安の強い男児。火山が噴火している世界を創作している。

荒くする

神経質に散乱した線や点で下地が埋められており,不調和な風合いを作り出し,荒っぽく,恐ろしくも見える(図167)。このようないらいらした衝動的な描きこみは内的な緊張と苦しみ,葛藤と痛みを表す。描画者の環境への適応は不十分で,たまには自分をコントロールし,感情を抑えて本能的な爆発を防ごうとするが上手くいっていない。荒くされた描画にはよく×(バツ)のような絵が描かれるが,これは万国共通の葛藤,矛盾,コントロールしようという試み,ときには動きを止めたり表現を抑えたりしようとする心のなかの警告のサインのようである(Burns, 1990)。

人間の知覚に関するゲシュタルト心理学は,よい形態が視覚的に心地よいという特徴をもっているのに対して,短くて,壊れていて,分断している線,角,曲線が不連続に交わっているような不揃いな混合は「何もイメージがない」と認知されることを証明している。このような乱れたパターンは見る人に大きな身体的覚醒を呼び起こし,不安を与える(Kreitler and Kreitler, 1972)。このように,荒れた絵を見たときの不安な反応は,その絵を描いた人が神経質に落書きをすることで空白を荒くして自分のストレスや不安を軽減させようとしている内的な混乱と共振することになる。

Ⅵ. 統合:マクロ構造とマイクロ構造の関係

アヴェ゠ラルマン(1985a, 1987)は筆跡分析で別々に考えなくてはならない2つの中心的な描画の構造を定義した。そしてそれらの相互的な関係はパーソナリティの全体性を扱うものであった。この筆跡分析のアイデアはSWTの評価にも適用可能である(Patricia Siegelとの私信より)。

マクロ構造は先述したとおり,配置の構造として,黒い描画の背景にはっきりとある白い空白を見る。ひとたび何かを描けば,そこには背景の空白が展開する。そこからは描画者が環境に適応する方法,つまり彼の社会化の方法がわかる。黒と白のつながり方は描画者が自己を維持できているかどうかを明らかにしてくれる。それは彼が外的な世界と内的な経験の両方にどうやって同時にかかわっているか,あるいはそういった方向性をもっていないかであり,たいていは先述のとおり,描画内の特定の混乱と補正の仕方を見ることでそれがわかる。その質は何年も変わらないこともあるが,一定の発達パターンをもたずに突然変化することもある。急性の問題や失敗は配置の急激な崩れを引き起こし,それは比較的容易に判断することができる。問題のあるマクロ構造はシステムの問題(両親,拡大家族,仲間,学校のシステム)を明らかにし,描画者が不適切な状況で生活していることを示してくれる。環境の変化が新しい交流を

図168　女子／12歳9ヵ月
ぎっしり詰まっているが健康な絵。

図169　男子／13歳5ヵ月

もたらし，配置の急激な改善へとつながることもある。

　マイクロ構造は白い背景の上にある黒い描画のなかに見られる。これは絵を描こうとして積極的に作られたすべての要素と，形の質の組み合わせ，動きと描線によってできあがっている。それはただ1つの「指紋」であり，環境に左右されることなく描画者の行動特徴を描き出す。ここには「埋め込まれた」特性も含まれ，その特性は描画者がどこに行こうともついてまわるものである。これは描画者の心理構造である成熟性，気質，行動，才能，傾向，興味の分野，自己イメージ，親密な関係を築く能力を明らかにしてくれる。マイクロ構造は変化し，発達し続ける。通常，書字運動能力の発達とともに伸び，それゆえ描画者の年齢と教育レベルに照らし合わせて評価されるべきである。

　強いマイクロ構造とは，形がはっきりしていて，動きが柔軟かつ健康で，描線が乱れていないものである。このとき描画者は内的な力をもち，自分の能力を信じ，その能力を使って他者を援助する心理的な強さをもっている。弱いマイクロ構造とは，形，動き，描線のどれかまたはすべてが乱れて一貫していない。したがって内側の「骨格」もまた弱く，描画者が危機状況にあって普通の筆圧を保てないことを表している。マクロ構造だけが弱い場合に比べて，描画者の問題は重く深刻であり，治療は難しく長引くだろう。

　2つの構造の質を見極めた後で，2つの強さを比べて相対的にどちらが強いかを判断すべきである。2つの相互関係を見ることは描画者の適応，達成能力をアセスメントする上で重要である。また描画者が不適切な環境におかれたときにどのような問題が起きうるかを予測することもできる。ストレス下での反応を予測し，問題解決の見通しを立て，セラピーをどう活かすかを考えられるのである。

両方の構造が強い
　同質の組み合わせによる最良のコンビネーションであり，描画者がバランスよく，乱れのないパーソナリティをもち，人生のさまざまな問題を処理できることを示している（図168）。何ら問題がないということではないが，問題にパーソナリティの全体的なバランスが崩されることはない。

両方の構造が弱い
　同質の組み合わせだがもっとも問題のあるコンビネーションである。この描画者は重篤な問題をもっており，方向性を失い，適応できていない（図169）。外からの援助が望ましい。

図170　女子／16歳
最近，両親が離婚。

図171　女子／15歳7ヵ月　左利き
情緒的な問題をもっているが，神経学的な所見はない。

強いマイクロ構造をもつ弱いマクロ構造

急性の適応問題が起きているが，描画者に内的な力があることも明らかである（図170）。多くの場合外からの援助なしで，自分の力で問題を克服できるだろう。

強いマクロ構造をもつ弱いマイクロ構造

これはもっとも危険な状況であり，描画者は真の対処能力をもっていないが，「いつものこと」という態度を見せている。自分の問題を隠し，自尊心を低めないように，みじめにならないようにしている。残されたわずかなエネルギーは問題解決よりも問題を隠すことに使われ，突然崩壊する高い危険性があり，不意の自殺企図の恐れもある（図171）。この組み合わせが見られたときはいつでも，まずその人の義務と期待を減らすよう努力し，専門家の援助を得ることを勧めなければならないが，残念ながらいつでもそれが受け入れられるわけではない。

したがって重要なのは，マイクロ構造がマクロ構造を支えること，十分な回復力によって描画者が困難なときや状況を乗り切ることである。

第8章

一時的な状態かパーソナリティ特性か
―― 障害のサインについて

　筆跡に見られる障害の兆候は手がきの3つの要素（動き，形，空間配置）に特徴づけられ（Heiss, 1966; Yalon, 2004），アヴェ゠ラルマンの縦断的な研究のなかでその有効性が確認されている（Avé-Lallemant, 1982）。アヴェ゠ラルマンは，ストレスや苦悩を抱えている時期には筆跡例のなかにたくさんの描画上の兆候が現れるが，危機的な状況を乗り越えさえすればそれらが消失することを示した。アヴェ゠ラルマンはこれらの兆候を「障害のサイン（signs of distress）」と定義し，一時的なサインであることを強調している。自己治癒もしくは心理療法の後だけでなくときには環境のちょっとした変化の後にさえ，これらの兆候が少しずつ減退していく過程を追うことができる。しかし，ときとしてこれらの兆候が長期にわたって筆跡のなかに留まることがある。その場合は，やがて習慣または後天的な性質（second nature）となり，単なる兆候からパーソナリティ特性が表現されたものへと発展していくのである。

　障害のサインが表出されると，絵全体がかき乱された状態になる。その絵を見た人はおそらく，この描画に象徴的に描かれているある特定の問題が深刻なものであり，そしてそれが描き手のすべての機能に影響を及ぼしていることに気づくであろう。しかし，もっとも重要なのはそこに表出されていない隠れた要素である。それらは見過ごされがちだが，長期にわたって潜在的な影響を及ぼし，予期せぬときに噴出することがある。

　本章に記載した障害の特徴は，どれも特定の状況と関連しており，描き手個人がある特定の時期にどのような状態にあるのかを教えてくれるものである。これ以外の筆跡上の障害，たとえば描画の放棄や強調，描線の終わりが棍棒状になること等は，より永続的な影響を示しており，パーソナリティ特性や習慣と関連していると考えられる。SWTの解釈者は気がかりな兆候が描き手の一時的な状態を示しているのか，それともより継続して見られる特性を示しているのかをこれらの違いによって知ることができるであろう。子どもの描画表現の場合は，パー

ソナリティ特性へと発展してしまう前の不確実な状態のうちに，できるだけ早く障害のサインを見つけだすことが重要である．それには6ヵ月ごとのテストの再施行が非常に有効である．

413名の子どもたちを対象とした追跡研究（Yalon & Ben-Zion, 1997）によって，筆跡研究で危険信号とされている一連のサインが，SWTの解釈にも応用可能であることが証明された（付録3を参照）（図172a, 図172b）．この追跡研究によって，SWTに追加された兆候は，障害のある鉛筆描きの筆跡の4分類と，障害のある平面の処理（毛羽立てる，荒くする，黒く塗りつぶすこと）であり，SWTの描画において説明したとおりである（Avé-Lallemant, 1984）．また，SWTにおける障害のサインを確実なものにするために，これらの指標のチェックリストが考案されている．このチェックリストは障害のサインを緊張，エネルギーの欠如，過剰補償といった原因ごとに分類し，アヴェ＝ラルマン独自の分類法とは別に大まかな症状群を構成したものである．子どもにみられる一時的な問題と発達段階のパターンを明らかにする際に，この障害のアセスメント尺度がもつ障害の数量的な側面である強度と質的な側面としての性質が有効であることが確認された．尺度の信頼性の研究では，障害を同じ評価者によって繰り返し評価するという方法がとられ，0.79という数値を示している．また，評価者間の信頼性は0.62であった（詳しくは付録3を参照）．

図172a　男子／5歳7ヵ月　左利き
幼稚園で見られるこの子どもの統制の効かないエネルギーが，過活動な筆跡に直接現れている．

図172b　男子／7歳6ヵ月　左利き
図172aと同じ男児で，前回から約2年経過している．学校では，彼は制御し，罪悪感を感じ続けている．彼は元々描いていたとてもダイナミックな波を消し，その代わりに固定的で規則的な，動きのない鉤型の波を描き入れた．これは彼の強い緊張，抑圧された怒り，彼本来の表現の欠如を表している．エネルギーが顕在的なものから潜在的なものへと変化したことが，障害のサインの変化に現われている．このことは，これらの兆候が時間の経過とともに逆戻りし得ることも示している．後から起きる二次的な緊張の兆候の発達は，新たに形成されつつある防衛機制を思わせるものである．

理論的には，障害尺度の21の危険指標すべてが見受けられた場合に（障害のサインが強く見られる場合は2点，弱い場合や散見されるような場合は1点）最大42点まで得点することができる。しかし，12点以上を獲得した被検者はいなかった。研究参加者の障害度得点の平均得点を見ると，5点となっている。したがって，6点もしくはそれ以上の障害度得点となった幼稚園児たちは，平均よりもリスクが高いと考えられる。

ここで検討されている障害のサインには，さまざまな原因があると思われる。軽度な神経学上の障害や筋肉緊張の障害，ホルモンバランスの不調，疲労，発熱などの身体的な障害によってこれらのサインが現れることもある。書字運動の問題や発達の遅れもこの分類に含まれるであろう。5歳以上の子どもであれば，鉛筆の持ち方に問題があるために生じた描線のたるみが，より深刻な器質的な問題を意味していることがある。

障害のサインが現れる原因としては，他にも環境ネグレクト，離婚，死別，性的虐待といった好ましくない外的な状況が挙げられる。しかし，これらもまた，内面における心理的な問題の結果であると考えられる。心理的な問題とは，たとえば自尊心の低下や不安，過保護に起因する不安感，完璧主義，発達の阻害などが考えられる。筆跡事例のなかに現れる障害のサインは常に，描き手が少なくともある特定の場所と時間において，何らかの苦痛を患っていることを示している。こうした苦痛は非常に主観的なものであり，客観的に判断される問題の深刻さとは関係のないものである。しかし，その逆は真なりとはいかない。こうしたサインが見られないからといって，描き手が何の問題にも悩まされていないというわけではないだろう。たとえテストで明らかになることがなくても，被検者は深刻でかつ一時的，または習慣化した問題に悩んでいるかもしれない（第10章のケース3を参照）。

これから紹介する一連の障害のサインと，それらがもつ特定の意味については，第7章においてすでに深く検討してきた。また，これらは付録3においてもチェックリスト形式で見ることができる。本章では，これらの障害のサインが示す警告的な意味を浮き彫りにしていく。

弱さを示す一次的なサイン

これらのサインは自発的に生じるものであり，そこには被検者が抱える問題が直接反映される。以下に紹介するサインは，身体的な弱さや精神的な弱さを意味している。

1．ゆるんだ動き
ポハール（Pophal, 1949a）によると，「ゆるんだ動き」は，筆跡の動きにおける緊張の5段階のなかでもっとも弱いものである。星は，当然予想される角張った形ではなく，曲線の光線

で描かれ，ときにぎこちない，いいかげんな，あるいは拡散した形となる。波はあいまいで，拡散している。こうした運筆には，健康的な緊張感と力動が欠けている（図173）。これは，無力感と忍耐力や闘争心の欠如を反映している。

2．ゆるんだ，弾力性のない筆跡

「ゆるんだ，弾力性のない筆跡」は「ゆるんだ動き」よりも深刻な障害である。動きそのものに弾力性や均質性をともなっておらず，生命力がないように見受けられるからである（図174）。こうした弛緩した，震えのある筆跡は，かなり萎縮した動作にも現れる。これは過度の筋肉の収縮によって過剰な圧力がかかるために生じる微かな手の振るえに似ている。ゆるんだ筆跡は，描き手が自身の内面的な弱さ・疲労・気分の不安定さのために，標準的に求められる技能水準に合わせることができない状態を示している。テストのなかで，柔軟な筆跡とともにこうした筆跡が現れた場合には，描き手の情緒的な背景が明らかとなるのである。なぜなら，深刻な運動機能の問題をもつ人は，こうした健康的な筆跡を作り出すことができないからである。

3．か細い筆跡

「か細い筆跡」にみられる鉛筆づかいは，過度に繊細でたいへん細く，筆圧がとても弱い（図175）。その描線は，狭くて浅い水の流れのようである。スタミナが欠けていることが，怒りっぽさや神経質であることの原因であるかもしれない。傷つきやすい子どもたちは，恐怖から逃れるために攻撃的に振舞うかもしれない。彼らには，抱えている欲求不満に耐え得るだけの十分な内的な強さも欠けているのである。

4．描線の中断（制御不能で描線が途切れてしまうこと）

調和が保てないことによって生じるとくに理由のない線の中断は，器質的な原因に基づいている可能性があるが，それ以外にも自尊心の低さや恐怖で身動きがとれなくなった状態，欲求不満により生じることもある。ときにこのような筆跡の中断は，修正作業や失敗したことがわからないよう隠す処理が行なわれ，中断部分が接続されることがある（図176）。

制御できない衝動の一次的なサイン

自然発生的な障害の2つめのグループは，制御できない衝動に起因するものである。衝動のもつ絶対的な強さに関係なく，その制御が不十分な状態である。

5．もろい筆跡

「もろい筆跡」は筆圧がとても弱く，擦りつけて汚れたようになっている（図177）。水の流

第 8 章　一時的な状態かパーソナリティ特性か——障害のサインについて　163

図173　女性／22歳
甘やかされた，未熟で消極的かつ依存的な若い女性であり，安易な成功を待ち望んでいる。

図174　男子／5歳7ヵ月

図175　女性／43歳

図176　女性／35歳
制御のきかない中断は，主に船の描写に見られる。

図177　女子／16歳
もろい筆跡である。とくに右側の波の領域に見受けられる。

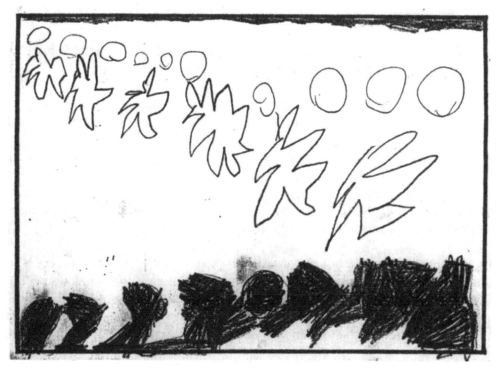

図178　女子／5歳10ヵ月
いつも髪の毛を噛んでいる。

れはまるで濁った沼地のようであり，はっきりとした輪郭も見られない。もろい筆跡は，依存性と自我境界の不十分さを示している。子どもたちのなかでもこうしたもろい筆跡をともなう子どもは，どんな代価を払ったとしても，暖かさや親密さを求めてリーダーや大人たちの後を追従するため，たいへん危険な状況にあるといえる。過敏すぎる感覚受容性は，性的乱交，薬物の乱用や中毒に至ることがある。

6．乱雑な筆跡

乱雑な筆跡は，制御不能なエネルギーにより，ほとばしる川の流れのように見える。このとても濃い筆跡は，極端に強い筆圧によるものである（図178）。この強力な筆圧は，書字運動神経の成熟を欠いている場合や，乱雑かつ暴力的で制御不能な衝動によって生じている場合にみられる。この筆跡の人は礼節を欠き，激しく，衝動的かつ攻撃的である可能性がある。極端に強い衝動と統制の欠如の組み合わせは，子ども・大人にかかわらず，描き手自身と彼を取り巻く人びとの両者にとって，たいへん恐ろしいものである。

7．多動性

このタイプの描画は，鉛筆の動きが激しすぎるために，形態と構成の両方が損なわれている（図179）。この乱暴な描き手はセルフコントロールを欠いており，怒りっぽく，周囲に迷惑をかける。期待ほど成果が上がらないのは，描き手が同年齢の標準と比べて，集中力の持続が困難なためである。

緊張の二次的なサイン

二次的なサインは，反応として生じる。課された過度の圧力と強い期待への対処のため，自発性が失われた被検者の緊張の高さと用心深さが現れる。

8．狭くなること

狭さは萎縮した形や，幅広の形状やゆとりのある形状の欠如に表れる。鋭角な星や，短い波もまた，このような緊張から生じる（図180）。

9．重なる筆跡

「重なる筆跡」は極端に狭い，無意識的な動きである。2つの連続的な筆跡のあいだの間隔がなくなり，一体化しているかのようになる（図181）。これは鉛筆を紙からいったん引き上げて再び書き直した形跡が見られない点で，修正とは異なる。「重なる筆跡」は，描き手の恐怖感と「ほんの一歩前に踏み出すこと」も難しい状態を示している。欲求不満は，主体性の喪失をもたらす。つまり，内面の不安定さは，他者に依存する欲求を生み出すのである。

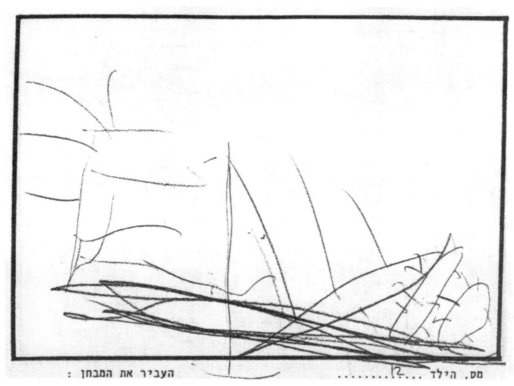

図179 女子／5歳8ヵ月
心的外傷（トラウマ）である。ガス漏れがもとで家族全員が意識不明の状態にあるのを，帰宅時に発見した外傷体験に由来している。その後，祖母は死亡している。

10. 萎縮した動き

ポハール（Pophal, 1949a）の緊張の5段階のうちの4番，もしくはより緊張が高い5番に相当する。この鉛筆の動きは，さまざまな描き方の波やなぐり描きされた空に見ることができるが，硬直して窮屈なものとなっている。自由で弾力性のある動きは見られず，波はアーケードのような，角張っているような，ジグザクしているような，あるいは萎縮した花冠のような形になっている（図182）。これほどの緊張は，子どもにとってはとても不自然なことである。こうした緊張の表現は，彼らが抑圧され，ストレスを感じ，心配事を抱えていることを示している。

11. 緊張した，弾力性のない筆跡

緊張が高すぎるために，弾力性を失っている（図183）。この筆跡はまるで，歪んで壊れた有刺鉄線のように見える。これは恐怖，剥奪，欲求不満の感情を表しており，緊張によって麻痺している状態である。闘争迷走反応が続く場合は，やがて敵対心や敗北感をもたらすことになる。これは障害のサインであり，子どもではあまり見られることがない特徴のため，見られ

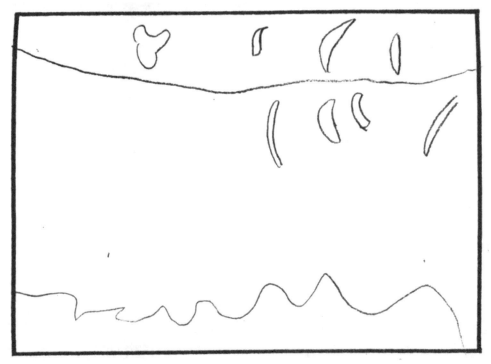

図180 女子／5歳9ヵ月
星は細長く，波の領域も同様である。

図181 男子／5歳5ヵ月
とても内気で抑圧されている。

第 8 章　一時的な状態かパーソナリティ特性か――障害のサインについて　169

図182　男子／6歳
萎縮した波と，幅の細い（狭い）星である。

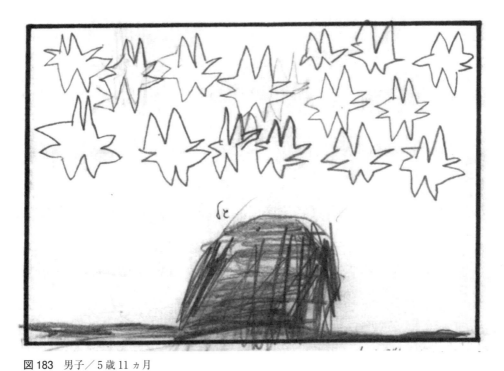

図183　男子／5歳11ヵ月
強い筆圧の描線が，波の領域の垂直方向に見られる。とくに中央にある波の左部分は生命が感じられず，緊張していて堅苦しい。

図184 男子／5歳10ヵ月
硬い筆跡がいくつかの星の光に見られる。彼の両親は離婚した。母親は再婚し，妊娠中である。彼は無視されていると感じており，ちゃんといい子になろうと繰り返し約束し，努力しているにもかかわらず怒りっぽく，攻撃的で，仲間に対して冷酷である。

た場合にはきわめて深刻である。

12. 硬い筆跡

　理性による補償が，「硬い筆跡」のなかに見られることがある。砂漠の山のなかにある峡谷や，とても深くて狭い道さながらに，用紙に食い込むように描かれる（図184）。この筆跡は情緒的な剥奪を明示しており，冷たく，一方に偏った合理主義によって補償されているが，この状態は残酷さや憎しみをもたらしうると考えられる。

13. 消すことや加筆による修正

　「消すことや加筆による修正」は，意識的であるがときに強迫的な場合もある（図185）。子どもは，正当な理由がなくとも，期待どおりの描線や形を描くことに失敗したと感じ，これらを修正することに最大限努力をする。うまく描けなかった線を消したり，あるいは必要もないのに描き直したりするのである（加筆，修正）。一方で，こうした行動は，安心感の欠如を示しており，失敗したという思いと罪悪感を抱いた経験に加えて，失敗するだろうという予想を

図185　男子／5歳11ヵ月
自分自身に対する痛烈な不信感に加え，強い向上心と評価されたいという願望をもっている。

図186　男子／5歳6ヵ月
器質的な問題と，自分自身に対する強い不信感がある。困難を克服しようとする動機づけが欠けている。

も示している。また一方では，間違いを修正することや結果を改善することに真の努力を尽くすが，これは同時に間違いを隠すための努力でもある。過度の消去は，不安や強迫的な傾向を表す典型例である（図186）。消去することで，注目すべき特定の領域とそこに関係のある葛藤を明確にしている（Ogdon, 1984）。ベンダーゲシュタルトテストにおいては，描きすぎていることや強調された描線も，衝動や攻撃性と関連付けられてきた。こうしたことは，行動化の見られる子どもたちには頻繁に生じるものである（Kopitz, 1965, p.139）。

14. 黒く固着して描かれること

緊張と重みのある筆跡は，特定の領域，あるいはなおいっそう広い領域をも埋めつくそうと，強迫的に用いられている（図187，図188）。「黒くすること」は常に強い緊張と問題への固着を表している。恐怖心，攻撃性，そして敵意があるのは明らかであろう。「黒くすること」は，現実生活で経験される実際の葛藤と常に関連しており，被検者はそのことに気づいているものである。こうした特徴は抑うつ感情に彩られた暗い領域と，暗澹とした雰囲気，そして影を投映しているのである（Chetwynd, 1982）。

過剰補償による統制の二次的なサイン

「過剰補償による統制の二次的なサイン」は，被検者の抱える緊張が環境への過剰適応と関連していることを示している。子ども時代にあまりに「いい子」である場合には，その子は自律性を発達させたり自身の本当の感情に触れたりすることができなくなっている。自分自身の幸福を損なっている場合もある。

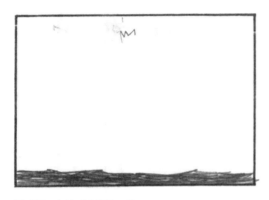
図187　女子／5歳7ヵ月
情緒的にネグレクトされてきた。母親は，彼女が生まれてから離婚し，二度再婚した。いずれも相手の連れ子を1人ずつともなっていた。

図188　女子／6歳2ヵ月
成功（目標達成）に向けて，親からの強いプレッシャーがかかっている。

15. 非常に規則的な配列

星と波が規則的に配置され，非常に厳格かつ等間隔で機械的に並べられている場合は，規則性が顕著である（図141a，図141b）。規則性にはある程度の成熟度と，しっかりとした統制力が必要であるため，子どもの描画では滅多に見られない。幼稚園児は通常，星を典型的に，きちんと水平に一列並べて配置するものである。たとえ厳格な秩序が明らかに見られたとしても，これについては規則的なものと考えるべきではない。なぜならこれは発達過程にみられる特徴であり，個人的な特性ではないからである。しかし，もうすこし成長した時点でこうした規則的な配列がみられた場合には，言及に値する。配列がとても規則的な場合は，描き手が自らの自由意思ではなく，期待や義務に従ってまるでロボットのように振舞っていることがある。創造性や喜びよりも，強迫的であることや，現実的ないしは観念的な義務を優先している状態である。

16. 様式的：テストに対しての形式的な反応

形式的で装飾的な形態，すなわち静的で，精密で，芸術的な，あるいは紋切り型であるこの形態は，何の表現活動もともなっていない（図189，図190）。この人工的な美しさは，成功と独創性を示したいという明らかな欲求を象徴している。形式的な表現もまた，小さい子どもの描画には滅多に見られない。もし見られた場合は，特別な達成を成し得た場合にのみ愛され，認められるのだと思い込んでおり，大人が期待していることだと理解したものに順応しようとする子だと考えられる。

17. 線影を描くこと

特定の領域が，平行に描かれた線で埋められていることがある。これらの描線の目的はその

図189 女子／5歳9ヵ月
星が2本の平行した線で描かれている。形式的表現の初期のサイン。

図190 女子／12歳8ヵ月

図191 男子／10歳9ヵ月
強迫行為のある感情的な少年である。

領域を覆うことである。描画において装飾的な要素を構成している場合には，これらの描線を危険信号として捉えるべきではない。空白を色づけようとする情緒的な欲求が，理性的に制御されているのである。感情は自由に表現されておらず，それどころかむしろ抑圧されている（図191，図166）。

図192 男子／5歳11ヵ月
とても攻撃的な子どもである。上方左隅と中央の空白に注目すべきである。

環境不適応のサイン

　方向性のなさ，孤独感，問題のある適応状態は，このテストではマクロ構造上の障害として現れるだろう。これらの障害は，一時的な，もしくは習慣化した特定の環境への適応の難かしさを示していることがある。同じ子どもであっても，異なる環境のなかでは何の問題も示さないということもあり得る（図11, 図12）。

18. 不調和な空間：不調和で空虚な領域

　星や波を書き加える空間が十分に確保されているにもかかわらず，用紙上に目立って空白が残されている場合には，その描画空間は中断していると考えざるをえない（図192）。結果としてぽっかりと穴の開いてしまった空間は，剝奪，接触の欠如，孤独感や拒絶の感情を反映している。思考の連続性も，おそらく損なわれているであろう。

19. もつれていること

　このタイプの絵は，さまざまな要素で込み合っている。星や波がうっかり衝突するか，ある

図193　女子／5歳9ヵ月

いは重なっている部分が少なくとも一ヵ所以上に見受けられる（図193）。この子どもは，社会的な適応に問題があり，混乱していて，かつ自分の居場所というものを認識していない。自己中心的な思考に基づく主観に偏った現実感，または過度の刺激により生じた苛立ちや混乱が原因であると考えられる。

20. 最終段階での遮断

このタイプの絵には，明らかに意図的な中断，あるいは左側に向かう傾向が線の動きの最後に生じている（図194）。このような現象は，SWTにおいてはたいへん珍しいことである。適当に完成させようとする，まさにその決定的な瞬間に生じた明らかな中断は，対人関係における愛着，信頼，そして責任に対し，最後の最後で恐れを抱く兆候を示している。成功への恐れをも表しているかもしれない。

21. 荒くすること

このタイプの絵の風合いは，調和を欠き，神経質に書き散らされている筆跡によって荒く引き裂かれ，かき乱されているように見える（図195）。無秩序な緊張と葛藤が，適切な社会への適応を妨げている。この子どもは，情動の洪水をコントロールしようと虚しい努力を続けている。

図194　男子／6歳2ヵ月
左利きである。右から左へ向かう波を描き，余白が残らないようにしている。

図195　女子／6歳2ヵ月
彼女は新生児で捨てられて，東欧の孤児院に入れられた。そこで彼女は最初の1年を過ごした。その後，彼女は年配のイスラエル人夫婦の養女となった。

上記のさまざまなサインは，個々のテストにおいて障害の程度と性質を評価するのに役立つ手軽なツールとなるだろう。リッゾ（Rizzo, 1999）は，精神病院のうつ病患者の40例のSWTを分析し，たくさんの障害のサインを発見した。空間にはほとんど調和が見られず，多くは厳格な規則性，または莫大な空白スペースをともなう混乱した不均衡な構図で描かれている。スイングしたり，規則正しく揺れ動いたりといった筆跡は見られない。筆跡は常に，基本的に不確実で妨害を受けたような印象があり，混乱している。もっとも多く見られる障害は，か細く繊細な筆跡である。か細い筆跡は優柔不断であり，すでに壊れていてバラバラか不安定である。そして断片的な筆跡は，力を入れて黒く塗り込められており潜在的な葛藤を示している。荒くしたり，黒くしたりすることは，こうした患者によく見られる特徴である。

目に見える表面的な行動から本人のすべての苦悩がわかるわけではないが，「騒がしい」（明らかで，主要な，直接的な）障害の型と，「静かな」（隠された，二次的な，間接的な）障害の型を区別することは可能である。障害の表現は，個人の考え方や教育によるものかもしれないが，後に紹介する例が示唆しているのは，多くの場合，個人の性格の影響を受けているということである。

図196aと図196bは，5歳の双子の兄弟が描いたものである。彼らの兄は癌を患っていて，末期症状が見られるため，両親は長いあいだ家を離れることを強いられている。双子のうちの1人は，SWTに障害が現れていて（図196a），堅苦しい動きやたるんだ筆跡，狭い楕円形のような形，そして空虚な空間といった特徴から，障害度得点は8点であった。健康的な筆跡もみられるため，混乱は感情的なものであり，身体的なものではないことが明らかである。他方，彼の双子の兄弟は，まずまず安定したテスト結果を示していて（図196b），障害度得点としては4点しか得点しておらず（緊張した動き，狭い角度，覆い隠すような筆跡），これはこの年齢の標準値を下回る結果である。

図196a　男子／5歳3ヵ月
双子の1人に見られる「静かな」障害のサイン。

図196b　男子／5歳3ヵ月
双子のもう一方に見られる「騒がしい」障害のサイン。

図196bには，明らかにいくつかの障害が現れているが，水の緊張した動きからわかるように，これは本当の意味で黒くしているわけではない。さほど硬直しておらず，重くもなく，また固着も見られないため，暗くしているのだと考えられる。この子どもには，穏やかだが「騒がしい」障害があり，幾分問題のある行動をともなっている。彼は泣いたり，叫んだり，無作法だったりすることにより，彼の障害に人びとの注目を集めようとしている。実際，兄の亡きあと，彼は多くの心理的な援助を得ている。

彼の双子の兄弟には（図196a），いわゆる「静かな」障害が見受けられる。それは，決して苦痛の程度が少ないということではない。彼は，自身の抱える苦痛を人に見せないし，それについて話さないのである。兄の死に際しても，泣くことすらなかった。彼は，クラスで模範的な生徒であり続けた。彼のテスト結果を見ると，筆跡は緩んでいるがひどく堅苦しく，それはまるで彼の震える体に重たい鎧をつけているかのようである。水の部分は空白のままである。つまり，彼は自分の感情について語ることを避けているのである。一方では英雄を演ずるのに成功しているが，その代償として痛みをともなっている。彼は束縛されているのだ。この少年は，怒りのサインを一切見せていない。しかし，彼が恐れと怒りを蓄積しつつあるのは間違いがなく，そして後になって予期せぬ困難が待ちうけている可能性がある。

心理的な障害が，投映という方法でのみ表出されるケースもあり，沈みつつある船，おぼれている人，救命所，燃える太陽等というような象徴として現れることがある。しかし，象徴的内容については，私たちの筆跡学上のスクリーニングでは考慮していない。筆跡学でわかるような障害の発生率や程度は，象徴的な表現がされたケースでは把握しにくいのである。

第9章

さまざまな応用

フォローアップケースにおける SWT

　発達過程や被検者の表現における特定の変化を見るために，異なる時点において SWT を繰り返し行なうことで興味深い結果を得られることがある。そのようなダイナミックなアセスメントは，その時どきの気分，一時的危機，現実の人格形成あるいは悪化のパターンを明らかにし得る。本章では第 4 章において論じてきた，子どもから大人への一般的な成熟パターンを見ていくつもりである。また，個人的経験とその結果として生じる個々の発達過程は，さらなる影響を与える可能性がある。

　大人でも，このテストでは，パーソナリティが成熟し続けるにつれて発達と変容を続けるが，ごくまれに，高齢者では退化することもある。しばしば，テストは主に被検者の特殊な状況の影響を受けることがある。たとえば，図 197a と図 197b は，同一人物である警官によって 2 年おいて描かれたものである。彼は，34 歳のときに，多量の日常業務と事務仕事をともなう地位へと昇進したものの，仕事に対してたいへんな挫折感を覚え，転職を考えていた。しかしながら，他部署から要請があり，それが彼を奮起させ変えるきっかけとなり，2 回目のテスト

図 197a　男性／34 歳

図 197b　男性／36 歳
図 197a を描いた男性の 2 年後の SWT。

でみられるような彼の創造性と強い関心を後に何年ものあいだ表出することができた。

前述したように，子どもたちが発達不十分であったり，テストに問題が疑われる場合には，数ヵ月後に再テストすることを提案したい。子どもたちは，飛躍的に発達を遂げることがあるため，5歳児の就学時検査時においてとくに重要である。結果がよくなかった子どもたちは，就学準備のために医療的治療または心理療法士・補習教師，または作業療法士による専門的援助が必要であるかもしれない。問題の早期発見により，そのような準備にまる1年費やすことができる。これは，SWTの主な貢献のひとつでもあり，他の発達検査同様に幼稚園最終学年の終わりに一般的になされている。

心理療法におけるSWT

心理療法において投映描画法の活用は不可欠なものとして普及してきている。オスターとグールド（Oster and Gould, 1987, pg.10）は，「描画は共通の表現は少なく，それゆえにコントロールされにくく，前意識・無意識のものが表れやすい」と考えている。したがって，「予想外のことが，結果として，議論と学習のための踏み台を提供する」。描画は，「客観化」に寄与し，感情の確認を強め，自己の内的表現の一部となるであろう。

治療過程を再検討し，目標が成し遂げられるかどうか決め，治療の終結への対処のために，治療過程のなかで異なる視点から再テストすることはたいへん有用である。被検者が自由に自己表現することができるようにリラックスした場を心理療法が提供すると，退行的な内容が出てくるようになる。それは，象徴としてテスト上に顕在化する。それゆえ，その内容は多様であり，達成された変化に関係していたり，特定な治療過程にかかわる問題であったり，また，テスト時のセラピストに対する被検者の態度にもかかわっている。

心理療法中に，内的体験に焦点を当てたり，より理解を深めたり治療目標を達成するために，問題解決や無意識的な願望を明らかにしたりカタルシスを促したり，連想と解釈を話し合うことが可能である。そのテストは，被検者－セラピスト間に深い信頼関係をとることができる。日本では，杉浦・香月・鋤柄（未刊，訳注：現在では既刊 2003）が単独の描画テストを含むアヴェ＝ラルマンのテストバッテリーの活用と，テストバッテリーのなかでのSWTと，異なるセラピーで評価された他のさまざまなテストとを比較した。彼女らは，クライエントとセラピストの相互作用が最適な結果を生むことを見つけた。絵画アセスメントは，万人共通言語であり，心理療法において，役割を成長させるであろうと考えられる。同様の実践が，オスターとグールド（1987）によって，セラピーにおける描画テスト（SWTを含まないが）の広範囲の活用

のなかで示唆されている。

　杉浦ら（Sugiura et al., 2002）は，また，投映描画法テストバッテリー（訳注：SWT・WZT・BAUM テスト）が，心身症・失感情症をともなう患者の治療の一部に使われた一事例研究を提示している。失感情症は，心身症や嗜癖，PTSD のような診断分類のなかにも現れる感情と認知機能に混乱をもたらすものである。失感情症患者は，感情を認知し言語化することが難しく，心理療法の異なる段階での再テストは，自らの心の状態と心理療法の効果を理解するために有効な援助となることが見いだされた。3つの投映法は，患者の潜在意識の異なる層を明らかにした。そのことから，それらのテストを個々に実施するよりも組み合わせて実施したほうが理解が深まることが示唆された。

　この分野でのもっとも広範囲にわたる業績は，教育心理学者でありセラピストであるシュムック（Schmuck, 私信）によってなされ，個人療法と家族療法において，知的障害の子どもたちや，拒食患者への治療の一部としてSWTを組み合わせて行なった。母親たちが，子どもにその施行を教示したときに，もっとも問題が現れた。子どもたちのテストは，まず第一に，セラピーに行くように勧められた問題，怒りのような，過保護ゆえの不安定さ，注意をひき，愛情を注がれたいという圧倒的に強い欲求が明らかになった。同児童のテスト間において象徴の内容と表現に顕著な違いがあるにもかかわらず，ある似通った全体的な描画では，星の形と筆跡の質は持続されていた。

　シュムックは，家族療法士としての実践において，疾患・分離・または他の苦痛の経験による関係性の慢性的葛藤に焦点を当てて，解決のために，抱っこ療法：holding therapy（Jirina Prekop's method）を取り入れている。主に両親は，それが一時的なものであるとしても，子どもの心をしばらくのあいだつなぎとめておくために，子ども（若者でも成人でも）を抱く。ときには，結婚したカップルでも配偶者を抱く。抱っこ療法は，葛藤の質とその持続期間，クライエントの気質と傷の深さによって，数時間続けられるかもしれない。葛藤と子育ての問題は，主に適切な愛着に問題が起こったという考えが元になっており，この技法は，包みこむことと安全性，孤独感や不安の低減を促すものである。基本的愛情が再体験される前に，たとえ抱く者によって否定的な感情が共感的に理解されたとしても，否定的で分離された感情や情動が（訳注：抱っこ療法のなかで）表現されなければならない。彼らの習慣的回避のかわりに，愛着や絆における前言語的葛藤の直面と表出が可能になる。これにより抱っこ療法のあいだに改められた情緒的な経験が生じ，その結果として抱かれる人，抱く人の双方に，ダイナミックで集中的な心理的介入がもたらされる。そのことで絆が再建され，パートナーの力に感謝し，愛と力が深く体験される。

図198a　女性／34歳
抱っこ療法前。

図198b　女性／34歳
図198aを描いた女性の抱っこ療法2時間後の
SWT。（Schmuck氏の提供）

　シュムックは，しばしば（私信），抱く・抱れるプロセスの前後に，養育者と子ども，または，カップル双方に，SWTを行なう。図198aは，ある女性が治療セッションの初めに描いたもので，図198bは，その終わりに描かれたものである。彼女の夫は二度のSWTの合間に，2時間あまりしっかり腕に彼女を抱いていた。おそらく言葉には表現しきれないすべての閉じ込められていた感情が，明確に表現できるようになる前に，涙と叫びになって表された。

　もっとも顕著な変化は，海の領域に生じた。彼女の最初のテストは，退行した鉤型の波が過去の方へ引き返していた。彼女の攻撃性は阻止され，憤慨・憎悪・遺恨と自己破壊的傾向が表現されたと思われる。しかしながら，調和のとれた筆跡と星の柔らかな角は，彼女の防衛的態度ゆえに環境から隠されてきた彼女の内的温かさと情緒を描いていた。彼女は，怒りや悲しみを解放することができず，その結果，攻撃性の創造的表現をすることができなかった。そのような，受動－攻撃的態度は，彼女の家族との関係に支障をきたしていた。

　彼女は，そのセッションのなかで，安全性と滋養を経験した結果，図198b見られるような，しっかりとした筆跡とリズミカルな動きをもって描けるようになった。彼女の描く波は，見かけにもかかわらず，力強く，しなやかで，よりダイナミックに表れている。彼女は，情緒的に解放され，よりリラックスして落ち着いて見えるようになった。2回目のテストでは，もはや防衛することを必要としない可能性を示していた。情緒的自由の取得は，彼女を抱え解放していく過程を共有した夫のテストにも明白だった。心の均衡を見出した後には，彼女は抱っこ療法を繰り返すことができるようになり，今度は問題をかかえた娘を抱きつつ，彼女の共感と保護する気持ちを与えることができるようになった。

　シュムック（Schmuck, 1977）は，ある両親が子どもを抱きかかえる抱っこ療法のあるセッ

ションにおいて，目立った変化が示されたことを提示している。抱く前後のテストには，両親と子どものテストのどちらにも，精神性と情緒的安定の両方に多くの違いや即座の改善がみられた。図198aから図198bの変化は，おそらく体験的治療セッションで一般的に出てくる大きな影響のあった興味深い一例である。

　アートセラピストたちは，セッションのなかで使うテストを，面接を発展させるスタートラインとみなしている。入念な問いかけは，大変重要な発見と強い情緒的経験を導き得る。そのような事例のひとつである，ミラ・ジヴ（Mira Ziv）が12歳の少女に行なったテスト結果が図199aに表れている。その少女は，「獲物を狙う」という題名をつけ，「私は，1匹のサメかワニを描き，そこには1隻のボートがあるので，題名をそうつけた。その危険はいろいろあって，嵐・殺人動物・夜の暗闇。人びとは，助けを求めて叫んでいる」という説明があった。

　この絵のなかのどこにいたいと思うかという質問をすると，彼女は，「食肉動物からも怖い月からも遠くにあるけど，その星は，やさしく多くの希望を与えてくれる」幾ばくかの望みを与えてくれる1つの星の上にいたいと選んだ。しかし，彼女はこうも付け加えた。「この絵のなかにはまったくいたくない。私はお家にいたい……」彼女はそれから図199bを描いた。これは，1つの進展であり，重度LD（学習障害）により引き起こされた社会的関与と学校での問題に関する恐

図199a　女子／13歳

図199b　女子／13歳
直後のSWT。（Mira Ziv氏の提供）

れについてのさらなる洞察力と取り組みを可能にした。

オスターとグールド（Oster and Gould, 1987, pg.64）は，「描画の活用は，芸術作品を通して感情表現しやすいクライエントに，非言語的作業をしながら，憤怒や抵抗をおさめるときに，とくに有益である」と結論づけた。波の上にアーキタイプ的表現の星を描くことは，深く心のよりどころとした前言語的経験の表現のひとつのきっかけとなる。

クリニックにおける SWT

イタリアでは，リッゾ（Rizzo, 1999）が，精神科医療において，多種類の患者の SWT と筆跡分析に取り組んだ。この組み合わせは，「うつ病に有効であり，治療効果のモニタリングになることが実証された」。SWT は，もっとも基本的なセラピーを行なうのに有効な指針である。

図200　女性／23歳
　数回入院。大げさで幻想的な妄想がある。彼女は，おそらく13歳のときに身体的虐待にあい，後に売春をした。薬物とアルコール乱用歴がある。（Nechamkin 氏の提供）

リッゾは，うつ病患者40名の臨床研究において，患者は男女ともに，事実に基づく内容を描き，ユングのいうアニムスが優位であり，しかしながら心理療法のきき目がないことから，「セラピストは，患者が処方薬のトーテム的力を信じることを保障する」情緒的な関わりの必要性を説いている。一方，強いアニマ要素を持つ患者は，絵画的で情緒的に描く。彼らは，無意識の力と言語連想に開けており，心理療法にたいへん有効であると思われる。

ニューヨークのアートセラピストでありスーパーヴァイザー・アクティヴィティセラピストであるネッチャムキン（Nechamkin, 私信）は，ベリュヴー病院において，精神科医の診断前の補助手段として，精神科患者の導入面接の一部に慣例的にSWTを用いている（図200）。数百ケースからなる彼の経験から，患者たちの90％以上がHTPテストとは対照的に，脅かされることなく応ずることができていた。15秒から25分の時間を要し，「芸術作品」が創造されることもあった。SWTは，患者が感情と折り合いをつけたいかを知ることができ，かつ患者の強迫性や受動的攻撃性を見いだすのにとても役立つ。多くの事例では，患者は，感情のこもったパターンの絵を描き，星とその輝きを暗い背景から消している。統合失調症患者には，あらかじめ印刷された枠が始点として有効であり援助となることが見いだされた。彼らのテストには，しばしば，星と水のあいだに幅広い空間的隔たりがみられる。

スイスのリハビリテーションセンターで非常勤で従事しているユング派サイコセラピストであるリーネル（Rhyner, 1997）は，患者に起こる変化を見分けるフォローアップ方法として，筆跡を含むWZT（ワルテッグ描画テスト）・BAUM（樹木画テスト）・SWTの「3つの投映描画法テストバッテリー」の活用を述べている。3つのテストは，患者自身と両親やスーパーヴァイザーのような外部観察者にそのプロセスを可視的にしている。

犯罪学におけるSWT

アヴェ＝ラルマン（1997a）は，有罪判決を受けた犯罪者120名にSWT・WZT・BAUM・筆跡のテストバッテリーを調査した。これら犯罪者の30名が10代で大きな犯罪を犯しており，彼女は，1993年にも断続的研究（1993）にもテストバッテリーを行なっている。

3つの主要な要素が有罪者のSWTに共通して表れ，他の人びとより少なくとも10倍以上の確率で出現する。

1．隔離（内閉）
枠の右側の空白部分。右境界か中央に近づこうとすると，テスト受検者はぼんやりしてしま

ったり，突然動きが止まってしまったりする。この回避は，「世界との共同感覚の欠如」，社会化の問題，孤独，そしてトラウマの可能性を反映しており，心的外傷を受けた患者に共通している。この現象は，犯罪者に共通したもので，拘留外の人の1,000倍も頻繁に現れる。

2．幅広い空の隔たり

星と水のあいだの子どもによくあるような空の隔たりは，情緒発達の遅れ，幼児，内的統合の欠如，退行を意味している。

3．障壁

水領域の底，底面が，しばしばはっきり黒く塗られることがある。それは，犯罪者と世界のあいだに経験された深い障壁，隔離，距離のとり方を映し出している。誰かに見られている感じや，結果として目撃者の目を通しての自分を見つめることは，刑務所内で実に現実的にあることで，被害者傾向のある神経症者とは異なり，テストに頻繁に現れる。

興味深いことに，有罪者の多くのテストには，情緒的で感受性のある，恐れを示すあたたかくやわらかい筆跡がある。

凶悪犯のテストには（1993），付加要素が繰り返して観察された。しばしば，黒く塗られるか強調された月があったりする。波は，時どき，左側に返すカーブがある。筆跡は，泥で汚れたような，べとべとした「スポンジ状」で，構造化の欠如，誘惑に陥りやすい弱い自我境界を表している。一方で，筆跡は，上記の問題の過補償の結果，とても鋭く激しく見えるかもしれない。これは，悲惨で残忍な行動であったことを明らかにしている。多くのケースに，妨げられた筆跡の両タイプが共存している。彼らは初めて安定した生活を経験した刑務所において安全な安息の場を見つけた囚人に帰属することで，満足感や幸福感をも示すことがいくつかのテストに見いだされたことは興味深い。

アヴェ＝ラルマン（1997a）は，「われわれは，刑務所に入れられている犯罪者ばかりでなく，犯罪者の典型を一般化する方法を見つけることはできない」という結論に達した。犯罪性質の兆候というものはないが，「多かれ少なかれ，人生の特有の場面に樹立しうる精神的状態の表現があり，確かに性格の特殊な傾向をともなっている。一般的に，どの程度抑圧された表現なのか，特別な犯罪行為の必要条件の現れなのか，あるいはどの程度まで裁判と入獄の結果としての現れなのかは検討の余地がある」。これらの指針もまた，同じような境遇を経験した非犯罪者にも現れ得るであろう。

イスラエルで行なわれた，国の厳格な刑務所で受刑中1,600人の男性犯罪者によって描かれ

図200a　男性／23歳
アラブの住民に対してのテロ攻撃への種々の不成功の試み。このSWTを描いて4週間後に自殺した。（Ruti Abarbanel氏の提供）

図200b　男性／40歳
連続性的暴行。彼は，顔のあご部分に自分の名前を記入した。（消去）（Ruti Abarbanel氏の提供）

たテストの予備調査では，実際に彼らの13名が子どものような欠損（隔たり・空白）が見られた（図200a，図200b）。強調された月とあたたかな筆跡は典型的で，9例それぞれに現れていた。しかしながら，障壁と隔絶の現象はまれであった。これらの予備結果は，おそらくイスラエルの刑務所ではプライバシーに欠けるため，社会的孤立のプロセスとして刑務所に入る彼らの認知において，ドイツとイスラエルの犯罪者間に文化的違いが反映されていると思われる。イスラエルの受検者には重大な性的犯罪を犯したものも含まれるなど，母集団も一様ではなかった。ドイツの研究では，含まれる要員数に制限を与えるため，意図的に排除されていた。結果は，犯罪者の人格と禁固状態の影響を厳密に区別した徹底的な異文化の必要性を示している。

第10章

事 例 研 究

1. 就学成熟度アセスメントと追跡調査

被検者は右利きの少年である。幼稚園での就学成熟度スクリーニング計画の一環として最初のテストを受けたときは5歳3ヵ月だった（図201a）。両親と一緒にイスラエルへ移住してきて約1年後のことであった。2度目のテストは，小学校1年生の終わり，彼が6歳8ヵ月のときに実施された（図201b）。

テスト1回目：幼稚園最終学年の始めに実施

幼稚園で行なわれたテストの成熟度得点（訳注：p.221 参照）

課題理解	1（波が描かれない）
形態（星）	1（右側の丸い星を除いてすべてが角張った形になるよう意図されたが，それが正確かつ完全に成功したものは1つもない）
動き（波）	0（波の欠如）
空間	1（上部に星：下は空白で残された）
枠の認識	1（一度だけ枠をはみだした。枠内にとどまろうとする確かな努力）
質	1（多方面の才能と創造的思考，勤勉，友好的，秀でたい願望）
総合成熟度得点	5

成熟度得点はイスラエル児童の平均点（6点）を下回っていて，彼が，知的，あるいは情緒的に小学校に適応できないだろうリスクがいくつかあることを示している。より本格的な発達的側面のアセスメントと専門家による介入が必要である。

波が描かれていない点では不完全な解答だと思われるが，本児が，どこに波が出現すべきか知っていたにもかかわらず描くことを避けたのは明らかである。彼は，ピンとはった振子運動による揺れ動くなぐり描きでもって空の上部を表し，そして多くの5歳児がするように，その

図201a 男子／5歳3ヵ月

　下に星を描いた。しかし，下部分の空白を残した。波を描くことを拒絶したか，あるいは，波がどこに位置するかを知っていたにもかかわらず，情動的あるいは本能的な活力源について語る力がないため，描かないようにしたと考えられる。こうした力のなさが何に起因するのか確かめるべきである。

　筆使いと動きの困難がほとんど見られないとしても，よりよい描画制作と根気強さのための指導は役立つだろう（統制のとれた角を描く能力はあるが，完全な星を描くには注意の持続が不十分である）。書字を覚えるなかで，1つの文字を書くことに困難が生じる可能性は，何も見当たらない。

　本児は社会の体制にとてもよく順応している。彼は規律を受け入れていて，許されていることと禁止されていることの境界を十分知っている。さらに，彼は高い動機づけの力を見せている。すなわち，自分の多彩ではっきりした考え方を表現し，人に印象づけることを望んでいる。彼の考えはとても独創的である。彼は喜んで熱心に努めるし，目上の人たちを喜ばせようと最善を尽くすが，その善意を必ずしもいつも通せるわけではない。

　成熟度得点の低い理由が，テストにおける波の欠如にあるのは明らかである。幼稚園最終年

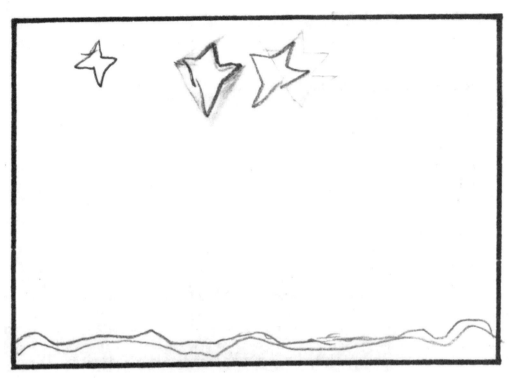

図201b 男子／6歳8ヵ月

度中の心理的援助や両親への助言があれば，彼は学ぶことが自由にできるようになり，学業面の高い才能が十分に発揮できるだろう。注意の持続に関する神経学的検査が考慮されるべきだろうが，現在の情緒的ストレスによってもその問題は説明できる（下記参照）。

家庭環境から生じている心理的問題についての疑いを人物画テストが裏づけている。彼は，人間の胴体から上だけを，地平線から浮いた姿で描いた。この点から，強い心理的困難が，彼の知的な潜在能力を発揮する力に悪影響を及ぼしていることがわかる。性的虐待の可能性を無視すべきではないが，このような問題のある描き方が，必ずしも性的虐待を立証するのに十分で確実な証拠になるわけでは決してない。

幼稚園で行なわれたテストにおける障害度得点 （訳注：付図3参照，p.251）

ゆるんだ動き	1
もろい筆跡	2
狭くなること	2
硬い動き	1（訳注：付図3では，硬い筆跡）
加筆	2
黒くすること	1

不調和な空間	2
荒くすること	1
<u>総合障害度得点</u>	<u>12</u>

　幼稚園児の平均的な障害度得点は5点である。本事例に見られるような，10点以上という極端に高い障害度得点は，非常にまれである。自己の内的経験を本児が秘密にすること（波の欠如）と関連づけて考えると，この総合得点はいっそう混乱して見える。彼の不安の処理の仕方に見られる（黒く塗ることと荒くすることから明らかな）障害の他のサインは矛盾を示している。一方で，あきらめやすく引きこもる傾向（不活発な動き，不調和な空間，もろい筆跡）があり，それらは抑うつ指標として見ることができる。孤独感（空白）や親和欲求（もろい筆跡）が目立つ。これらは5歳の子どもが経験すべきものではない。

　しかし，内なる苦悩や困窮にもかかわらず，彼は，それに抵抗し，自分の役割を十分に果たそうとしている。自分の取り組みに集中し（曲がった，固まった筆跡），自分の到達度を高め，人を喜ばせるために懸命に努力している（極端に強い加筆）。彼は自分の能力に注目を向けさせるため（上部，星々），そしてまた逆に，情緒面での要求や本能の境界の欠如（下部の空白と多くのもろい筆跡）への注目をそらそうとして，自分の独創性と創造力の蓄えを使いきっている。

　本児は，大人から注目され尊重され愛されたいという著しい欲求ゆえ，とても大きな危機にさらされている。それらを家庭や幼稚園で十分に得られていないし，いかなる心理療法も受けていないため，彼はおそらく虐待の被害者になるだろう。

テスト2回目：小学校1年生の終わりに実施

　幼稚園で行なわれたテストから1年半が過ぎていた。この年齢では成熟度アセスメントはもはや意味がない。いまでは，本児は明らかに波の上の星の描画を完成でき，それゆえに，学校での単純な課題を遂行できている（図201b）。しかし，描かれたものが平凡なことや独創性と生命力に欠ける点で，テストは貧困化している。好奇心旺盛で前向きな本児だったが，かつての動機づけを失っていて，いまでは明らかに成績不振に陥っている。

　平坦で一筆描きの星々は下方と，さらに，右にむかって前進するかのように，より後方（左の方）を指し示している。星の列の展開は中心辺りで絶ち切られている。彼は，思い切って，自分のエネルギーを未来や目標に向かって奮い立たせることができない。抑うつ的で自罰的な傾向と不適切感，失敗感が，急速に支配的になってきた。

小学校で行なわれたテストにおける障害度得点

　　ゆるんだ動き　　　　1
　　ゆるんだ筆跡　　　　1
　　か細い筆跡　　　　　1
　　もろい筆跡　　　　　2
　　堅まった筆跡　　　　1
　　硬い筆跡　　　　　　2
　　修正　　　　　　　　2
　　不調和な空間　　　　2
　　線影　　　　　　　　1
　　総合障害度得点　　　14

　幼稚園で行なわれたテストの得点に比べ，障害の程度は増加していて，彼の強い苦しみはいまだはっきりと表れている。いかなる心理的援助も得られないまま，ひどい障害が長期間持続しているのは，本児にとって非常にリスクが高い。このような活気のなさは，表面的で一時的な運動側面だけでなく，もっと深い運動レベルにまで浸透している点で，状態が悪化していることは明らかである。その弱さは一時的な状態ではなく，むしろ徐々に進行し，より根深い習慣になっている。もし専門的な援助が彼に与えられなければ，それらは，やがて永続的な抑うつ傾向に変わるかもしれない。

　しかし，最近の，障害に対処するための防衛機制の出現がいまや明らかに見てとれる。問題の核にある不適応感と無力感（不活発，もろい筆跡，崩壊，不調和な空間）に依然として気づいているとしても，自分を表面上は強く見せるといった過剰補償的な態度が明らかに存在する。こわばって硬い筆跡は，彼がいまや身にまとい始めた堅苦しい鎧を表している。彼は，「冷静さ」と厳格さ，情緒面の分離と合理的な統制を示そうとしている（波の領域における線影に見られる苦労）。硬い筆跡は，非人間的な明らかなサインであり，どの年齢においても危険だが，とくに若い世代に見られるのは非人道的なサインである。まして思春期以前では，苦悩や，暖かさと保護の欠如に耐えられない子どものあいだにのみ見られる。

　極端にもろい筆跡と硬い筆跡という2つの障害のサイン，それら正反対のものの結びつきが，耐えがたいほどの分裂を示している。障害のサインがもっとも強い筆跡が，もっとも予想されない場所に表れている点では，もはやそれは危険でさえある。すなわち，情緒的な波の領域の中央に硬い筆跡があり，一般には知的な空の領域の中央の星にもっとも深刻なもろい筆跡とバラバラの筆跡が表れている。こうした，ふさわしくない表現が，内なる境界の危機的な欠如や

誤った分化，また，暗示される内的均衡の欠如を立証する。

　小学校入学時に子どもたちの表現力と創造性は後退するという，一般的な事実が強調されるべきではある。子どもたちは，自分自身の創造性や個性を体験して発展させる代わりに教師をひきあいに出すなど，しばしば課題志向的になる。このことは，しばしば教育システム上のいくつかの価値観に責任がある。しかし本事例の場合には，パーソナリティ表現を平坦にしてしまうことに付随する障害のサインは重大事で，深刻なことであり，いまだに彼に何の援助も提供されていないので，本児の適切な機能と将来のメンタルヘルスに関して大きな警報シグナルを示すほどである。非常に高いリスクの下で本児は生きている。彼の対処法のなかで成長しつつある傾向とは，より明確な統制であり，活動性や関わりあいをより少なくすることであり，さらに深まっていく怒りである。突然で予想されないうつ病の発症や，性的虐待や暴行，あるいは他の犯罪行為の噴出，あるいはまた自殺企図が起きるまでは，それらの種子は無感覚の身体によって知られることはないだろう。個人的な強さと内なる背景に欠けるため，非常にもろい筆跡によって判断されるのは，閉鎖的な環境が彼におよぼす影響が極端だということである。もし援助が提供されていたら本児は大いに助けられたはずなので，この暗示は，本事例をよりいっそう痛ましくする。

成育史

　少年はロシアから入植してきた家族の一人っ子である。彼らは，社会福祉事業が高度に発達したイスラエルの街に暮らしている。できるだけ早くに機能障害や問題を発見し，それに応じた介入ができるように，多くの専門家が幼稚園児の発達を追跡している。

　しかし，本児の家族は専門家たちと協力しなかった。幼稚園最終学年のあいだ，彼の教師と学校心理学者は，本児の就学成熟度を疑っていた。徹底的な心理アセスメントによって，彼のIQは標準的で，学習障害あるいは筋肉運動系の機能障害を立証するサインはなかったが，あとすこしのあいだ彼が幼稚園にとどまるほうが最善だろうことが示唆された。しかし，両親が以上の情報を受け取って同意書に署名するためサービス機関を訪れる，ということはなかったため，この提案は実行されなかった。本児が奮闘したあげく小学校1年生に落第した後，学校の専門家が1年生を繰り返すべきだと伝えた後も，両親と専門家の協力関係は欠如したままで，1年間がまた過ぎた。

　3年生の終わり，担任による報告書には，本児の学業成績は完全に落第点（6段階評価で1）であり，社会スキルおよび得点（これも6段階評価のうち1）とちょうど同じくらい貧困だと記されていた。彼の学校での行動は平均よりもよかった（6のうち4）が，おそらくそれは，

他の児童に彼が迷惑をかけなかったことを意味する。教師は，本児は動機づけにもまったく欠けていたと報告した。両親は決して面談に現れず，彼らとまったく接触できずにいるので，学校当局者や心理学者が両親と協力しあうようなすべての努力は無駄に終わっていた。

　これは，仮に性的虐待はないにしても，少なくとも情緒的には両親からのネグレクトがある非常に悲しい一事例である。子どものきちんとした動機づけや人生の一般的な興味が悲劇的に劣化することや，幼児期には著しかった自発性や創造性の全体的な欠如に関する確かな証拠を本テストは明らかにしている。この追跡調査の事例は，移住および環境変化への適応が欠けるために起こりうる家族危機もほのめかしているかもしれず，機能不全にある家族の才能ある子どもたちが支払わねばならない，高く，おそらく取り返せないかもしれない高い犠牲も暗示するかもしれない。

2. 多様な問題がある子ども

　このテストは，家族療法の面談中にゲームとして描かれたのである（図202）。テストの実施条件が略式なことと正式なテスト用紙がなかったため，本児は枠線の書かれた白紙を受け取り，鉛筆の代わりにペンを使用した。この違いはあるが，本テストの普通ではない結果は，不完全だが非常に重要な情報を引き出すのに役立つ。治療面接のみで正確かつ早くに指摘することは難しかったであろう。ただ，鉛筆の代わりにペンが使用される場合は，筆跡の性質はあまり確かな証拠にはならない。

　この描画では3つの所見が非常に目立つ。それらは同年齢基準からとても逸脱している。

- **枠線に関する独特の発想**
　ここでは，枠線は型にはまらず，テスト要素を分けるために使用されている。海を表すなぐり書きが枠線のなかに描かれているが，星と付加物は，故意に，また意図的に枠の外側に配置されている。このような構成は，最初のうちの会話で見られた彼の楽しく協力的な取り組みや，ハートの絵の追加によって強められる印象を考えると，そこには認められない正反対で意地の悪い態度に由来する。あるいは，境界線の問題や，彼の行動に対する明解な制限の欠如，親の不安定な役割に関する問題が考えられる。

　この解釈は特徴的ななぐり描きによって支持される。枠線を意識したなぐり描きが4側面に沿って，また，それ以上——左側と下側で既存の枠線に加筆していることから，本児が安全な境界線を必要としていて，それを作ろうとしていることが明らかである。しかし，この点につ

図202　男子／7歳6ヵ月　右利き

いて彼はまだ非常に幼いままである（適切な抽象的認識の代わりになぐり描きで枠線を補強している）。しかし，彼の願望と努力にもかかわらず，未統制の気質的反応のために，彼は枠線に十分に注意できず，二度も境界線を越えている。

　混乱と多動が，情動的－本能的－身体的な部分（波，描画の下部）における本テストの中心的な特徴である。子どもたち，とくにとても躍動的な子どもたちは自分だけで境界線を作れないので，境界線を設定することが明らかに課題となる。初めに描かれた波が枠のなか全体を満たしていて，枠が波を収容しきれていないという事実は，彼が自分の状態を扱うことがどんなに難しいか，また，落ち着きのない短気な気性が彼を圧倒していて，彼の全生活の統制を支配していることも示している。あるいは，身体的問題や学習障害が特殊な配置で説明できる。

・発達水準

　本児は，テスト前に話しているときには，とても知的で協調性があるように思われた。しかし，波の領域に見られるなぐり描きの解答は彼の年齢基準より低く，少なくとも3年は遅れている。星とハートの絵に見られるやや優れた潜在能力と高い技能にもかかわらず，情緒面での激しい動揺が，彼の認知能力と描画制作の力を弱めている。

• 情緒面の障害

　機能的な不全に加え，なぐり描きは，形式的な能力と組織する力の両方を弱める多動性もまた反映している。その過活動性のため，認知能力を発揮するための余裕が彼には残されていない。非常に縮こまっていて，激しく，部分的には黒く塗られたなぐり描きは調和に欠ける。本児は苦しんでいて，彼の緊張感や恐怖，無能力感や絶望が，活動的で生き生きした気性とは対照的な鋭さのなかにある（Yalon, 1997）。それゆえ，私たちは，彼が過去に欲求不満や失敗をすでに体験してきたと結論づけるであろう。

　本テストでは，さらに下記の2つの要素について述べる価値がある。

• いくつもの機能のあいだにみられる不調和

　星と波の描画水準の間に著しい隔たりがある。身体的－情動的－本能的領域は非常に未発達で多くの障害を示している。反対に，組み立てる能力や認知の知覚は，彼の年齢としては最適でないが，非常に高い。それは星とハートにおいて，また，広い空間のなかで装飾物に囲まれ壁につるされた絵のようにテスト課題を描くといった，彼の独創的な発想において明らかである。こうした，異なる機能の遂行レベルに見られる著しい差異は，学習障害児には典型的なものである。

• ハートの付加物

　ユダヤ文化では愛の告白を含む装飾的な付加物は，象徴ではないが，彼の不確実感と不安によって引き起こされた意識的な行動である。ハートの絵は，彼の意識が愛されよう魅力的であろうとしていることを明示している。周囲との肯定的な交流を維持する努力としても理解されるし，人を喜ばせ，価値を認めてもらおうとする試みにも同じく見られる。本テストでも，彼は協力的であっただけでなく，必要とされ求められる以上のことを提供してきた。

　全体の結論は，中枢神経系の機能障害と過活動性による学習障害を疑うような大きな証拠が存在する，ということである。このことは，有資格の教育心理学者か発達心理学者によって，的を絞った評価を通じて確かめられるべきである。彼の場合，「悪影響を及ぼす」心理的な問題も明白なため，神経学者よりも心理学者のほうがよい選択だろう。SWTは，学習障害児に典型的な障害や欲求不満や不安を示している。しかし同時に，本テストは，自分自身を統制し，順応し，人を喜ばせようとする強い努力も示していた。このことは，彼の協調性とあわせて，家族の「患者役割とみなされた者（identified patient）」として治療をうまくやりとげた彼の努力が，彼自身と家族を助けるという積極的な予後を意味する。途方にくれた本児にとっては危険な，この家族の混沌とした在り方を消去するために，セラピーでは確かな境界線の設定に焦点が据えられるべきである。

成育史

本児には「天使」と称される妹がいる。両親は離婚していて，父親が子どもたちと触れ合うのは非常にまれで不定期である。母親は長時間働いていて，子どもたちは，学校から大勢の親戚が集まる祖父の家に帰宅する。そこでは，彼らは好きに過ごしてかまわない。少年は祖父を「お父さん」と呼ぶ。スクールカウンセラーは，少年の攻撃的行動——同級生を，ときには補助教員さえも叩く——を主な理由に，家族に心理療法を紹介した。その後の心理学的評価は，それ以前にSWTで見いだされたことを立証したのであり，彼をADHD（注意欠陥多動性）症候群と判定した（Yalon, 2000）。

3. 荒れた思春期——非行手前の事例

14歳に近い少年が，象徴性豊かな，絵画的反応といった印象を人に与える描画（図203）を描いた。この描画は矛盾した情報を含むが——驚くことに——視覚的な均衡は保たれている。マクロ構造は真には阻害されていないが，中間の状況がもろさを暗示するので，この描画を調和しているとは定義できない。星と波の領域双方とも情動にゆだねられていて一生懸命描いているが，情緒的で本能的な経験の大きな関与が強調されている点では，下部の方がより目立っている。

中心となるドラマは中央の水平線の帯で起きている。そこは，海と空，合理と非合理の統合や，気質と後天的な価値の統合が生じると予想されるところである。ゆえに，中央の帯に見られる問題ある性質は，こうした事柄にまつわる問題を示唆している。

左側と右側の内容の間の不一致は，心理－社会的アイデンティティか心理－性アイデンティティ，どちらか一方における深刻な葛藤を示唆する。両方とも彼の年代では非常に妥当な問題である。左側には海岸があり，左へ向かうような日傘の下でタオルに横たわって休む「棒状の人物像」がいる。海岸と日傘は両方とも，受動性（横になって日光浴をする人物）や，十分な自己主張および個性化の欠如（没個性的な人物像）に付随する非常に大きな依存心，温かさと保護を求める欲求を象徴している。強く，そして成長しつつさえある母親依存（左に傾いている日傘が左側にある）が存在する。

反対に，中央分離帯の右側では非常に躍動的な活動が見られる。サーファーが，左へ向かう巨大で不意の波によって危険にさらされている。この波は，彼を危険にさらすだけでなく，彼

図203 男子／13歳11ヵ月

が右側に向かう自由な動きも妨げている。波とサーフボードの両方とも，波のてっぺんの飛沫によって強調される顕著なファリック（男根）の形をしている。これらは右端に詰めこまれていて，男性と自然との強烈な戦いを表している。それは，少年の男性性や，彼と一般的な外界，とくに彼と男らしさを仲介する者としての父親に向かう被検者の態度に関係する。危険を犯すサーフィンといった活動は，おだやかな海と対照的で，とくに左の海岸で受動的に日光浴をしている人物と比べてみると，挑発的で注意を引くもののように見える。ただ，サーフィンをする棒状の人物像もまた没個性的である。

　これに似たドラマが，現実の日常生活に向けられる本能的関心の遂行に結びつく右下のコーナーに，再び現れている。この領域では，被検者は，相手を殺す準備のできている獰猛なサメによって右側から追い立てられている，彼が「かわいい小魚」と呼んだものを左側に描くことを選んだ。ファリックな歯とヒレが目立つ。サメを描き終えたとき，少年は笑い，次のように言いながら自分自身に向けて指をふり回した。「この小さな魚をあえてケガさせないでください。もしあなたが彼に触れたら，あなたは僕の深刻な問題を抱えるだろう……」と。ここに再び，彼の年齢には典型的な自立／依存葛藤が，より強い父親の関わりと権威を求める願望とともに表れているかもしれない。彼の心の深いところでは，明らかに危険を犯す行動のように，強い力や性衝動（ファリックな要素），環境要因による危険に自分がさらされているという感

覚が彼の男性性を試していて，彼は苦労を強いられている。

　興味深いことに，右側は，唯一星が多い側である。平面的（情緒的）で5つの光線をもつ4つの星は，右上のコーナーに規則的に並べられていて，陽気に笑顔で飾られている。一番下の星は2本足に依存する人間の形をしていて，彼の依存欲求や，外界からの援助と支持を求める願望を指摘してきた上述の評価を強化する。右上のコーナーにある人間に似た（人間化された）星の強調は，承認と手本を求める非常に大きな欲求を明らかにしている。彼は，自分を印象づけたいと願っていて，社会的地位や目に見える成功（地位）を切望しているが，内的方向性や自己知覚は全体的に欠ける（左上のコーナーの空白）。承認欲求が推測されるのは（右上のコーナーの一番上にだけある星），コーナーにもっとも近い星の右上の光線が欠けている事実によって強調される——すなわち，彼は，それらの目標を積極的に得るための努力をしていない。

　優遇を求める根拠のない願望とうぬぼれた地位要求が，中央の星として配置された巨大な月によって強調される。鈍感で自己愛的な欲求は，自分はユニークで特別な存在であるという感情に助長されている。高い場所に月を配置することは，孤独で独立した人間を示すだけでなく，よそよそしい社会的態度や，優越感を求める自己顕示的な主張の原因になる非現実的な理想自我も表す。たとえ自己愛的欲求が思春期には目覚めるものとしても，この顕著で幼稚な態度はおそらく，甘やかしすぎる両親や，母親との心理的分離の欠如を引き起こす家庭での不十分な境界に由来するだろう。月面の斑点を描くのに使われた柔らかくもろい筆跡は，権威的人物への依存心や承認欲求，内なる価値基準の分化された「柱」が欠如するといった印象を強める。

　2匹の魚は鮮明な情緒面での闘いを表している。それは，冷たい水を表す外見の真下に生き続けるといったもので，彼の後天的な「クールな」ふるまいを示している。彼の対人関係は恐れと攻撃的な反応をもたらす。彼のパーソナリティの魅惑的な側面と危険な側面のあいだの緊張は，彼が悪い魚に警告すると同時に笑いながらあえてサメを挑発することのなかに，生と死の戦いとして表現されている。強い攻撃性（サメ，歯，角張った描線，筆圧）は，著しく破壊的な，自己破壊的でさえある（左側へ）傾向に付随して生じている。「破滅的な魅惑者」という結びつきは，精神病質パーソナリティに非常に典型的なものである。こうした，臨床心理学的アセスメントを通さない分類は危険すぎるし，大いに非専門的だろうが，専門医への紹介を求める今回の評価においては重要な手がかりである。

　波は，その形やリズミカルなパターン，筆跡の性質，象徴的な価値の点で多様であり，神経学的な障害がないにもかかわらず（健康的な筆跡），彼の情緒的な混乱と不調和を強調する。彼は，最初に，氷で覆われた水の表面のような真っ直ぐの水平線を描いた。初めのうちのエネ

ルギーと外向傾向を示すしっかりした筆跡で描き始めていたが，その線は，最初の意図が果たされるべき枠線の右側に接近するにつれ，徐々に圧力と速度を失っている．

その後，彼は，鉤の形をしたファリックな波を右側に描いた．それは，大きく強そうな外見と震えるような性質のあいだの矛盾を強調するように，大胆だがためらいがち，かつ不安定な筆跡で描かれた．波のてっぺんは，柔らかくか細い筆跡で描かれた飛沫がついていて，自分の男らしさを誇示したいといった，攻撃半分遊び半分の強い願望につながる傷つきやすさと感受性も強調している．左に向かう鉤は，失望と憤り，また，前もって警告することなしに突発する，衝動的で嵐のように強い感情と衝突を明らかにする．

水平線の平坦な波の上下にある躍動的で官能的な波は，後で追加されたものであり，自分の力をすこしは効果的に使用したり再生したりする能力を意味している．しかし，波長や方向性，高さ，筆圧の程度は，とくに左側の一番下の波で変化していて，その能力は長くは維持されていない．このことは，強い衝動的傾向や，集中力と回復力の欠損を示す．ADHD（注意欠陥多動性障害）アセスメントが発達心理学者か神経学者によって実施されるべきだろうが，星の形のよさからはそうした徴候を感じさせない．

この絵のなかで空白の中央部分は，その周辺に見られる象徴や表現の豊富さと対照的に，そのままでも非常に表現力豊かな価値をもっている．それは，内的な空虚感や，方向性と「内言」の欠如を象徴する．この空白は未分化な疑念や実存的な恐れに満ちている．

誇大な願望がある一方で，その夢を果たすには無力だという食い違いが，彼の人生で実際に成功したか失敗したかに関係なく，欲求不満や劣等感の主な源である．彼の依存心と，承認と評価の追求，内的方向性の欠如といった事柄が結びついて，彼は，支配的な年上の青年たちに感化されるという非常に危険な状況下に自分を置いた．彼の衝動的で挑発的な傾向，危険を犯す行為や行動化は，攻撃性や自己破壊的な打撃とあわせて，彼が深刻な実存的危機にあることを示唆している．この点では，左上のコーナーの空白もまた，洞察を得るための努力や内なる価値の追求がそこに存在しないので，やはり問題がある．

SWTは，両親を守護天使のように自分の両隣に立たせ，自分自身を絨毯に横たえて描いた家族画に大いに裏づけられた．彼のきょうだいたちは，特別な存在でありたい彼の願望ときょうだいへの嫉妬や，競争への怖れを示すように，家の外，扉の背後に描かれている．

この事例は，象徴的投映のなかに証明された深刻な内的葛藤や生活全般での身近な環境との厳しい衝突にもかかわらず，テストは障害の描画サインを，たとえあったとしてもわずかしか

明らかにしていない際立つ一事例である。これは，描画に現れた障害だけでは，被検者の内的苦痛の深刻さを描くには不十分なことを示唆する。さらに，この特殊な事例では，罪責感や羞恥心や良心の呵責などが経験されてない点で，精神病質パーソナリティへの発展をほのめかしている。したがって被検者の実際の苦痛は，周囲の人びとが彼の身に想像するよりも，また，周囲の人びとが彼の行動を目撃して悩むよりも小さいのである。

成育史

少年は14歳間近。8年生（訳注：日本では中学2年生）で学んでいる。人種の交じった家族の息子は，兄や妹よりも肌が黒味がかって見える。彼は母親に似ていて，彼女は，「そのせいで他のきょうだいより劣っていると彼は感じている」と主張している。そのため，自分自身の投映や劣等感を不注意にも承認していることに気づかないまま，母親は，他の子どもたちよりも多くのプレゼントを彼に買い与えている。

父親は，家族の生活にあまり関与しておらず，少年には厳格で怖い存在だと思われている。彼と母親の関係はとても親密である。彼女は，息子が父親に罰せられないように，重要な情報を父親から隠すことで少年をかばっている。少年は，年上の思春期の人びとと，おそらく10代の非行少年たちの一団と一緒に多くの時間を過ごしている。母親は，彼をスヌーカークラブ（訳注：賭博場の一種）やストリートに探しに行く一方で，父親には，彼は学校の友人を訪ねに行っていると説明している。

両親が学校の心理学者と協力することを選ばなかったので，少年は，スクールカウンセラーに私設相談所を紹介されてきた。学校から強制退去させられたすこし前，彼は，トーナメント試合での功績に対してコーチが彼に与えたフットボールで遊びながら，教室に遅れてやってきた。教師が，ボールを弾ませるのを止めて静かに座るよう彼に告げたとき，彼は彼女をののしり始めツバを吐きかけてきた。これは初めての攻撃的な事件ではなかったが，いい高校への入学に悪影響を及ぼすので，母親は学校外に助けを求めることに同意した。

すでに触れてきた提案は別にして，象徴的な母子関係，また損害になるような，父親に対する彼らの連合関係にアプローチするために，家族療法を始めることが提案された。多くの10代の非行少年の事例にしばしば見られるように，本児が行動化行為のなかで，母親の無意識的な攻撃欲求を表現しているかもしれないと考えられる。子どもたちにとって適切な役割モデルを作るため，また，息子の心理－性的発達や，内的安全感と道徳的な価値観の発展のために，家庭内での父親の権威と影響力が確立されるべきである。

4. 40代の経営者が描いた象徴性の高い事例

　各要素が描かれた順番は，波：左から右へ，雲：左から右へ，星：雲のあいだの空白を埋めるように右から左へ，月：強く，黒く固着して描く，ボート：ボートと月を結ぶような繊細な描線（図204）であった。その時点で彼はテストを引き渡した。ボートが進んでいく方向について問われたとき，彼は，しばらくのあいだじっと考えると言った。「この用紙のなかの奥深いところへ……まるでボートが月から逃げようとしているように」と。

　これは絵画的なパターンであり，明らかに象徴的なパターンでもある。強い情緒的な関与を表していて，内的問題の表現を呼び起こすが，その範囲と正確な内容が被検者にとって明らかとは限らない。

　波は自由な動きで制作されている。しなやかでリズミカル，生き生きとしていて，その流れは妨害されていない。情緒的な負荷と，外界や社会生活上の関係者との接触に関して成長しつつある内的圧力を示すように，波は右半分で短縮している。その最後の波は，制止する意図もなく枠からわずかに出ていて，情動の衝突を明らかにしている。それは比較的浅いにもかかわ

図204　男性／42歳

らず，完全には統制されていなくて，日常生活で障害を引き起こしているかもしれない，いくぶんか存在する被検者の衝動性を指摘するかもしれない。Xのような波の交差は，多少の攻撃性と内なる緊張感を示すかもしれないが，それらは優雅で丸みをおびた制作によって柔らかくなっている。

　星は，角の数が異なっていたり，時折，正確に閉じた形態のなかにも問題をわずかに示していたりとさまざまである。右手側の1つはとくに簡略化されていて，外界との関係にまつわる問題に対処する際の，彼の効率的で現実的な思考を示している。

　空が海よりも優位である。下部の領域以上に多くのエネルギーが上部の領域へ，思考の象徴化や，動機づけや努力へ注がれている。彼は知的側面に傾倒している。すなわち，彼の問題へのアプローチは合理的なものである（少なくとも意識的で表面的なレベル）。

　しかし，現実に対する理知的なアプローチは，非合理的な要因に妨害されている。空は込み入っていて要素が混ざり合っている。それらは，星の領域でのマイクロ構造が若干類似性（雲の下と，雲と雲のあいだの星の並列）を意図しているので，三次元の絵画的反応の結果ではない。彼は秩序と統制を欲しているが，状況を分析したものを改良しようと努力しているにもかかわらず，自然で自由な思考に至っていない。

　明瞭で論理的な景色を妨害する付加物は雲である。彼は，主題の星よりも前に雲を描いた。彼の曖昧な立場や，この情緒的要素（情緒的な絵画的反応が正しいことを始めから決定づけている）が負荷であり，彼の人生で支配的な打撃があるという事実を強調する。この読みは，彼にとっては興味の広がりは少ないにもかかわらず（海に費やされたわずかな作業量），彼が海から描き始めたという事実によって強められる。

　構成は，空と海のあいだに広い隔たりがあって型通りである。このことは，彼の情緒面の未成熟，また，知的側面と情緒的側面の統合の欠如を示唆する。それらの側面が，結合されるよりもむしろ並置されることでこのような外観が機能するとしても，私たちは，思考が情動の悪影響を無意識に受けていることをすでに見てきた。彼の未発達でやや幼稚なパーソナリティは，枠の右側を超えた，わずかに衝動的な波にも見られる。しかし，月とボートを結びつける描線は，統合性の欠如に彼が潜在的には気づいていて，それらの側面を繋ぐことにとりかかる準備がいまではできていることを明らかにしているかもしれない。

　強い不調和が星々に明らかにある。右側の星は比較的よく形作られているが，左側のものは軽視されているか，歪められている。たとえば，右端にある下方の左の星のように，いくつか

はのう胞のような形態が明らかである。これらは，いまだに未分化な過去の記憶に彼がどれほど苦しんでいるかを示す。他の星では，母親の権威と彼の内的価値に接触することの回避を示唆するように，左上では明らかな輝きの欠如がある。また，多くの星が左下の部分に負荷をもち，閉じ込められたエネルギーと抑うつ傾向を示している。これは，船のちょうど真上にある2つの中央の星で強く，彼の憂うつがどれほど存在しているかを示す。このペアのうち下の方も形が崩れていて，権威ある母親像から何らかのものを得たいという彼の欲求を示すように，左側は左上のコーナーに面して開いている（この限定的な解釈の選択は後々明らかになるだろう）。中央の星の二重性，また，2つの星の著しい歪曲は，非常に低い彼の自尊心と，分離が彼の重要な防衛機制であることを示す。これは，深刻な愛着問題と情緒的成長の遅れに関係するかもしれない（空間的隔たり）。

視覚的にも中心に配置されたボートが絵の中心を強調している。ボートには多くの修正がある。幾何学上の中心は，実際には，ボートが落ちていくかのような右側の深い領域である。この領域は毛羽立っていて，彼の自覚と不安を，中心的な問題として表現している。彼の場合，ボートが配置された場所はおそらく17歳に該当しうる。それは，自立を求める願望と，自分自身の力でやっていきたい欲求の象徴である。こうした可能性は，再考として，ボートが月に再び結びつけられている事実から明らかになる。今現在，彼は責任を担うことを願い，自分の内面の深いところをもっと深く掘り下げたいと願っている（用紙のなかに入っていくこと，加筆の筆圧）。それは彼にとって簡単ではない。彼は罪の意識を感じていて（修正），彼の最初の一歩を待ち受けるのは，彼がコントロールを試みている情動に満ちた穴である（ボートの右側にある毛羽立った筆跡）。ボートはまだ受動的な状態にあり（左側），未来と解放はまだ恐ろしいもののように見える（右側）。複雑な罪責感の大きさはすさまじく，描画制作においてはもちろんのこと，月という束縛を加えることで「自立宣言」に当面の修復を行なっている点においても明らかである。

しかし，彼は一体何を引き離そうと試み，何から彼自身を解放しようと試みているのか。彼の自立は，鎖につながれた犬のように，月という束縛に制限されている。月が非常に優勢である。月は左手のコーナーに押しやられている。固着的に反復された筆跡で輪郭を黒くして補償しているので，彼は，十分な空間を月に与えられなかったと感じていたにちがいない。いくつかの描線は繊細で優しいが，それ以外のものは鋭くて怒っているようである。月は極端に精彩さがなくて，ファリックで，丸みを帯びた三日月ではなく比較的細長い。それは，冷たく剥奪的な母親像であり，罪責感（加筆）以外には何も与えない人だと経験されてきた，要求の高い（高い位置）母親を反映する。これらは彼を拘束する力であり，そのことによって彼女は，大人である息子を自分の死後だいぶ経っても離さないでいる。閉じた月の輪郭線のなかにいくつか，幼年期の怒りや怖れ，また母親の愛情と関連した不安を描く，平面を荒くする筆跡がある。

彼は去勢的な愛着から逃れたがっているが上手くできていない。合理的なコントロールと罪責感が強すぎる（月とボートのあいだの毛羽立った線）。彼は，自分自身の内面を見つめて深い理解を得たいと願っているが，それについて非難されることや，パートナーとしての母親を失うことを怖れている。この葛藤がとても強いため身動きとれないと彼は感じている。それは，自分の人生を上手くやっていけない感覚，彼のボートを自由に右へ，仕事の達成と相互関係に向けて進ませられない感覚である。

このテストは主にしっかりした筆跡で描かれていて，彼の活力やエネルギー，日常生活での自己主張を示唆する。彼は十分に機能を果たしているし，近頃では，魂への旅を始めるのに十分に強い。マザーコンプレックスを解決することと，エネルギーをより生産的な目標に向けて解放することを助けるため，心理療法が大いに薦められる。

成育史

被検者は40代初め，国際的に成功した立身出世の経営者である。結婚していて2人の子どもがいる。胸をわくわくさせる新しい経営事業にちょうど着手したとき，彼は，なぜ自分がいまだに悲哀や不達成感を感じるのか理解できず，何が自分を悩ませているのか知るためにやってきた。

彼は国を遠く離れた土地で育った。17歳のときに父親が死んで，全寮制の学校から自宅に戻らなければならず，母親の家業を手伝わなければならなかった。2年後，彼はシオン主義（訳注：19世紀末，ユダヤ人迫害の高まりのなかで，ヨーロッパに起きたユダヤ人の国家建設運動。1948年のイスラエル建国をもって目的は一応実現をみたが，新たなパレスチナ問題を生み出すこととなった）上の理由からイスラエルに行くことを決意した。彼の母親は彼に同行することを拒否し，数年後に亡くなるまで故郷で暮らし続けた。そのあいだに彼は，イスラエル人と結婚して2人の子どもをもうけ，勉強し，彼のキャリアを発展させた。人生のこうしたすべての側面で彼は幸せと満足を感じている。

数年間ずっと，彼は母親を訪問し続けていたが，彼女は決して息子を訪ねなかった。彼は，母親が生きているあいだ彼女と親密でなかったという罪責感，彼女が死の床についたときに何としても間に合うよう到着しなかったという罪責感を感じている。彼は，母親の問題と幸福感が損なわれたような感情との関係をまだ理解していない。しかし，彼の家族と職業上の，他のすべての問題はいまや解決されたので，不安がそっと忍び込もうとしていて，その不安を外部の問題のせいにすることはもはやできない。今ついに，彼は心理療法を熟慮するには十分に強く，また動機づけられている。薦められた治療を始めるかどうかはわからないが，彼は，人間

関係が上手くいっていないので仕事に成功しないだろう。

5. 描画の背後にある矛盾した表現

　第一印象は，このテスト（図205）は非常に独特で審美的な人物，内向的で，極端に統制のとれた人物によって描かれた，というものである。彼は，与えられた指示に応じるため進んで熱心に取り組んでいて，求められた以上のことを行ない，印象的で完璧主義的な結果を制作している。

　テストは，孤独感や暗闇や投獄といった雰囲気をもっていて，感情のこもったパターン（陰影づけ）がまずはじめに浮かぶ。現実を理解するための被検者のもっとも重要な手段は，彼自身の強い感覚である。彼は，天性に近いほど感じやすく，内的感覚と外的感覚の両方の経験に対して開かれている。彼は，深い感情と空想的な観念，感覚的な柔らかさと満足感を切望している。暗闇は，彼の内なる悲哀や憂うつを示す。彼は，心の底では若く，年齢にしてはやや未成熟で弱い。青年期の頃から依然として未完成の，課題の名残にもがいているように見える。

　しかし，厳格な教育，あるいは道徳的思考のため，彼は敏感で分化した考えに自由に処理させたり表現させたりができない。テストの下部にだけ，とくに波にだけ出現している形式的な反応は，官能や本能的欲求にまつわる彼の罪責感を示唆する。波は，素晴らしくリズミカルな形態のように見える何かを有するかもしれないが，筆跡に生命力がなく，その上下運動にしなやかな筆圧の変化がない。このやり方に影響された波は，その進行方向を最初に形作っている非常にかぼそい筆跡の上に描かれた。彼は，可能な限り並列的な方法で波を配置しようと努力し，結果，その領域は整然として硬直している。陰影づけも，自由でもなければリラックスしてもいないし，むしろ毛羽立った特徴をしていて，並列した棚の格子を作っているようで，刑務所の格子にも似ている。この独特な波の扱い方は，情動面での過剰な統制を表わしていて，彼の不安や恐れを隠している。かつての生活のサインがある（しなやかな形）が凍結させられている（動きの欠如）。

　形式的なパターンが，彼の芸術的な才能と，強い審美的欲求や能力を強く訴える（安定し，よく統制された筆跡）。彼は，優れた手先の器用さと創造的思考，官能的な表現力をもつ。しかし，理性的な計画と厳密な統制が彼の才能を抑制し，のびのびした表現を制限している。形式的な制作が，とくに波に限定されているので，情動と欲望が抑制されていることを示唆している。彼は，妄想的な不安といっていいほど過度に警戒していて，あまりに意識的すぎるのであり，外界とのコミュニケーションにおいては強迫的でさえある。本当の感情や欲求を思い切ってさらすことが，おそらく，自分自身に対してさえもしていない。彼はおそらく，とても芸

術的で官能的な性質をもって生まれた人間には有害な，厳格な教育かトラウマの類をいくつか体験してきた（内なる真実は常に筆跡の性質に見られるのであり，それは，他の要素と矛盾する場合にもっとも重要である）。こうした妨害は，彼の繊細で感じやすいパーソナリティには危険なものだったのであり，硬い鎧を身に着けて人生をふるまう必要に彼をさせた。それゆえ，彼は聡明で適応的なペルソナと高い理想自我を外界に示し，内的には混乱した躍動を知的作業に昇華することで，彼が実際に感じているよりもはるかに強い人間のように自分自身を見せている。

　星座のなかに配置された星を抱く広大な夜の風景を示す点で，この描画は，概ね絵画的なパターンである。このアプローチは生来の情緒的な態度を強調する。創作への強い欲求と，社会活動に参加し，現実的な人生に関与したいという強い欲求がある。彼が満足感を得るためには想像力と創造性が出口を必要としているが，不安と強迫的防衛のため，いまのところ彼にとってそれは不可能である。

　右側にある，高く通れそうにない崖のため，この描画は象徴的なパターンともみなせる。したがって，彼の人生に影響する深い前意識的問題の極度な関与が存在する。右側の岸壁は，冷淡で支配的だとみなされている，父親への緊張と反目を表すかもしれない。記念碑のような崖

図205　男性／32歳

はとどまり続けていて，その衰えはありえなそうに見えるので，彼の身近な環境との衝突や一般的権威との衝突もまた考えられる。外の世界に対する封鎖，またとくに下部においては，自分の欲求からも目をそらすようになっていることを意味するかもしれない。このことは追加された海岸によって強化される。海岸は，内なる情動的な生命（左側の波）から，また父親の問題や，彼の父親が子どものために上手く仲介できなかった外界（右側の崖）から，彼が距離をとっていることを象徴する。海岸は，さらなる安定を求める切望もまた意味するかもしれない。すなわち，彼は安全な避難場所を必要としているが，その領域では空虚と孤独が優っている。

崖は近づきがたく見え，頑強で生命がないように見えるが，驚くことに，丸みをおびて柔らかい筆跡と優しい陰影で描かれている。たとえ彼がまだ父親を恐れていて，嫌って許せずにいるにしても，彼の無意識の感受性と父親に向けられるおだやかな感情を示唆するかもしれない（さもなければ，このような険しい障壁はなかっただろう）。明らかな象徴と，それに似た無意識的な制作とが，この問題にまつわる著しい葛藤を示している。

波の領域が空よりもはるかに大きく，情緒的側面の優位と，そこでは占領的な強い情熱と本能的衝動もおそらく示している。それは，筆跡の性質と感情のこもった絵画的アプローチに見合っている。上部に侵入している点と，彼に達成感と安全感を与えることで満たされるべき世俗的な欲求と欲動の重要性を強調している点で，右下のコーナーは目をひく。ここもまた硬い崖に占められているので，それらの欲求は満たされず阻害されていて，不安や内的苦痛の原因になっている。

とても鋭い筆跡で描かれた小さく丸い星の形は，昇華に起因する彼の抽象的思考や知覚の敏感性，精神的な欲求を示している。それらは，論理的で実際的，現実的な判断の表れでもある。その質素な点で，星は，彼の謙虚さと形式ばらないことも明らかにする。形態ははっきりしていて，小さな細部の描写の緻密さと根気強さは，テスト全体を通じて見られた。彼は，彼自身を証明することや，成功し，印象づけることを願っていて，そのために進んで努力しようとしている。

波を制作する長く持続的な波形は，彼の内なる強さや，目標に向けられる継続的な努力，ストレスへの頑固な抵抗を示している。しかし，自由な意思はほとんど存在せず，彼の忍耐と根気強さは，内的緊張と動揺の克服を助けるための強迫的な性質を有している。波の配置における厳密な規則正しさは，不自然な安定性と厳格な統制，おそらく儀式を示唆する。それは，彼の環境か，厳しく懲罰的な超自我に起因するかもしれない。このことは，よりよくしたい願望だけでなく失敗を覆い隠したい願望も示す，頻繁な加筆によって強化される。

暗い夜空のなか，光輪をまとった光源の星を描くため平面の一部を消すという写実的な描写とあわせ，大量の柔らかい筆跡は，彼がどれほど知的で理性的でありたいと切望するかとは対照的に，実際には彼がいかに現実的で世俗的かを示す。筆跡と平面の処理から得られる情報は常に，絵の形態と配置から得られるもの以上に真実で奥深い。ここでは，それらは，彼が受け入れずに克服しようとしている彼の基本的な性質を明らかにする。

　想像上のチェス盤のように見える硬直した海は，彼が，自己放棄といっていいほど，極端な義務感に動機づけられて「よすぎる」ことを示している。彼の社会の基準にそって完璧なことが，彼にとっては，彼に大いに不足している安全感の源である。しかし，その完璧主義の代価は情動や衝動や夢をあきらめることである。彼は，内なる真実に従って生きていないが，過剰適応から幸せを見つけられない。これは彼の人生の悲劇的な要素であり，彼と近い関係にある団体の要求にますます彼を追従させていて，彼の強迫性と機械的な行動を強化している。

　このテストの障害のサインは，すべて本質的には二次的なものであり，彼の「沈黙の障害」を示唆する。彼は，収縮した動き（緊張）や加筆（罪責感，価値がない感覚），規則的な配置と様式化（外界の要求への過剰適応）をもつ。これらのサインすべては，彼が，自分は愛され受け入れられるために能力を証明しなければならない，と信じていることを示唆する。彼は十分にふるまっていて，彼の家族と友達は彼の内なる苦悩に気づいていない。それゆえ，彼はよりいっそう危険にさらされている。

　このテストは矛盾に満ちている。波は丸みを帯びているものの動きと配置は硬直していて，彼の情緒的側面の死を示している。このことは，波の領域が優位な一方で，崖による波の妨害があるという矛盾によって裏づけられる。筆跡は鋭いものと柔らかいものの両方であり，合理性と官能性の闘いを明らかにしている。形式的反応を見せる部分と感情のこもった反応を見せる部分もまた相容れない。直線や角張った線ではなく，曲線を一方に使用したことに照らすと，動きと配置における硬直もまた驚きである。崖と星でさえも非常に曲線的である。こうした，異質な組み合わせから成る指針は，彼の内面の豊かさと奥深さだけではなく，絵全体が静かで不調和な点では，統合性の欠如もまた示している。

　しかし，硬直したマクロ構造は優れたマイクロ構造に付随していて，彼の主な困難が不適切な生き方に関係することを示している。もしかしたら，生活状況の変化が彼を救うかもしれず，心理療法がすばらしい結果をもたらしうるかもしれない。彼は，彼の独創性や実際的で現実的な判断，芸術的技能に十分応えるはずの創造的な趣味を発展させるか，あるいは，グラフィックデザインのような創造的な仕事を始めるべきである。

成育史

　被検者は32歳。彼は，冷たく要求の多い家庭で育った。母親は教師で，厳格で理性的である。父親は，とても支配的で感受性が鈍く，ときには冷酷である。10代のとき，彼は麻薬に手を出して家出し，数年間はホームレスになっていた。どん底の生活から，彼は，代理父親像の神とともに安全で統制された生活様式を送るという，ユダヤ教の正統派宣教師への道筋を見出した。彼は厳格に宗教に凝って，宗教学の勉強に人生を捧げ，すべての規範を強迫的に実践する過激論者になった。4年後，彼は，自分が理論的な勉強に専念する純粋たる知的生活を維持できなくなってきた，と結論づけた。少なくとも非常勤で，実地のための専門職を見つけたいと願い，彼は職業指導を捜し求めていた。

　彼は二重生活の類を生きている。すなわち，外的には団体の規範にすばらしく順応しているが，そこに属していないと感じていて，自分の内なる真実に忠実でないとも感じている。信心深さゆえ，彼は女性の仲間との交流を自分に許せず，美術学校で学べずにいる。彼の欲求不満は成長しつつあり，それは，彼のもろい内的均衡を危機にさらしている。

　彼のラビが，職業相談員や心理療法家以上に彼を助けられるかもしれないと思える。彼は，彼の芸術的な技能を高めるよう，彼の副次文化では一般的でない専門性を実践するよう奨励されるべきである。この危機を彼が克服するのを助けるため，また，真の自己表現を安全な環境のなかで促進するのを助けるために，芸術療法が薦められる。

6. 予測できない行動

　描画の順序は次のとおりである（図206）。上の方のしなやかな水平線の波，星，「この波の上に誰かがいる」──中央の波の上にグライダー，右側のボートである。描画のあいだ，彼はハミングしていて，「この船はオリンピック・モデル470。なかにはふたりの人物がいる」と言っている。その後，彼は，最初の波に並行するように，その下にしなやかな波を描き，続いてアーチ状の平行線の波を左下の角に，そして右側を指す角張った波を描いた。それから「よい描画というのは自然に工夫されるもの。いま，僕はこんなふうになぐり描きしたいと感じている……」と言うや，波の領域の混乱した直線すべてを加える。

　このテストの第一印象は，幼稚，荒っぽくて未統制といったものである。主に波の領域は火山の噴火のように見える。劇的な衝突が，素早い筆運びと極端に強い筆圧によって成し遂げられている。初めのうち，筆跡は用紙を激しくへこませている。この絵の場合，とても暗い色調

が，特別に強い筆圧の証拠である。筆跡はしっかりしていて荒くもあり，激しさや強い欲動，世界との恐ろしい（おそらく攻撃的な）接触を表している。

　突飛な動きは，これらのエネルギーを扱う彼の無力さを示していて，突発的な感情の爆発や未統制の攻撃性，衝動的な行動の犠牲者に彼自らをさせている。もし仮に，生来のエネルギーである強い欲動と支配的な攻撃性をもつとしたら，それらを行動化や荒っぽい攻撃で消耗させるのではなく，効果的，生産的にそれらを使うことのできる強い統制機制も人は持つべきだろう。しかし彼の場合，統制は短時間だけである。彼が爆発する（混乱したなぐり描き）前までなら，彼は知性と自発性を短い間は活用するかもしれない（いくつかの抽象化をともなう並行した波，五芒星）。枠内に順応しとどまろうとする努力にもかかわらず，波は，最後にすべての境界線を越えている。

　描き始めの描画は，非常に躍動的で精力的であり，彼の激しい感情と気分の揺れ動きを示している。陽気なグライダーと帆船を含む絵画的な反応が，この印象を強める。しかし主な項目が描かれた後，彼は怒りと怖れにとりつかれて，比較的構成されていた絵を荒っぽく構成されていない「平面を荒立てる」動きで覆い隠した。これらは，反生産的で，彼の自己破壊的傾向を意味する。多様な斜線とⅩの編成が不安定な印象の一因になっている。

図206　男性／40歳

結果として，劇的な行動化があらゆる統制を超えていて，彼の願望や，初めのうちは順応的な姿でいられる能力を打ち壊す。なぐり描きは自己切断的で，自己壊滅的でさえある。矢印のような槍のような筆跡は，攻撃性の表現だけでなく，抑うつ症候群の主な2つの構成要素である罪責感と羞恥心の表現も伝える。通常その状態に連想される，弱く不活発なバラバラの動きや筆跡とはまったく対照的だが，この荒々しい感情と躍動的な動きは，激しく動揺した抑うつ状態をしばしば明らかにするかもしれない。

　左下のコーナーにある並行のアーケードは，幼少期の保護を求める欲求と羞恥心を象徴する点で，また，それを周囲から隠すことに関与する点で非常に意味深い。虐待の体験が，彼のパーソナリティに永続的な「穴」，つまり，覆い隠されるだけで決して満たされない空虚感を作った。これは，彼の終生続く抑うつ感の源である。愛着の問題が，中年期まで長引いている支配的な効力とあわさって，臨床的に診断される境界性パーソナリティを暗示する。

　右下のコーナーでは，雑で粗い筆跡で作られたオリンピック帆船が非常に優位に見える。それは，承認と賞賛を求める彼の欲求だけではなく，親密な交際とパートナーシップ，おそらく，すこしは競争相手と手柄を求める彼の願望も反映する（右手側）。しかし，その帆船は一番下の波の上に配置されていて，後年における彼の落胆を象徴している。

　大きさと作業量ともに海の領域が非常に優位であり，過度の筆圧と不規則な動きに加え，彼の情緒的側面の分化および洗練の欠如を指摘している。このことを強調するのは重要である。原初的な衝動や幼稚な感情が彼の原動力であり，彼の情緒的世界は，怖れや怒りや欠乏感という基本的な感情に決定されている。しかし，繊細な筆跡，あるいは筆跡の終わり部分に繊細さがわずかに見られる。これは，彼の生来の感じやすさと阻まれた情緒面の発達，また，満たされぬ自己愛欲求のために発達が不十分な感受性と共感性の名残を明らかにする。この可能性は治療で話されるべきであり，起こりうる彼の内的成長や人間的触れ合いの確立，また，いくつかの創造的表現の手がかりになりえる。おそらく，それは彼のクラシック音楽への大きな愛情を強調する。

　「中央の波」は，子どもっぽい快楽，また，危険を犯すことと不安定さの象徴でもあるグライダーに頂上を占められている。それは，左上のコーナーに向けられた大きな矢印のようにも見える。彼の実存体験の核にある不安定さと自己攻撃性の象徴は，彼の人生がたどってきた自己破壊的な過程を示している。それは，か細く不安な基底と，彼が我慢しなければならぬ大きな矛盾を明らかにするように，非常に繊細なジグザグしたなぐり描きのなかから現れている。

　この絵の動き，形態，構成はすべてが混乱し，非常に障害されていて，彼の生活全般が猛烈

な本能と復讐欲求に悪影響されていることを示している．美しく制作された星さえも一部は美観を損なっていて，彼の認知能力が，情緒的な混乱と調整機能の失敗のため低下していることを証明する．

成育史

本テストは40代の男性によって描かれた．両親は大学学位を有する卓越した身分である．彼は，子ども時代を通じて肉体的にも精神的にも母親が彼を虐待した，と主張する．20歳になったときに彼は家を去った．小さく汚れたアパートに暮していて，激しい1つのスポーツをエネルギー発散のため日々数時間行なうことを除けば，とくにすることもなく，彼は友人も性関係をもつ相手ももたず，決して仕事をもたない．数年間彼は抗うつ薬を処方されていたが，現在では，あらゆる薬物の摂取を拒んでいる．20年間にわたり，彼は両親に診療費を支払わせることで個人的な心理療法を受け続けており，彼らが「彼を助けられなかった」ときまで，わずか数回しか治療者のもとにとどまらない．彼は，他には接点がない両親への復讐を楽しんでいる．ゆえに，彼はずっと病人のままでいるに違いない．

彼の奥深く，長く存続する抑うつ感は一見したところ明らかでない．彼は愛嬌があって，知的で創造的に見えるし，芸術的で技能的な力をもつようにも見える．彼は，1人の被検者から別の人へ急に変わって，数時間ずっと芝居がかって話している．表面的には，動揺と偏執的傾向のために活動的で，複雑で，敏感なように見える．

面接中に私たちが彼の攻撃性について話していたとき，彼は自分自身を守るように，また攻撃性について徹底的に否定するかのように，震え始め，頭の上で腕を抱えた．しかし，彼は治療者のもとを去るときにはいつでも，治療者にわいせつな手紙を送り，下品でギョッとするメッセージを彼らのボイスメールに残している．

どんな心理療法が計画されるよりも先に，薬物療法に取りかかる緊急の必要性があるように思えるが，彼は精神科医を訪ねようとはしないだろう．両親に会うことと，家族療法に両親を参加させることを彼が拒絶しているため，繰り返しの多い一連の自己破壊に介入する展望は，現時点ではあまり見込みがないように思われる．

7. 空想世界に入りこんだ事例

この描画（図207）は，求められているものとは全体的に異なる主題が描かれている点で，

図207　女性／25歳

豊かさと障害という両方の印象を人に与える。これは絵画的な反応である。被検者は写真家のように一瞬をとらえようとしているが，絵は象徴に満ちている。象徴の普通ではない性質のため，またそれらの独特な組み合わせや，意識的な働きと無意識の生き生きした特性とのあいだの食い違いのため，現時点での評価は象徴解釈に大いに頼る。それは，面接や成育史に基づいていて，ここには未掲載の筆跡と他の描画テストから得られた情報に強く裏づけられている。

　彼女は，自分の住む地域ではごく普通のレジャーや愉快な活動の光景を強調するように，ある晴れた日の海辺を描くことを選んだ。被検者は大学卒の聡明な女性なので，要請された以外のものを描くといった決定を，彼女の理解力の欠如では説明できない。本事例の場合は権威への憤りや敵意を意味する。単に挑発的な行為というだけではなく，何か特別なことをしたい，特別な存在でいたいと常に願うために，彼女が所定の物事や標準的な要求に対処できないことも反映している。これらは親しみやすく子どもっぽい表現に包み隠されている。背景と不釣合いに巨大な船と太陽の形式的な描画，また，ボートの子どもっぽい文字によって，その幼稚な態度はさらに強調されている。

　さらに観察していくと，この描画が，最初に見えたときほど実際には楽しそうではないことが明らかになる。この情景は，奇妙であり魅惑的でもある出会いを見せている。釣り舟が右側

（男性性，アニムス）から接近していて，私たちはそこに，魚の捕獲にちょうど成功しようとしている人物を見ることができる。人物の性別は，はっきりしないが男性のように見える。テストの細部には豊富な特徴があること，また，他の描画テストではとくに証明されていた被検者の描画能力を考えると，衣服の欠如とボンヤリした顔の容貌はおそらく意味がある。裸の人物像は，主に鋭く硬い筆跡で描かれていて感性に訴えるものが何もなく，彼女の性的特質に結びつく葛藤を明らかにしているかもしれない。これらの筆跡の性質は，リズミカルな波の官能的で柔らかい筆跡と，陰影づけに見られる優しいタッチとは対照的である。彼女の思いやりや優しさに関する資質は，彼女が人物像と出会う際に妨害されている。

釣り人（男性／女性）の場合，彼女は，顔立ちをはっきり表すべき横顔の描画を好んだ。性アイデンティティ特徴の欠如とあわせて，これらは，彼女の隠し立てする傾向を強調する。よく似た没個性化がヨットの船長の描画にも見られる。再び性別不明だが，この人物は人目をひくスタイルを過度に装っている。上品な外見の重要性は，衣服と帽子を黒く塗る行為によって強化されていて，性アイデンティティと性属性の葛藤を再び強調する。

2人の人物像が共通にもつものを想像することは難しい。すなわち，彼らは2つの異なる世界からやってきたようである。男性的な側面（右）は，肉体的で，裸で，活動的である。おそらく女性だがファリックな属性を——とくに帽子において——もつ左側は，外国の，上品で当世風の姿に見える。繊細で，大きさは縮小されている。彼女は見ている——が，彼女はヨットの真の統制をもたない（黒く塗られたハンドル）。しかし，2人の人物は，このような組み立てを通じて接触を果たしていて，彼らの傾いた姿勢は，鳥たちの真上にある雲のなかの集合地点を指し示す。雲を頭上に戴く2匹のカモメ——多面性と不確実の象徴——は「中央の星」を構成している。それは，パートナーを見つけたい彼女の願望，男性像と結びつく人間関係の性的で肉体的な側面を超越したい願望を象徴するかもしれない。彼女の希望（上部），似通った2匹のカモメで表現された彼女の中心的な自己愛欲求においては，彼女はおそらく人間関係の調和を望んでいるが，実際（中間部分）には，彼女は奇妙で不適切な見知らぬ人と出会い続けている。

しかし鳥たちの右下，波の中心，すなわち彼女の情動的世界の深いところでは，まるで異なる情景が展開している。3匹の魚が虫の周辺に集まっていて，もっとも大きな魚が釣り人（男性／女性）に捕まっている。奇妙なことに，安全欲求と誘惑が罠と死の可能性を導いている。パートナーを「捕まえたい」彼女の願望は，呑み込まれ不安のような口唇期の問題に付随している。その不安は，冷たさと解離による情緒的欲求の過剰補償を示すように，魚の鋭く硬い筆跡によって強められている。

興味深いことに，こうした葛藤に満ちた情景のなかでことさら大きな混乱が，右上のコーナーに描かれた大きな太陽である。テストで求められる夜の絵には正当性のない要素であり，星を見えなくして情景を支配する点で，太陽は非常に重要に違いない。それは，おそらく，彼女の人生でとても支配的な役割を演じている彼女の父親を象徴する。彼の存在は目立ちすぎるが，その光線は短く（接触の暖かみに欠ける），加筆によって「訂正されている」（その関係を改善したい願望，問題に関する無意識的な自認）。彼は，大きく近すぎるため彼女を焼き尽くすかもしれないが，暖かさを授けることはできない。ゆえに，彼は危険で侵襲的とも経験されている。彼は，彼女の野心や価値が存在すべきところに位置づけられていて，彼女が生産的で現実的な目標に向けて人生をコントロールするための自由な選択を支配している。そのため，彼女は空想や白昼夢に避難しなければならず，彼女自身の世界，夜の暗闇のなかに1人でいることが怖くてできない。

外界に面している右側のボートが木の実の殻のように見えることは注目に値する。ボートには帆もオールもなく，碇で固定されていないようにも見える。船は動きがとれなくなっていて，操縦のために可能な手段を備えていない。このことは，ヨット上の黒く塗られた操縦桿だけでなく，人物像の両方とも手を失っていることにも繰り返されている。彼女の無気力体験は顕著で，彼女のすべてを取り囲んでいる。

そのためテストは，父親に，また，彼が娘のために定めた目標にも依存したいという，彼女の大きな欲求も扱う。したがって，彼女がふさわしいパートナーを見つけるのは困難である。彼女は，パートナーシップを切望しているが（鳥），自分の肉体的欲求や性アイデンティティに関する両価性のため，ふさわしい結婚相手を見つけられないと感じている。

反応は絵画的様式，また，細部を制作するときのさまざまな筆跡の性質と根気強さは，彼女自身を芸術的に表現するための優れた能力を示唆している。彼女は，旅行したり着飾ったり，審美的で流行の先端をいく物事を扱うといった上品な生活を望んでいる。それらは，職業指導で熟慮されるべき，彼女の本質的な欲求である。

成育史

被検者は25歳。人文学専攻の大学卒である。彼女は将来設計を話しあうようになっていた。裕福な父親は，娘のため，彼女が経営する建築（建設）会社の設立を意図していた。その考えを彼女は気に入っていたが，自分が人生の最悪な時期にあり，非常に緊張を課せられていて，単純な課題にさえ集中力とスタミナに欠けると感じていたので，自分が会社を経営できるかどうか心配していた。彼女は，自分が一日に何時間も白昼夢や空想にふけることに気づいている

ので，父親の計画には専念できないとこぼした．さらに彼女は，男性と親しい関係を築く力がないことを心配していた．男性は，彼女と一度か二度デートをして性関係をもつと離れていくのである．この在り方に自身も関与していることを彼女は理解できていない．面接のあいだ，彼女の不安と内面的実質の欠如ゆえ他者に同一視する感受性を示すように，彼女は常に私の名前を走り書きしたりサインしていた．

創造的な要求や想像力のため，彼女には，性－心理的な問題に立ち向かうために芸術療法の開始が勧められた．また，必要とされる現実的で明確な見通しに欠けていたので，父親が提案する仕事に着手することについてふさわしくないと警告された．代わりに，彼女の感性や装飾的な欲求を満たすような，輸入服飾や装飾品を扱う小さな店を開くことはできるだろう．

8. 情報の少ない描画の事例

ごく普通の絵（図208）は空虚感や孤立感を投映している．同時に，描かれたところも空白のところも声なき「叫び」が存在していて，非常に表現豊かである．最小の構成要素にもかかわらず，この描画を行なった人の知覚は，技巧的ではないが，全体，絵，経験を構築する構成を提供するような全体性の1つである．それはアンビバレンスと内なる統合の欠如を強調している．

星は，静かであるよう意図され組み立てられたが，とても躍動的な表現をしている．その後で，光の源を見る．それは認知的な明るさである．左－右軸の空間象徴と一致する内－外の空白も明らかにするのを私たちは見るだろう．

波の反応は形式的モードをほぼ示している．丸みを帯びた形に描かれたが勢いには欠けている．描線には筆圧のリズミカルな変化がなく，活気がなくて，几帳面な方法で制作されている．ここでも表現が内容と一致しない．すなわち，こわばった描き方は海の波という主題に調和せず，まして枠の下半分にある本能的な象徴に調和していない．波には何かを隠すほどの表現力はなく，静止している．

ゆえに，過度に敏感な（心配症的）精神的－認知的領域と，抑制され過ぎた情緒的－生命的領域とのあいだに広大な隔たりが作られている．その両方とも不適切で，互いに相手と調和していない．統合性の欠如もまた，星と波のあいだの空間的隔たりにおいて明白である．発達基準の観点からすると，これは，被検者の年齢にしては成熟に欠けることを指摘している（基準では，空間的隔たりの出現は，6歳の62％から18歳の6％まで一貫した減少過程をたどる）．

連続的な発達過程が非常に長い間遅延し，沈滞していて，彼の思春期がいまだに終わっていないと考えるのは妥当である。

　精神的−知的な世界と情緒的−生命的な世界とのあいだの空間的隔たりという状況は，長年にわたり機能していて，彼の二次的な性質になっている。この印象は，非常に細く，ある場所では鋭く，波の中央ではほとんど硬い筆跡に基づく。この筆跡の性質は，知覚に関する欠損，また，合理性と情緒面の解離を指摘する。さらに，波の両側とも空白である端は，他者である右側からの情緒的な孤立，また，彼自身——左側からの情緒的な解離を示している。外界との関係に実在する障壁と内なる解離の感覚のため，発達面の遅れは固着しているように思われる。彼は閉じ込められたと感じている。

　もっとも重要で興味深いことは，紙面の右側に近づくにつれ星の右手側がだんだん貧困化するという，星のほとんど片面だけの変形パターンである。星は，外界に対し徹底的に妨害されていて，防衛策として背後を守っている。これとはまったく対照的に，星の左側は上手に描かれているが，のう胞のような形に大きくさせられ歪められている。ここに表現された問題は二重性である。すなわち，内的体験の領域に過度の負荷があるあいだは，その内的圧力は拡散したままだが，刺激や人間関係を受け入れることと，外界や未来に関与することに対する防衛が

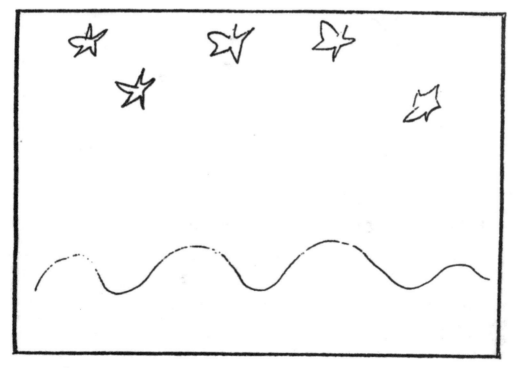

図208　男性／20歳

存在している。内的不安は処理されていない。彼に影響を及ぼしている外的要因を理解するには，分化と明晰さが不十分であり，それは彼の内的混乱を引き起こしている。その感情が認知能力と形の制作を減退させている。主に5つの星のうち4つは，左と下方を指し示す鋭角さが顕著で，それは抑うつ感と自己攻撃性をほのめかす。

しかし，無気力や抑うつや内在化された攻撃性とは対照的に，右と上方へ，外界と将来における成長と前進に対する憧れ，具体化，向上心へ向かうような，押し上げ加速する動きも星は表している。躍動的で大きな希望がある一方で大事な局面での抑うつ感と特殊な妨害のため実現する力はわずかしかない，といった硬直した対比が，内的世界から解離し引き裂かれている感覚を人に与える。それは実存的な危機を反映する。もし，この凍りついた感情や貧弱な生命力，統合性の欠如や解離が増すなら──被検者が大きな危機，実存的な危機に瀕しているという印象がますます強くなる。結果として，内面に向かう攻撃性──彼自身に向かう──が懸念材料になる。

成育史

被検者は20歳の男性で義務兵役期間にある。学習障害が早くに気づかれていて，2年生の

図209 女性／38歳　左利き

ときには書字障害といわれ，8年生で注意欠陥障害および強迫性障害と診断された。その両方を対象にした薬物治療を受け続けている。彼を支えるための心理療法をほんの数年だが受けていて，ちょうど治療を再開したところである。

9. ワークシートを用いた分析（図209）

SWT のワークシート*

注意事項：
- 質問事項はイタリック書体（訳注：本書では<u>下線</u>）で書き入れてある。
- 可能な解釈は大文字で提示する。
- I 部（発達的側面）は成人には該当しない。

被検者情報：
　氏名：<u>X</u>
　男／女・年齢　<u>女・38歳</u>　　　利き手：右／<u>左</u>

I．発達的側面（3〜6歳のみ）

間違った解答／部分的な解答（星だけ／波だけ）／完全な解答

描画の方向性　　　星：　　左側へ／右側へ／明確ではない
　　　　　　　　　波：　　<u>左側へ</u>／右側へ／明確ではない

左利きの人に期待されるだろうこと。

機能障害の手がかり

成熟度得点（4〜6歳のみ）
　本書，ヤローンとベン＝ジオンの尺度を参照。

＊全権利は Dafna Yalon に保有されている（samwise@netvision.net.il）

Ⅱ．全体印象

第一印象：　　生き生きしている，躍動的，力強い，硬直している，複合的（矛盾を含む）
　　　　　　　主な要素に見られる不調和（生き生き vs. 硬直）
――複雑なパーソナリティ．他とは異なる精力的でカリスマ的な表現や自由な表現を抑制している大きな葛藤が存在する．

反応様式：文字通り／形式的／絵画的／感情のこもった／象徴的
――問題にアプローチする際の原初的な情動．その強い情動を表現することに抵抗する防衛としての様式化と美学．差し迫った不安定な個人的問題が象徴的にほのめかされている．しかし彼女は必ずしもそれに気がついていない．

星
　全体的な様相：さまざま，躍動的，過活動のため軽視されている．形態よりも動きが目立つ．
――最後までやり通すことのない創造的思考のすばやい制作．神経質なことが思考の徹底を妨害している．

波
　全体的な様相：さまざま，部分的に硬く不安定（対照的，補償的）．動きよりも形態が目立つ．
――テストへの絵画的な反応である点で，情動が，彼女の優位な機能である．未解決の情緒的問題が，彼女を身動きとれなくさせていて，外見を強く見せることで過剰補償している弱さと無力感の原因になっている．

特異な点
　波は優位な形態を有し，星は優位な動きを有すること!!
――論理的で冷静な思考を現在妨害している本能的な不安に加え，防衛としての，計算された論証的な情動．両方の領域とも，全体的な第一印象が提示したこと以上に問題である．

描画順序：初めに星（訳注：原本が間違っている）／初めに波／その他…
――主に情緒的な生命に向けられる興味／関心

優位な領域：大小（関連）上：星／波
　　　　　　　作業量上：　　　星／波

　　　　　　　優位なし
——機能，動機づけ，興味の相対的な均衡

垂直構造：隔たり／<u>自然な配置</u>／混在／水平線／境界線／不調和な軸線
——形式的，対外的な行動において，思考と感情，認識と本能の間に明らかな分化が見られる。しかし，無意識的な障害が生活全般で散発的に起きている（星に見られる動き，波に見られる形）。

水平構造：優位（作業量上）：<u>左側</u>／右側
——問題と／あるいは　過去からの影響

　　　　　特別な配置：<u>左側に</u>／右側に　月
——母親問題に関係している可能性

　　　　　動きの方向性：星の領域では　左側／<u>右側</u>
——内面の観察を無意識に避けること。認識的な自覚を保つための努力に疲れ果てている。

　　　　　波の領域では　<u>左側</u>／右側
——頑強な固着が，無意識的な過去（母親）への依存を，いまだ未解決の問題として特徴づけている。

出来事の時期：関係しない

マクロ構造：調和／<u>並置</u>／規則性／不調和な絵
——彼女は調和を求めていて，彼女自身のなかに平穏を見つけようと懸命に取り組んでいる。

マクロ／マイクロ構造関連：
　マクロ：<u>強い</u>／弱い
　マイクロ：<u>強い</u>／弱い
——彼女の環境へのよい順応を示す。堅実な内なる強さ，基本的な生存技能。

Ⅲ．特定の項目

コーナー，特殊な処理：<u>左上</u>——月の付加（低い＋重い＋落下）

　　　　　　右上
　　　　　　左下
　　　　　　右下

——月は「内なる価値規準」を意味するには低すぎる。母親への愛着にまつわる問題，希望の欠如に加え，幼少期の家庭の記憶に関する付加的な手がかり。彼女の女性性は重荷で，もしかしたらアイデンティティ（ジェンダーアイデンティティか，性アイデンティティか，ボディイメージ）の問題になっている。

中央：星／波／他の要素　　　　　　　　関係なし

星の非対称性：強調されている方向　　　　　　右側
　　　　　　　軽視されている方向　　　　　　左側
——不適応感。不十分な内的洞察。外向的な思考と注意によって補償されている，過去の厄介な問題について熟慮することの回避。

象徴の付加：月（鎌の形）
——憂うつ。冷たい母親像の認知に関する罪責感。この問題にまつわる強迫観念。

形態
　明瞭／<u>多種</u>／大きい，<u>躍動的</u>／小さい，緩やか／点の星／円の星／<u>線の星</u>／<u>多量</u>／クモ型の星／渦巻き／円＋角のある／花／<u>抽象的</u>／人物／五芒星／ダビデの星／光り輝く星／「目玉焼き」／消された領域／<u>軽視された</u>／その他　　　　　　
——知的で創造的。理性的な処置と情緒的な処置が同じくらい存在するが，それらは十分に分化していない（上部－躍動的な星と不活発な波）。

動き
　リズミカル／平坦／嵐のような激しさ／荒い／らせん状／<u>鉤の形</u>／硬直／跳ねている／枠線を守る／不活発／崩壊／<u>多種</u>／その他　　　　　書き直された，上層としての幅のあるアーケード。その筆跡の終わり部分は鋭さを有している。
——情緒的な停滞，怒り，罪責感。それらを親しみやすい外見に隠しているが失敗していて，それらは依然として底流のままなので，予期せぬ噴出として行動化するかもしれない。

筆跡の性質

	複合線	一本線
波		有
星	有	

観察された組み合わせは期待されるものとは逆である。
——主要な葛藤（筆跡なので）。すなわち，内部に作られた，情緒的不安の「自動操縦」が彼女の意識的思考に悪影響をおよぼしている。さらには，彼女の本能は硬直していて，その真の統制を彼女が獲得することなしに，いくつかの安全行動に強迫的に集中させられている。

	安定	不安定
連続した	有（非常に）	
分断した		

顕著な加筆が不安定な動きを指摘するが，不安定な筆跡を示してはいない。
——集中，統制，根気強さ。彼女の母親像（月）に関する特別な不安と彼女の防衛能力（上部の波）。

太さ	筆圧	
	強い	弱い
太い	しっかりした（月で）（乱雑な）	やわらかい（もろい）
細い	鋭い（硬い）	繊細（か細い）

概ね：中程度の筆圧と太さ
——官能的，暖かい。母親／性役割の核心にまつわる対立や摩擦にもかかわらず，内面は健康。

特定の要素に見られる普通でない筆跡：＿＿＿＿＿＿月にある，やり直しと強い筆圧（上記参照）

平面の処理

影をつける／暗くする／黒くする／毛羽立てる／荒くする

障害のサイン

第1のサイン（弱さ）

1. ゆるんだ動き
2. ゆるんで，弾力性のない筆跡
3. か細い筆跡
4. 描線の中断（制御不能で描線が途切れてしまう）

第1のサイン（未統制の欲動）

5. もろい筆跡
6. 乱雑な筆跡
7. <u>多動性</u>（星の動き）——思考の障害

第2のサイン（緊張）

8. 狭くなること
9. 重なる筆跡
10. <u>萎縮した動き（波）</u>——未解決の，苦悩に満ちた情緒的な問題
11. 緊張した，弾力性のない筆跡
12. 硬い筆跡
13. <u>消すことや加筆による修正</u>（月で）——安全感の不足と罪責感，内在化している母親像に関係した羞恥心
14. 黒く固着して描かれること

第2のサイン（過剰補償による統制）

15. <u>非常に規則的な配列</u>（波で）——社会や仕事で十分に機能を果たそうとし，最良でいようとする努力
16. 様式的：テストに対しての形式的反応
17. 線影を描くこと

環境不適応のサイン

18. 不調和な空間，調和で空虚な領域
19. もつれていること
20. 最終段階での遮断
21. 荒くすること

障害度得点

本書，ヤローンとベン＝ジオンの尺度を参照。

Ⅳ．まとめ

　ａ．総合障害度得点（現在の状況）：高い／中程度／低い
——現在，彼女は，おそらくそれほど多くは苦しんでいない。

　ｂ．テストからの主な結論
（イタリック書体（訳注：本書では下線）で書かれたすべての文章から総論を作成する）

　ｃ．調和／付加情報／他のテスト結果との不一致
——他のテスト——筆跡分析，樹木画，人物画，ワルテッグ描画テスト——は，全体的に拡散を示している。SWTでは，ジェンダーアイデンティティへの疑念と隠れた情緒的問題の固着（岩のような，退行的なカギの形の波によって表現された）も強く訴える母親問題の深刻さが重要な手がかり。それは，よりよい統合を見つけるために取り組むべき，彼女の隠された問題を指摘する。

・調和／付加情報／個人記録と面接資料との不一致

成育史

　被検者は38歳の独身。とても成功している講師である。彼女は，自分自身を日中コントロールできるようにするため，毎日，エネルギー発散とストレス解消のために激しいスポーツを仕事前に行なう。2つの非常に異なる民族文化出身である両親のもと，小さな村に生まれた彼女は，洗練された父方の家系と伝統を好んだ。母親は，彼女自身のキャリア追求と共感性欠如のため家庭にあまり関わらなかったので，母親の不在はいつものことのように感じられた。

　子どもの頃や10代の頃，彼女は，農民の子どもたちのあいだでは普通でない知的で審美的な関心のため，しばしば嘲笑されていた。彼女は，自分の感情や精力的な気性を家庭で表現することが許されず，自分は価値がなく不適当であるとの感情が育った。彼女は，13歳から8年間，拒食症に苦しんだ。長年，彼女はさまざまな流派を試しながら心理療法を受けてきた。ここ数ヵ月だけ，彼女は健康と幸福感を感じるようになっていて，自分の状況が本当に改善されたのかどうか知るために筆跡鑑定を求めてきた。

第11章

結　　論

　SWTは比較的単純な方法だが，被検者の現在の状態，機能，発達のさまざまな側面，多くのパーソナリティ特性や，パーソナリティの全体構造と統合性などに関する豊富な情報を与えてくれる。

　SWTを，筆跡分析を補足する方法として，とくに樹木画テストとワルテッグ描画テストを含む「投映描画法テストバッテリー」の流れのなかで行なうとき，筆跡学者は下記にあげるSWTの利点から利益を得るだろう。

・**結果の妥当性が高められる**
　心理テストは「1つのテストはテストではない（one test is no test）」という概念に基づく。もし私たちが，本テストが由来するところの筆跡学を重要な学問分野として心理学者に認めてもらいたいなら，テスト結果は投映描画法テストバッテリーに基づくべきである。筆跡とSWTの両方に見られる類似性がより安全なアセスメントを可能にする。

・**複雑な布置を理解できる**
　SWTと筆跡分析から得た情報が異なるとき，私たちのデータベースはしばしば豊かになる。いくつかのケースにおいては，矛盾に満ちた状況や反応を巻き込んだ特定の性質が示されることがあり，まるで正反対の情報を明らかにする。杉浦・香月・鋤柄（Sugiura, Katsuki and Sukigara, 2004, 2005）は，SWTを含むさまざまな投映法や描画法や描画テストを調査し，それぞれに投映される潜在意識はテストごとで違うことを見いだした。杉浦・原・鈴木（Sugiura, Hara and Suzuki, 2002）は，心身症で，感情を言語化できない失感情症の患者を対象にした追跡研究において，治療のあいだ三度にわたって投映描画法テストバッテリーを実施した。結果，各テストが患者の前意識の異なる層を明らかにしたことを示し，さらに，種類の違う描画テストを一緒に実施することが，各テストを別々に実施するとき以上に優れる患者理解を促進したと述べている（Sugiura, Hara and Suzuki, 2002）。

・社会適応を超えたパーソナリティを確認できる

　筆跡は，文化の所産であり，学校の規範に大いに影響されるかもしれない。多くの場合，社会要求に適応していった結果として，どちらかといえば非表現的なものか，あるいは大人しいペルソナ的なものになっている。

　しかし，SWTのための定型化された基準はないため，社会的要因は排除され，描画テストにおいては個人的な表現が可能になる。

・想像力と創造性

　筆跡から想像力と創造性をアセスメントすることは簡単ではない。それらは社会適応や強迫的傾向にしばしば覆い隠されてしまう。そして，社会適応や強迫的傾向は，筆跡により多く表現されている。描画テストは，想像力と創造性という重要な性質にまつわる直接的な描写を可能にし，分析家による筆跡学アセスメントの結果をより良いものにするであろう。

・深層パーソナリティへの接近

　SWTは筆跡よりも深いパーソナリティ層に関与できる。退行と，社会化される以前および言語化される以前の状態が喚起されているので，深層意識およびもっとも「原初的な」無意識領域から象徴を引き出すことができる。

　アヴェ＝ラルマン（Avé-Lallemant, 1993）は，下記のような「投映描画法テストバッテリー」に多様な要素の特別な価値を記述している。

１．筆跡

　筆跡は，文字の規格統一化のために使われる教科書から大きく逸脱できない，とても意識的な産物である。そのため社会化や適応能力を非常に強く反映する。したがって，筆跡分析は，対人関係や社会的役割，仕事上の機能を評価することに使用できるのであり，また，知的側面と行動面における潜在能力と実力をアセスメントすることにも使用できる。筆跡は気質や長期の忍耐力もまた明らかにする。加えて，異なる年齢基準と比較することで，精神的，情緒的な成熟度や，教育水準や学習障害を確かめることも可能である。他のすべての心理テストより優れていて，もっとも重要な筆跡の利点とは，発達パターンやさまざまな状態，また病気以前の状態を知るために，過去にさかのぼって検討できる可能性である。

２．ワルテッグ描画テスト

　このテストはさまざまな意識水準に結びついている。何を書くかは前意識的だが，その制作に前意識は関与しない。このテストは実存の異なる領域についてさまざまな情報を提供し，そ

れぞれに適切な機能，あるいはまた特定の問題を示す。葛藤のアセスメントや，各領域のあいだの複雑さや統合性のアセスメント，また，創造性や内面の豊かさを知るのにも役立つ（Avé-Lallemant, 1994）。

3．バウムテスト（アヴェ＝ラルマンによるコッホの修正版）

被検者の樹木画への同一化は大いに無意識的なものである。木も人も同じ立像であるだけでなく，その対比しうるライフサイクルによって，自己経験や自己感情，自己表現を含む自己イメージの表現が誘発される。樹木は，被検者の内なる力や，成長に関する個人的な経験を示唆する（Avé-Lallemant,, 1996）。

4．星と波描画テスト

アーキタイプ（元型）的な主題を扱い，また，もっとも深い無意識層や前言語的体験を呼び起こすことで，SWT は，被検者の内奥や実存的体験，また被検者自身の空間の物語や，一般的には世界の物語にアプローチしていく。自己愛の問題や抑うつ的傾向，自己破壊的傾向のように，とても早い時期に，そして深いところに根づいた問題にアプローチできるであろう。

したがって，SWT は，テストバッテリーのなかでもっとも深層のテストと考えられる。実際，ロールシャッハ・テストを除くと，SWT と同じくらい深く明瞭な結果が得られる心理テストはあまり多くない。とくに象徴的反応は，後々の治療で扱われるべき，診断に役立つ結果を可能にする。これらの描画テストを上述の順に実施することで，外的側面から内奥の核に至るまでのパーソナリティ研究が可能になるだろう。性－心理的問題や，家族のなかの問題といった特定の事柄にさらに焦点を据えるためには，人物画や家族画，動物家族画のような他の描画テストがときには加えられるとよいだろう。

異なるテストであってもたいていは似通った情報をもたらすが，しばしば，それらのうちの複数のテストから，付加的で豊富な資料が引き出されることがある。また他に，異なるパーソナリティ領域のあいだに存在する葛藤や調和の欠如を明らかにするような，相反する情報が得られる場合もある。矛盾する情報は，ほとんどの人が専門家の助けを必要とするような危機的時期によく見られる典型である。そのような場合は，1つか2つだけのテストに頼らず，十分なバッテリーを実施する必要性が明らかにある。興味深いことに，ラツォン（Ratzon, 2002）は次のように述べている。すなわち，すべての年齢集団に何千というテストバッテリーを実施した経験において，SWT は，活力や，ストレスに直面した際の回復力といった，被検者の内面の強さを評価するのにもっとも役立つという。それゆえ，被検者が，言語能力の欠如のため自分の内的苦悩を表現できないとき，あるいはまた，彼らが「ふつうのやり方」で欲求を表現できないときに，SWT を用いることは価値がある。イスラエルの筆跡学者であり小児科医で

もあるベン＝アサ（Ben-Assa, 私信）は，過剰な激励を行なう教育プログラムにさらされている子どもたち（脳性マヒの患児やダウン症候群の子どもたちのような），また，喘息や他の慢性病にある子どもたち，テロの被害者，難民，化学療法や透析治療，その他激しい治療やストレスの高い処置を受けなければならない子どもたちを対象とするときに，SWT を追跡調査の方法として使用することを提案している。SWT を描くことは，自分の苦悩を表現できる機会を子どもたちに与えるかもしれず，自分自身をより理解させる機会を彼らに与えるかもしれない。

リッゾ（Rizzo, 1999）は，うつ病患者たちを対象に，SWT がパーソナリティの異なる側面を明らかにすることを見いだした。「筆跡は，個人が外からどのように姿を表すかといった被検者の全パーソナリティに言及する一方で，SWT は，パーソナリティの隠れた側面を内側から明らかにする」。こうした対比が「被検者の精神状態を評価する完全な概観，すなわち，互いに対照的な 2 つの力の総和」を可能にする。

しかし，このことは一般の人びとの場合にもいえる。シーゲル（Siegel, 1999）は，小学校 5 年生 146 名を対象にした筆跡と SWT の比較研究のなかで，2 つを一緒に実施することで「各テストだけでは簡単には確かめられなかっただろう児童の個人的な苦労や適応性，能力といったものの一瞥が提供される」と述べている。手書きの筆跡には自由な表現がしばしば含まれない。とくに，自意識や順応する必要性から表現を抑制しているとき，また，社会からの期待に従うため懸命に努力している学習障害の子どもたちにおいてそれは見られる。このことは，よく似ていて流行にあったペルソナや理想化された自己イメージ（丸みをおびたアーチ状で左に傾いた筆記体）が，ペンの握りや紙の方向，からだの姿勢といった努力の程度は各自違っていたにもかかわらず，筆跡は非常に似ていた 3 人の少女によって実証される。彼女たちの SWT は，とても異なる方法で自分自身や自分の問題，また，対処法を表現していたのである。すべてのグループの SWT が，前意識的な情報を反映し，補償作用と防衛機制に光を注ぐことによって，個々人の異なる側面を示していた。

したがって SWT は，カウンセラーや臨床医と被検者のコミュニケーションにおいても，非常に効果的な方法だと考えられる。思考パターンや作業様式，情緒面の均衡や成熟度，創造性，内的葛藤や問題についてはもちろんのこと，ライフイベントや両親像の影響についても，SWT はたいへんな量の情報を与えてくれる。しかし，SWT を過度に解釈しようとするべきではなく，追加のテストや，探求を進めるうちに見いだされてくることを常に確認すべきである。

心理臨床学の分野に初めて紹介されてから今日まで，SWT は，理論面でも実践面でも，長

い道のりをかけ確実に発展してきている（Avé-Lallemant, 1979）。本書において，私はSWTに関して役立つにちがいない最新の情報を包括する試みをした。ヨーロッパやアメリカ，アジアなど，各国のさまざまな大学機関におけるSWTの最近の立証や活用は，興味深い将来の発展を明らかに認めている。描画テストにおける描画表現と投映の一般的に妥当な普遍性は（Yalon, 2003; Sugiura, Katsuki and Sukigara, 2004），筆跡分析学的評価を国際的な共通言語にするのであり，アセスメントや治療法としての筆跡分析学的評価の使用を促進するだろう。

付録1

収集資料の書式

（親，教師，心理療法家により記載）

施行日 _____

施行者 _____

姓名（または番号） _____

性別：男性／女性

年齢 _____ または生年月日： ____年 ____月 ____日

利き手：　　　左／右／持ち替える

描き始め：　　星／波／他の物 _____

星の初めの側：　左／右／特定なし

波の初めの側：　左／右／特定なし

特異な行動 _____

特記 _____

子どもの両親　　同居
　　　　　　　　別居，離婚

　　　　　　片親
　　　　　　その他

子どもは_____人の_____番目

健康状態：　健康
　　　　　　普通
　　　　　　虚弱
　　　　　　慢性病や障害_____
　　　　　　運動神経の問題_____

行動上の問題　不安_____
　　　　　　　気分_____
　　　　　　　攻撃性_____
　　　　　　　恐れ，抑制_____
　　　　　　　夜尿_____
　　　　　　　その他_____

その他の関連情報：_____
_____
_____
_____
_____

付録2

SWTのワークシート*

個人情報
氏名：..

性別：男／女　　年齢：............　　利き手：右／左

Ⅰ．発達的側面（3〜6歳のみ）

描かれていない部分描き（星のみ／波のみ）　すべて描く

描く方向　　星　　左方向／右方向／特になし
　　　　　　波　　左方向／右方向／特になし

機能不全の手がかり..

成熟度得点（4〜6歳のみ）
　本書，ヤローンとベン＝ジオンの尺度を参照。

Ⅱ．全体印象

第一印象：..
....

―――――――――――――――
＊全権利はDafna Yalonに保有されている（samwise@netvision.net.il）

反応様式：要点のみ／形式的／絵画的／感情のこもった／象徴的

星―全体的な表現：＿＿＿＿＿＿＿＿＿＿＿＿＿＿＿＿＿＿＿＿＿＿＿＿

波―全体的な表現：＿＿＿＿＿＿＿＿＿＿＿＿＿＿＿＿＿＿＿＿＿＿＿＿

描画順序：星が最初／波が最初／その他

優位な領域：大きさ：星／波
　　　　　　表　現：星／波
　　　　　　強調なし

垂直構造：　隔たり／自然の配置／混在／水平線／障害物／不調和

水平構造：　優位（表現）：左側／右側
　　　　　　特別な場所　：左側／右側
　　　　　　動きの方向　：左側／右側（星の場合）
　　　　　　　　　　　　　左側／右側（波の場合）

出来事の時期：＿＿＿＿＿＿＿＿＿＿＿＿＿＿＿＿＿＿＿＿＿＿＿＿＿

マクロ構造：調和／並置／規則性／不調和な絵

マクロ／マイクロ構造関連：　マクロ：強い／弱い
　　　　　　　　　　　　　　マイクロ：強い／弱い

Ⅲ．特定の項目

コーナー，特殊な処理：左上
　　　　　　　　　　　右上
　　　　　　　　　　　左下
　　　　　　　　　　　右下

中央：星／波／他の要素＿＿＿＿＿＿＿＿＿＿＿＿＿＿＿＿＿＿＿＿＿

星の非対称性：
　強調されている方向 ⟨　　　　　　　　　　　　　　　　　　　　⟩

　無視されている方向 ⟨　　　　　　　　　　　　　　　　　　　　⟩

象徴の付加：⟨　　　　　　　　　　　　　　　　　　　　　　　　⟩

形態
特徴的／多様な形／大きくいきいきとした／小さく穏やか／点／丸／線形／空白なし／放射状／渦巻き／丸と角／花／抽象物／人間／五芒星／ダビデの星／輝く星／目玉焼き状／消去の跡／空白／その他

動き
リズムのある／平坦／荒々しい／らせん／かぎ状／硬い／はねる／枠に接触／動きのない／断片的／多様／その他

筆跡の性質

	複合（ポハール）	単一（ポハール）
波		
星		

	明確	不明確
連続		
分断		

| 厚み | 筆圧 | |
	強い	弱い
厚い	しっかりした（乱雑）	やわらかい（もろい）
薄い	するどい（硬い）	繊細（か細い）

特定の要素に見られる普通でない筆跡：

平面の処理
影をつける／暗くする／黒くする／線影をつける／荒くする

障害のサイン

第1のサイン（弱さ）
1. ゆるんだ動き
2. ゆるんだ，弾力性のない筆跡
3. か細い筆跡
4. 描線の中断（制御不能で描線が途切れてしまう）

第1のサイン（未統制の欲動）
5. もろい筆跡
6. 乱雑な筆跡
7. 多動性

第2のサイン（緊張）
8. 狭くなること
9. 重なる筆跡
10. 萎縮した動き
11. 緊張した，弾力性のない筆跡
12. 硬い筆跡
13. 消すことや加筆による修正
14. 黒く固着して描かれること

第2のサイン（過剰補償による統制）
15. 非常に規則的な配列
16. 様式的：テストに対しての形式的反応
17. 線影を描くこと

環境不適応のサイン
18. 不調和な空白，不調和で空虚な領域
19. もつれていること
20. 最終段階での遮断

21. 荒くすること

障害度得点
本書，ヤローンとベン＝ジオンの尺度を参照。

IV. まとめ

- 総合障害度得点（現在の状況）高い／中程度／低い
- テストからの主な結論
- 調和／追加情報／他のテスト結果との不一致
- 調和／付加情報／個人記録と面接資料との不一致

付録3

幼稚園で行なう将来の筆跡の質と学業成績を評価する道具としてのSWT

　星と波描画テスト（SWT）は1979年，ドイツの心理学者，筆跡学者であるアヴェ＝ラルマンが開発し，3～6歳児への描画機能発達テストとして，またすべての年齢層を対象としたパーソナリティ・テスト（表現および投映）として確立された（Avé-Lallemant, 1984, 1979）。評価において機能発達側面は平易かつ明瞭な要素である（Avé-Lallemant, 1981）。その標準的方法は，ヨーロッパ諸国，日本，アメリカ，イスラエルなどの多くの国の研究によって決められている（Ratzon, 1989）。

　テスト用紙が被検者の前に置かれ，テスターによって「海の波の上に星空を描いてください」と指示されると，被検者には星と波から連想される個人的経験と一般的な夜の経験に基づく内的世界の心の地図が思いだされるだけでなく，星と波のアーキタイプ的象徴が呼び覚まされる。これらの象徴的かつ投映的要素に加え表現力豊かな感情表現が，さまざまな描画特性から描かれた絵に表れている。子どもたちのテストの結果は常に，彼らの認知，描画技術の発達レベルに大きく左右される。3つの観点，すなわち投映内容（何がどこに），個人的経験の表現（どのように），発達的要素（人生のどの点で），が相互に作用しているのである。絵には人間の持つ一般的なゲシュタルトが表現されるため，パーソナリティの統合に特別に寄与しているものを人為的に分離して分析し，焦点化することが可能である。

　筆跡分析は「手がきの3つの要素」，絵の運動，絵の形，絵の空間配置の区別から成り立っている（Gross, 1950; Heiss, 1966）。それぞれの描かれた絵の違いは，脳の経路，発達，意味づけの違いに由来する。このアセスメントの原則は，SWTやすべての描画テスト，自由画に適用できる。

　さまざまな幾何学的な形を描く力を身につけると，子どもたちは鮮明な動きや自然な配置を用いて，自発的に描画できるようになる。その結果5歳の子どもたちの自由画では，「手がきの3つの要素」（運動，形，空間配置）が共存し，お互いを干渉しあう。また，筆跡においても，自発性が獲得されると，通常は小学3年生で到達する「手がきの3つの要素」（運動，形，

空間配置）が混在するようになる。

　他の描画や筆記テストとは異なる SWT の独特な考え方は，描画時と分析時の両方で，手がきの 3 つの要素を分けることができることにある。その要素の 1 つである**運動**は，波の曲がりくねった動きのリズムや乱れ，**形**は星で明らかにされる。**空間（配置）**は，お互いに干渉したり悪影響を与え出すことなく，配置や枠内の要素の正しい割り当てができているかによって確認される。

　本稿の研究は，発達機能側面のみに焦点を当て，「就学準備の問題」の考察を行なっている。この目的は，幼稚園最終学年の初期にある子どもたちのスクリーニング評価のための，量的尺度を作成し，翌年に小学校入学を控えた就学準備に疑いのある子どもを可能なかぎり早く発見することにある（訳注：ヨーロッパでは一般に就学準備ができていないとされる子どもは，小学校入学を 1 年遅らせるという方法がとられるため，再度，幼稚園の最終学年を繰り返すことになる）。能力が年齢相応のレベル以下である場合，この子どもたちは「危険な状態」にあるかもしれない。短期間の研究では，他で半年後に実施された心理教育的サービスの標準的アセスメントの結果からその妥当性が確認された。(Yalon and Ben-Zion, 1997)。反対派の教師らが 4 年後に行なった長期間の研究でもその有効性が確認されている。今回の縦断的な追跡研究でも，幼稚園児の描画から小学生の筆跡の構成指標と描画表現の発達的変化を追跡することが可能であることが示され，筆記におけるさまざを害を予測し，評価できる量的な技法が確立された。

　子どもたちの絵には，最初のなぐり描きから始まり幾何学的な絵を経て，図式的な絵を描くまでの普遍的な発達パターンの確立が見られる。この発達上のパターンに気づくことで，それに関連したさまざまな認知機能と書字運動機能の成熟度（Maturity）の直観的な評価が可能になった。そして，あらゆる（発達の）遅れや障害から，就学時の描くから書くへの移行に影響を与え得る危険要因に気づくことができた。

　SWT は A5 大の紙に，15.5 × 10.5 センチの枠づけがされた標準的なテスト用紙があり，準備された 2B の鉛筆と消しゴムを用いて描かれる。他者の真似が避けられるなら，個人でも集団でも実施できる。5 歳児へのテストの教示は，「海の波の上に星空を描いてください」である。

　SWT における明らかな，あるいは暗に含まれている要求のすべてを満たすには，以下のような能力が必要とされる。

1. **目的の理解**：波の上の星空を描くという複雑な作業が十分に理解されなければならない。

2．回想：星と波の心的イメージへの回想には，必然的なイメージへの導き手である既存の心的概念と星と波を思いだすのに有効な記憶を伴う。

3．作品の制作：閉じた・構造化された静的形として描かれる星。
力強い曲がりくねった，開かれたカーブとして描かれる波。
これらの2つの要素は，識別できるよう描かれなくてはならない。

4．配置：とくに指示されなくとも，星と波はテスト用紙の枠の内側に描かれるべきである。2つの異なった領域にある星と波の自然な垂直配置は，図式的な絵を描く発達段階で見られることが期待される。

テストを実施する際にテスターは，枠について触れるべきではない。被検者はその枠の内に絵を描くよう期待されていることを感じるだろう。これは4歳半から5歳の年齢の子どもたちを対象とした実施経験にも明らかである。コーエン＝バー＝カマ（Cohen-Bar-Kama, 1997）は，SWTでの枠の認知と成熟の度合い，小児科の初歩的検査（PEEX）を含む神経学的検査とのあいだに相関があることを示した。さらに，コナーの質問紙の多動得点と枠の認知のあいだに高い相関があることも明らかにされている。

大多数の子どもたちは，5歳でこの複雑な課題を理解して実施できるようになる。アヴェ＝ラルマンはさまざまな国の3歳から6歳の子どもたちを対象に基準を決めた。その際グラフは増加し4歳半から5歳半の95％で水平になることを示した。一般的な描画能力と各文化や書記体系における書字を含む多くの表現方法を獲得しているとされる女子は，男子よりも早く成熟していた（Bloe and Blets 1991; Steinberg and Yamaha 1980）。また，イスラエルの子どもたちは，ヨーロッパ（Avé-Lallemant, 1997; Ratzon 1989）と比較して4歳で90〜95％が課題遂行できており，早い発達を遂げていた。これは，イスラエルの子どもたちが，3歳という非常に幼い段階で幼稚園に通園し始めることと関連しているだろう。

アヴェ＝ラルマンは枠内に波の上に星を描けなかった5歳児（1984, 1979）は，1年後学校に通う準備ができていないこと，そして，勉学上のもしくは感情・社会的な困難を抱える児童が，6歳を迎えた後にSWTが描けることを見いだした。そのため幼稚園児がSWTを描くことが難しい場合は学業準備が欠如しているか，少なくとも小学1年生で直面する標準的要求を満たすために必要な基本的技術の発達の遅れや障害の問題がある。

しかし一方で，完全なSWTを描く3歳児のケースも多くある。優れた書字技能をもつ優秀な子どもたちであるが，テストでの成功が就学準備ができていることを示すわけではない。そ

のため SWT は，学校教育への準備の欠如を評価する手段として，また幼稚園最終学年が始まるや否や危険な状態の子どもたちを識別するための手段として提案されている（Avé-Lallemant, 1984, 1979）。

幼稚園での SWT に見られる困難さに続いて，学校でも学業や社会，行動の分野に影響する同様の困難さを持つことが予想される。その困難さの見極めは，特定の達成できない課題，または混乱した絵に基づく。そして，この見極めによって専門家による適切な治療を幼稚園最終学年の1年を通して集中的に行なうことが可能になる。

この状況は，同世代の子ども間で危険な状態にある者を見つける，迅速かつ安価で，効果的なスクーリング手法の開発を促した。SWT を効果的なスクリーニングツールとしたのは，実施と分析の平易さのためである。これにより，就学準備のテストとしての有効性が調べられた。エシェルとベンスキー（Eshel and Bensky, 1995）による「就学準備テストの主な目標は学校で失敗を招きやすい子どもたちを見つけることにある。すべての生徒の学業の成功や失敗の予測手段として用いるわけでない」という言葉を忘れてはならないだろう。

就学準備には複合的な定義があり，以下の変数が含まれる

(a) 学習成熟度

知覚，運動神経，コミュニケーション（記号化），認識能力の一般的発達を含む。これらは向上させることが可能であり，特別支援教育の先生の指導，作業療法士による認知や運動のトレーニングなど，異なるアプローチからケアできる。子どもの学校入学があやぶまれる場合は常に，成熟度テストが使われる。しかし，子どもの経験だけでなく動機づけの影響をも受けるため，テストの結果は正確とはいえない。

(b) 感情の状態

感情的な問題は注意，集中力と意欲を低減させ，その十分な働きを妨げる。被検者は，後に生じる困難を心理学的ケアによって助けられることになる。しかし，テストの動機づけの程度に関する評価には，信頼性や十分な有効性が存在しない。

(c) 環境的要因

貧困な学習環境や，下層階級という環境は，子どもから学習に必要な経験を奪ってしまう。ケアは，子どものサブカルチャーへの教育的戦略の順応も含むべきである。生活経験に関するテストはいまだ存在せず，この種のテスト作成も非常に難しい。

成熟度（M）テスト（訳注：p.248参照）は，通常，低学力を予見するために選択されるが，精神障害など，他のさまざまな問題に苦しんでいる子どもや，遅くはあるが一時的な遅滞にある子どもたちも，援助を受けなくとも通常の発達を遂げることが見いだせる（Der'in et al., 1979）。

　クチャルスカとスターマ（Kucharska and Sturma, 1997）は，SWT を用いた，幼稚園児の学業達成の欠如を評価する量的尺度を最初に作成した。しかし，この尺度はイスラエルの子どもたちにはあてはまらなかった。というのも，これはイスラエルの子どもたちとのあいだで1年の差があるチェコの子どもを対象に作成されたもので，小学校の始まりが1年遅く，テストを受けたのが学期の最後だったためである。このため，イスラエルの5歳児向けに新しい尺度を作成する必要が生じた。この新しい尺度はSWTの質から明確になったこと，運動観察という刺激要因に多くの注意が向けられた。質的な観察，たとえば努力，創造力，自制，困難を克服する努力，または急激な欲求不満，部分的に，子どもの意欲など，少なくともそれらは発達的なものであり，多くは子どもの就学後1年間に進歩がみられる。

　成熟度（M）尺度の結果は，学校教育に必要な一般的発達スキルの評価基準として使用できる。平均より低い得点は，子どもの学習能力が未発達であることを反映し，その背景に，発達上もしくは器官的な問題があることを示している。このことで，困難さが明るみになり，学校への適応に影響が出る1年前に得点の低い子どもたちを見つけることができる。危険な状態にある子どもたちは，学習障害，知的障害または発達上の遅れなど支援の必要な障害をもつことがある。

　さらに，子どもがライフステージで学習する内的自由（余裕）があるか否かを判断する必要がある。子どもの感情は，対人関係，特別な生活上の出来事や状況，実在する器質的問題に依存し，就学準備に重要な影響を及ぼす。認知の成熟・発達の検査とは異なり，感情の成熟・発達に関する正確な診断手段は存在せず，心理検査は部分的な助言しか提供しない。保育士の報告書は，その子どもについて十分な認識に基づいている点で本質的な価値がある（Aharoni, 1989）が，明確な行動として現れずに内向し，抑圧されている「秘められた困難・問題」は，具体的な行動のなかに手がかりがみられないため，このような認識は不十分なことがある。たとえば，イスラエルではこの研究に取り組んでいた頃に，ロシア，エチオピアからの大規模な移民がイスラエルの地を踏んでいたのだが，新たにやって来た頃に移民たちが示す問題は，彼らの不十分なコミュニケーション能力に関するもので，それによって彼らの個人的な過剰適応や苦痛のすべてに気づくことができたわけではない。これらのことから，私たちは，過剰な喜びや強迫行動によって不安と行動化，同様に，緊張，抑制とを量的に評価するための，第2の尺度の必要性を痛感するようになった。

第2の尺度は，感情状態の数量化を目的とし，アヴェ=ラルマン（1982）の「障害の描画サイン」に基づいて作成された。彼女は，6～20歳の大集団と彼女のクリニックの個々のケースにおける若者のフォローアップ患者の両方を対象に，数年間，手描きの多様な描画要素の表出と消滅を追跡し，統計的手法を用いた縦断的研究を行なっている。幼児期から成人期までの筆跡の進化に発達上のパターンがあることが彼女の発見から明らかになり（1970），さらに手書きの変化から発見されたものは，予測される発達上のパターン変化をたどらない（1967）ことも示した。アーキタイプ的な変化は，いくつか特定の描画的要素の外観に特徴づけられ，これらの乱れは「障害のサイン」として定義された。危機的な期間には，作品の全体的な劣化（悪化）を引き起こすが，手書きに障害のサインが突然現れ，後に，描き手の状況や，感情がよくなると消滅する引き戻し（ゆり戻し）が現れる。そのような障害（悪化）は，たとえば，非常に収縮した運動，抹消と訂正，語間の広い隙間，筆跡の弛緩などに見られる（付図2参照）。

個人の描画表現力が普遍的なものであるとすると，SWTでの豊かな表現内容と，被検者の手描きとのあいだに類似が予測される。このため，私たちはSWTに手描きの障害サインのリストを適用し，フォローアップ研究から，障害と，そこから元に戻ること（ゆり戻し）の相関性を証明できた。さらに，描画テストでは，手描きでとくに意味のない要素が2，3加えられたが，問題の対処など感情に起源をもつものとして定着した（黒くする，線影，その他）。

そのため，障害度（D）尺度は，一時的なものも含めて，困難・苦悩を表現する21の構成要素から成立している。その原因は多彩なものである。

- 身体：緩やかな神経病学的サイン，低い筋肉の緊張，不器用なペンの持ち方など。
- 環境：社会的貧困・生活苦，親による育児放棄，離婚または家族の死，虐待など。
- 感情的：前述した結果でもありえる——すでに言及した器官的なもの，外的な要因，たとえば，恐れ，不安定などの精神的問題だけでなく，過保護や完全主義など。

多くの場合，上記の要因の組合せが見られるが，原因と結果を区別することは難しい。各々の要因は子どもに重くのしかかり，情緒的な負担が子どもの日常生活を妨げることもある。

つまり，描画のなかに現れる障害のサインは，少なくとも特定の時間，特定の場所で，その人がストレスに苦しめられていることを意味する。苦しみは，非常に主観的なもので問題の客観的事実の過酷さとは関係ない。しかし，それが真実でない場合もある。障害のサインが見られなければ，その個人に問題がないというわけでない。SWTのテストを受ける子どもたちは，テストに表さないとしても，一時的，もしくは慢性的な問題に苦しんでいる可能性がある。

課題理解（図 22）
2 点―さまざまな，星と見分けられる形で波の上に描かれている星
2 点―関連のある付加物（魚，ボート，月など）
1 点―星のみ
1 点―波のみ
1 点―星が 1 つだけ大きく中央に描かれている
1 点―無関係な付加物（花，蝶，太陽など）
0 点―他のものが描かれている
0 点―何も描かれていない

星の形（図 23）
2 点―少なくとも 1 つの形がよい角のある星が描かれている
1 点―動きが悪いために不格好であるが，計画通りに角のある星が描かれている
1 点―丸い星，きれいな円
0 点―乱れた形
0 点―なぐり描き，形がない
0 点―星が描かれていない

波の動き（図 24）
2 点―少なくとも 1 つのリズミカルに流れる波が描かれている
1 点―線状またはぎこちない（ジグザグな）筆運びで描かれている
1 点―アーチ型に描かれている
1 点―その他の動きのない形
0 点―乱れた動きで描かれている（時どき波にだけみられる）
0 点―波の領域の塗りつぶし
0 点―波が描かれていない

空間配置（図 25）
2 点―良好なマクロ構造で波の上に星が描かれている
2 点――一列に並んだ星が波の上に描かれている（5 歳児の典型的な描画）
1 点―上部に星を描いているが，下部には何も描かれていない
1 点―上部には何も描かれていないが，下部に波が描かれている
1 点―マクロ構造が乱されている
0 点―空間に問題あり：星の上波が描かれている，または横並びに星と波が描かれている
0 点―テスト用紙の枠内一面に星が描かれている
0 点―テスト用紙の枠内一面に波が描かれている
0 点―枠内の片側にのみ星と波が描かれている

枠の認知（図 26）
1 点―枠の内側に描かれている，または 1 つだけはみ出している
0 点―2 つはみ出している，または枠の外に描かれている

質的水準（図 27）
1 点―予備特性（持続性，認識，努力，自信または学校でのことを乗り切る助けとなるかもしれない何らかの特徴）
0 点―上記のような予備特性の欠如，または，描画を妨害するような要因（怠惰，放棄，怠慢，不活発さ，夢見がちなど）

付図 1　成熟度（Maturity）尺度

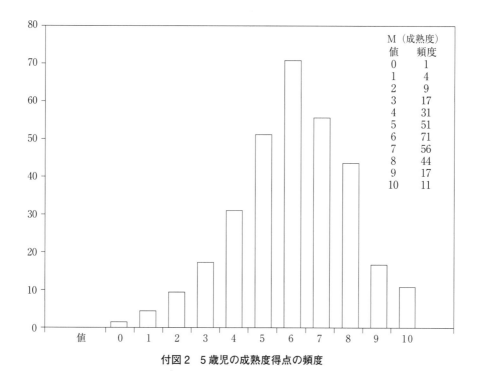

付図2　5歳児の成熟度得点の頻度

資料と方法

1. 成熟度（M）尺度：The Maturity Scale

ヤローンとベン゠ジオン（Yalon and Ben-Zion, 1997）が開発した成熟度尺度は，課題の種々の要素に表れるすべての発達上の要因を含み，学習習熟度のアセスメントにおいて予測的価値をもつ可能性がある。その構成は，知覚，認知，描く運動と構成・構造化である（付図1）。すべての項目は発達上のものだが，それらはときに深刻な感情的状況や，わずかだが環境的状況に結果的に悪影響を及ぼした。

M得点の最大値は計10点である。描画では被検者のもっとも高い可能性を見いだす必要があるため，絵のなかの最高要素だけを考慮する。ときには，消しゴムで消された筆跡でさえ得点の向上に結びつくこともある。全体の成熟の段階は，付図1に示されるように，6要素の合計に基づく（図22〜図27にあるスコアリング例を参照のこと）。

これらの成熟度（M）尺度は，幼稚園の最終学年（年長）が始まって1ヵ月のイスラエル都市部の5歳児，312名の描画を手順に従って得点したものである。結果は，通常のカーブを示

し，平均は6（5.978）点であった（付図2参照）。そのため，6点以下であった子どもたちは統計的に学術・学業面で成功する可能性が平均より低いと推測される。信頼性は（成熟度を同じ評価者によって繰り返し評価するという方法で算出）0.96，そして，評価者間の信頼性は0.87であった。一般に投映法テストでの評価者間の信頼性は通常0.80を超える。

2．障害度（D）尺度：The Distress Scale

ヤローンとベン゠ジオン（1997）が作成した障害度（D）尺度には，障害のある描画にみられる典型的な描画要素についての21のチェック項目から成り立つ（付図3）。これらの描画要素は，絵のなかに表れる頻度と強さから評価される。

　2点：強いか，高い頻度で表れる。
　1点：弱いか，まれに表れる。しかし最低2回はある。
　得点の追加で得られる総値が，障害度（D）得点となる。

筆跡に障害があると見なされるが障害のサインが顕著な場合（2点），または頻繁に見られる場合（1点），まれにしか生じない場合や，鉛筆そのものに何らかの問題がある場合は障害があるとはみなさない。筆跡の乱れは，一般に，星と波の双方に見られる。筆跡の障害カテゴリをあわせて最大で4点だけ与える。これには障害サイン2，3，5，6，11，12があてはまる（付図3）。これらは2つか，3つのカテゴリーに割り当てられる。この制限は，多くの生まれながらもつ（器官的）問題の強調を防ぐものである。乱れた動きは，ゆるやかで萎縮したストロークであり，緩慢な筆跡を伴う。このケースでは，いずれの運動のタイプにも1点が与えられる。

理論的には，仮に21のすべての指標が表れた場合，被検者はD尺度で最高42点を取得することになるが，実際には12点以上の子どもはいなかった。成熟度を採点した312名の幼稚園児は，D得点も通常のカーブを描いた（付図4）。D得点の平均は5点であった。そのため，6点あるいはそれ以上の子どもは，平均的な同年齢の子どもより大きな感情的負担をもつことが推測される。信頼性（障害を同じ評価者によって繰り返し評価するという方法で算出）は0.79，評価者間信頼性は0.62であった。

SWTに現れた幼稚園の子どもたち312人の危険サインの出現頻度は，付図4に示すとおりである。これらのサインのいくつかがその年齢層の困難さ・障害の特徴を示していることは明らかだが，それ以外のサインは，5歳児で見られることが非常に少なく，5歳児には意味のないものともいえるだろう。

> **困難さ・障害のサイン**
>
> 弱さを示す一次的なサイン
> 　1 － ゆるんだ動き
> 　2 － ゆるんだ，弾力性のない筆跡
> 　3 － か細い筆跡
> 　4 － 描線の中断（制御不能で描線が途切れてしまうこと）
>
> 制御できない衝動の一次的なサイン
> 　5 － もろい筆跡
> 　6 － 乱雑な筆跡
> 　7 － 多動性
>
> 緊張の二次的なサイン
> 　8 － 狭くなること
> 　9 － 重なる筆跡
> 　10 － 萎縮した動き
> 　11 － 緊張した，弾力性のない筆跡
> 　12 － 硬い筆跡
> 　13 － 消すことや加筆による修正
> 　14 － 黒く固着して描かれること
>
> 過剰補償による統制の二次的なサイン
> 　15 － 非常に規則的な配列
> 　16 － 様式的：テストに対しての形式的な反応
> 　17 － 線影を描くこと
>
> 環境不適応のサイン
> 　18 － 不調和な空間：不調和で空虚な領域
> 　19 － もつれていること
> 　20 － 最終段階での遮断
> 　21 － 荒くすること

付図3　障害度（Distress）尺度

　因子分析の結果では，D尺度は単純化することが可能で，当初の21項目は9項目まで減少できることを示していた。各々の構成要素（1，2点）の頻度と強さを区別する必要はなく，いずれの場合でも1点与えれば十分である。将来，改訂版D尺度（付図5）が使用されると，スクリーニングの手順がさらに効率的になるだろう。

　2年後，このD尺度得点の再検討のために，同じ子どもたちが再度学校でテストを受けた。幼稚園時のテストと学校入学後のテストを比較すると，わずかだが正の相関が認められた（+0.161）。この発見は，Dサインの一時的，かつ元に戻るという（巻き返し，ゆり戻し）性質

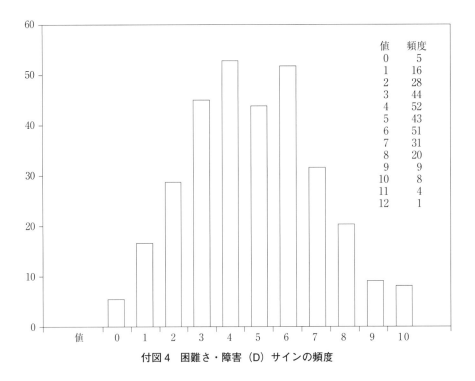

付図４　困難さ・障害（D）サインの頻度

スコアリング：1 －出現（現れている）・明確である
2 －現れていない

- ゆるんだ動き
- ゆるんだ，弾性のない筆跡
- 制御できない衝動の筆跡
- 乱雑な筆跡
- 狭くなること
- 緊張・不安の動き
- 消すことや加筆による修正
- 黒く固着して描かれること
- 空間の不調和，空白領域

付図５　障害度（D）得点の改良

を証明するものである。

幼稚園と小学校でのＤ尺度の構成要素の頻度比較（付図６）は，予測された発達の理論上のラインを裏づけることになった。最初のＤサインは絵のもっとも重要な表現として表れ，問

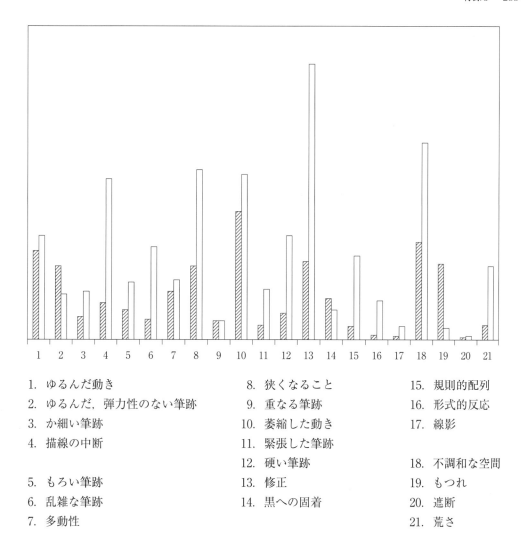

1. ゆるんだ動き
2. ゆるんだ，弾力性のない筆跡
3. か細い筆跡
4. 描線の中断
5. もろい筆跡
6. 乱雑な筆跡
7. 多動性
8. 狭くなること
9. 重なる筆跡
10. 萎縮した動き
11. 緊張した筆跡
12. 硬い筆跡
13. 修正
14. 黒への固着
15. 規則的配列
16. 形式的反応
17. 線影
18. 不調和な空間
19. もつれ
20. 遮断
21. 荒さ

付図6　幼稚園（斜線）と学校（白）におけるD得点のサインと頻度の比較

題を直接的に反映する。後の学齢期では，二次的なサインの際立った成長（発達）が歴然となり，問題の克服や補償が明らかにされ，間接的に問題の存在が示されることになる。例として，サインの著しい増加（5%レベル）が不安緊張と関連した多くの要素：緊張した運動（#11），硬い筆跡（#12），修正（#13）などに見られる。さらには，過度の緊張要素の増加も認められる。行動で覆い隠すことで弱さへの不安を補うことが「より良い」とされる。そのような過度の補償は，規則的な強迫（#15），同様に，型にはまった動きのなさ（#16）で明らかにされる。

　強迫的な配置現象は幼稚園では少なく，低D得点の子どもたちに見られる。障害とは負の相関関係にあり，構成力があることを反映していると思われる。このような固定した硬い配置は学童期の子どもに頻繁に表れる。D得点と正の相関関係にあり不安をコントロールするため

付図7　障害のサインを補償するための強迫的な配置

の手段としての強迫的行動徴候を暗示している。

　例として，付図7の子どものテストには，衝動的な配置という時間と共に発達した補償パターンが見られる。付図7aは，幼稚園最終学年に実施されたものだが，そこにはコントロールできない強い動きが直接的に表現されている。しかし2年後，小学校2年生の初めになると（付図7b），最初に描かれたダイナミックな波を消し，感情表現のどんな自発性であれ，それを取り除くこと，また目に見える秩序を作りだすことで，それは善良すぎるか厳格すぎるのだが，直接的経験を補償しようとする，この子どもの罪の意識とコントロールに対する努力を明白に見ることができる。この例およびその他の例が示すように，障害を示す描画サインは一時的に描かれるもので，柔軟性のある要素として年齢によって異なる解釈が可能であるといえる。

　性別とSWT得点の関係の調査では，女子の方が低レベルの問題が得点に反映されていた（重要であるというには不十分だが）。女子はM尺度では，男子より平均が0.87ポイント高く，D尺度では男子より平均が1.1ポイント低かった。SWT得点と正確な年齢（数ヵ月で）の影響が年齢層の範囲内で確認されたが，M得点が増えると，D得点が減少する傾向にあり，統計的有意差は示されなかった。

　これらの結果から，年齢集団の違いと性別との関係の弱さは明らかで，SWTの評価尺度が，5歳前の女子と男子の実施レベルに適合しており，テストの目的を十分に満たしていると推測された。しかしながらそれが適切な尺度かどうか，本当に間違いがないかどうかについて，十分な検討はなされていない。目的の達成（テストを完成させること）が困難な理由は，学習障害や運動能力，感情，環境的問題など年齢や性別を超え，明確な特徴をもつ問題であるといえる。

	成熟度	障害度	得点
男子・女子 有意水準	＞0.87 ごくわずか	＜1.11 ごくわずか	＞1.98 中程度

3．手がき評価尺度：The HandWriting Evaluation Scale

私たちは，3つの要素からなる手がき障害の評価尺度を開発した。ここでは，ハイス（Heiss, R.）の理論「手がきの3つの要素」をSWT用に改良し，それに基づき，これら3つの要素はさまざまに手がきの問題を物語る（付図8）。最初の2点は，ゴビノーとペロンの研究を基礎とし（Gobineau and Perron in Ajuriaguerra et al., 1964），ヘブライ文字が用いられ，残り1点は子どもの手がき評価の個人的経験に基づく仮説として用いられた。

a．形の媒介変数：Parameters of Form（F）

文字の形に関係する項目で，自然に文字を書けるようになる前，書く技術を獲得する段階で特有の素描の前文字的段階の困難さが示される。膨らんだ文字，硬い筆記，標準的な形を過度に意識したもの，書く領域が不明瞭なもの（付図8を参照）などの子どもじみた要素である。そして，手がきからの段階的消滅は，書く技術の初期獲得における発達プロセスを示している。手がきからの年齢の増加とともに，子どもじみた要素が消滅する際の基準があるため，出現率が標準より高い場合は，同年齢と比べて成熟していないことがわかる。

b．動きの媒介変数：Parameters of Movement（M）

重ねがきのある筆跡，修正（修正の跡），汚れた筆跡，双方に曲がった筆跡，震動，切断，隣接した文字の衝突，基準線のようなパラメーターに強く影響を受けるもの，文字のサイズや傾き（付図8を参照）は，手がきのリズミカルな流れをさまざまな形で妨害する項目としてあげられる。この困難さは，発達パターンに示されない。それらは書字障害など，とくに筆記問題に特徴的である。

c．概念化と構造の障害：Difficulities in Conceptualisation and organisation（C）

このグループでの手がきに関する問題は，適切な理解の欠如と，特定の筆記に関するメカニズムの論理的構成の基本を作る中心的概念の欠如に由来する，鏡映文字，つづりの間違い，文字やある部分の欠損，異なる文字の混合（例として，大文字と小文字など）などであり，ヘブライ語では普通は印刷物にのみ用いられる手がきの筆記体表記，言葉と文字間の距離の欠如，もしくはそれらが原因となって不安定さとして現れる（付図8を参照のこと）。経験的には，

F：形の変数＝幼児的アイテム（発達的）
「表面上の手がき」；肉付きのよい，動きのない（静的な），大きい，形通りの基準に固執した；下手な，分離した文字，結合した，領域の乏しい差異化
M：動きの変数＝書字障害
重ねがきのある筆跡；修正と加筆，黒ずんだ筆跡，曲線での重なった領域の垂直な筆跡の震え；突然の動きの停止，（隣接した文字の食い違い）；変動する行（文字がベースラインで乱れている）；文字のサイズの不揃い；傾きの不揃い
C：概念的変数＝構成の欠損
鏡映文字；文字の欠損・部分的な欠攪；字体のみのヘブライ文字；活字体と筆記体の混在するヘブライ文字；語間スペースの欠損，もしくはその変動；文字間の距離の変動

付図8 手がき評価尺度

このような書くための筆記に関する文法を理解し，想起や処理過程することの困難さは，学習障害の筆跡に多く見られると推測される。

　子ども33名の手がきのサンプルは，2年生になった最初の週（パイロットスタディ），もしくは1年生の終わり（66名）に実施されたものである。99のサンプルは，手がき評価尺度で等級分けされた，手がきのサンプルよる度数と相対性から各項目には，1または2点が与えられている。この平均得点は17.3点を示した。この高い得点は，幼児の形の媒介変数（Form: F）の高い発生率から，すでに予想されたもので，検査された年齢集団に特有なものである。

4．研究のデザイン

　この研究の目的は，学校教育を受ける準備ができない理由をできるだけ早く発見するためのスクリーニング方法を開発することにあった。この目的のために，心理学的教育サービスの通常のスクリーニング手続きで，また幼稚園の最終学年の開始から半年後に学校教育を受ける能力の疑わしい子どもたちに対して行なわれる完全な成熟度評価の結果から，幼稚園最終学年の初めに得られるSWTの結果が有効であることを実証する必要があった。短期間での有効性が確認されたのに引き続き，さまざまな尺度の長期的な予測の有用性（学業成績，社会性，行動）は，子どもが3年生か4年生のあいだに与えられる教師からの評価に反するものであることが実証された。

　最初に予備研究が行なわれ，4つの幼稚園（101名）の子どもたちに対してSWTを実施した。1年後には，町の全年齢集団（13幼稚園から312名）を対象に実施している。調査対象となったのは，小学校入学1年前の子どもたち413名（17の幼稚園）であった。小学校が始ま

った3ヵ月後12月に，特別な訓練を受けて，幼稚園教諭らは個々の子どもに教示に従ってSWTを実施した。子どもたちの個人情報は，SWTの結果の分析の後まで教諭たちには知らされていなかった。

同学年最後の2ヵ月間に，一部の子どもたちは就学準備評価のため，心理学的教育サービスを（教師，心理学者または両親から）受けた。リファー，アセスメントと最終的な説明はSWTの結果分析前に独立したものとして行なわれた。結果の分析後でさえSWT得点に関する情報は，幼稚園にも学校に伝えられなかった。このことで予言を成し遂げるであろう「ピグマリオン効果」の回避が可能となった（Sprouse and Webb, 1994）。

ほぼ2年後，1年生の最後の週，または2年生の初めに，以前の被検者である子どもの内99人に対して，再度SWTが実施された。このとき，子どもたちは，数字の1から10を3回書くこと，黒板に書かれたすべてのアルファベットが含まれる短い文章を書き写すことを指示された。さらに2年以上経過した，3年生または4年生の5月，最初のサンプルのうち残った87人の子どもたちは，学校での学業成績，社会的機能，行動について，1から6の尺度で教師から評価を受けた。

研究の最終段階にある子ども集団が，統計的にすべての子どもたち（最初に研究を行なった1都市のすべての年齢集団）の典型例であることが示された。この研究期間と同時期に，政府が行なった複数の媒介変数（パラメータ）を用いた統計調査の結果でも，特定の都市の子どもたちはイスラエルの子どもたち全体を象徴していた。

すべての調査結果は，この5年のあいだに学校当局と心理的サービスによって得られたデータで，就学準備の診断の存在とその結果，学習障害，書字運動能力の問題の存在を確認できた。相関には，スピアマンの方法が使用された。

結果と考察

A. 幼稚園における発達のスクリーニング手段としてのSWT

この研究の最初の段階では，幼稚園の子どもたちが学校教育を受けるための発達・成熟の不足を判断するSWTの予測機能を調べるためにSWT尺度結果を確認した。この目的のために17の幼稚園，413名の子どもたちをSWT尺度で評価し，一人ひとりについて，成熟度（M）得点と障害度（D）得点を得た。MとDの平均値は幼稚園別に算出された。

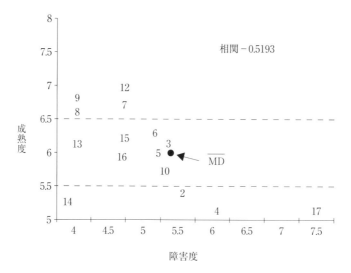

付図9　都市部全幼稚園の分布図（M・D得点の平均）

　付図9には，町の全幼稚園で得られた園ごとの平均得点が示されている。分散分析では，MとDの両方において幼稚園間（$p < .0001$）に有意差が認められた。幼稚園がグループごとにわけられているのは明らかであり，各グループは地理的にも近所であることは明白である。比較的高い発達にある子どもたちと障害度の少ない者は，幼稚園8，9，12で教育を受けていた。他の幼稚園，たとえば2，4，では子どもたちが危険な状態にあると考えられ，1つの園における高い出現率は，年間を通して，専門家による啓蒙的教育や心理的援助を追加する必要性を示唆するものである（Ben-Zion and Yalon, 1997）。

　値のデータ分布から，Dの減少にともないMが増加する傾向にあることが－0.52の相関からも認められる。したがって，「テスト得点」は成熟度（M）得点と障害度（D）得点の数学的な違いとして定義できる。M平均得点は6点，D平均得点は5点であり，よいテスト得点が子ども（高Mと低D）を健康な状態へと導くことは明らかである。テスト得点が悪ければ悪いほど，低M得点と高D得点が原因となり，子どもの危険度はより大きくなる。

　SWTの妥当性についての部分的な検証は，就学準備の評価のために，心理学的サービスをリファーした8つの幼稚園の子どもたちから得たデータによって可能となった。そこで，このサンプルの子どもたちは2つのグループにわけられた。

1．何らかの疑いが考えられるグループ：特定の幼稚園の就学準備に関する疑いのある子どもたちと，学年の終わりの心理的テストを個別に受けた子どもたちすべてに存在が認められた。専門家へのリファーは，関係した教師，心理学者，または両親が行なった。

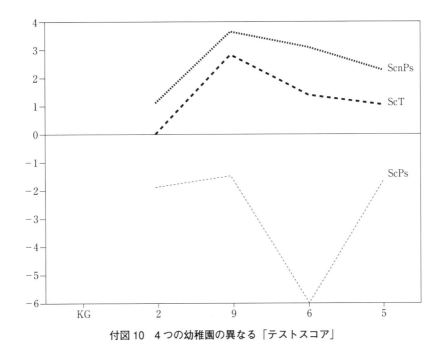

付図 10 4つの幼稚園の異なる「テストスコア」

2．問題がないとされたグループ：就学準備に関する疑いが存在しない子どもたち（統制群）。

t 検定で「何らかの疑いが考えられる」グループの子どもらは，統制群より顕著に低 M で高 D 得点であった。

付図 10 は，4つの幼稚園間の SWT テスト得点の平均を比較したものである。グラフ中の ScT は，幼稚園のすべての子どもの平均得点を示している。グラフ上方にある Sc-nPs は「問題がないとされた（統制群）」グループ，Sc-Ps は「何らかの疑いが考えられる」グループの平均得点である。「何らかの疑いが考えられる」子どもと，「問題がない」子どものテスト得点の統計比較から，この2つがまったく異なる質のグループであることがわかる。このことから，テストの陰性得点は妥当な尺度であり，幼稚園年長の終わりでなく，初めの段階で行なうべきであることが示唆された。就学準備のための心理的テストが必要であることが明確になったため，イスラエルではすでに用いられている。

テスト得点の1つの構成要素としての M 尺度の重要性が，この子どもたちの追跡研究を過去にさかのぼる形で確認された。さらに4年間の継続した研究から，このグループで多くの学習障害の子どもたちが発見された。結果は以下のとおりである。

- 全幼稚園での子どもたちの平均 M 得点は，5.98 点であった。

- 「問題がない」とされた子どもたち，つまり就学準備に問題がない者の平均は 6.35 点であった。
- 就学準備に疑いがある「何らかの疑いが考えられる」子どもたちの M 尺度の平均は 4.95 点（ウィルコクソンの検定において，0.0094 の有意差が認められた）であり，「問題がない」子どもたちとは，統計学的に異質なグループであった。
- その後学習障害とわかった子どもたち（4 学年まで）の M 得点は著しく低く，わずか 3.57 点であったため，彼らも別グループを構成していた。
- おそらくその一時的な特徴が，D 得点は母集団から（$P = 0.1314$）区別できなかった。

B. 学業成績の長期予測としての SWT

SWT の長期予測力の確認を目的とし，3 年半もしくは 4 年半の後，従来のグループから 83 名の子どもたちについて業績（発達・達成度）に関する教師の報告と，幼稚園で実施された SWT の M と D 得点の結果と相関を調べた。5 月（3 年生または 4 年生の終わり頃）に，教師は，子どもたちの学校での成功を定義する学業成績，社会性，行動といった主な側面 1 つ 1 つについて，1～6 点の特別に作成された尺度を用いて評価を行なった。この評価表には学校での成功を定義する主な面として，子どもたちに関する教師の評価から，全体的な媒介変数を使う傾向が確立され，評価尺度の特定の項目では高い内部の信頼性が認められた（Eshel and Bensky, 1995）。このため，子どもたちの各々の面における全般的な得点を知ることが可能であると推測される。

M 尺度では，社会的業績，学業成績に関する非常に高い予測値が認められた。高い発達的レベルで学校に入学した子どもは，学業成績に優れ，社会的地位と対人関係のスキルをもつ生徒として，数年後に成功する可能性を秘めている。そのため M 尺度は，4 年後の学業と社会性への障害の予測も可能であるといえよう。

	成熟度（M）	障害度（D）
行動	+ 0.22 低い有意差あり	− 0.14 有意差なし
社会性	+ 0.29 高い有意差あり	− 0.20 低い有意差あり
学業成績	+ 0.33 高い有意差あり	− 0.38 高い有意差あり

付図 11　幼稚園における SWT の予測力の尺度：得点と教師の助言の相関

	星	波
行動	−0.04 有意差なし	0.11 やや有意差なし
社会性	0.11 やや有意差なし	0.28 高い有意差あり
学業成績	0.017 有意差なし	0.28 高い有意差あり

付図12　星と波の予想的価値

M尺度は教室での問題行動とわずかな関連しかないことがわかっている。理由はそれぞれ異なるものである。

1. ある種の問題行動，たとえば内気，受動性，強迫性，完全主義などは教師が問題として捉えないことがある。大人数の学級でこれらの困難さや時に苦悩を抱く子どもたちは，教師によってクラス内で問題にされることなく，逆に手本とされることすらある。
2. SWTのような描画テスト，投映的で表現力豊かなものは，通常，行動への内的動機に関する情報を与えてくれるが，行動の性質そのものを直接的に示すわけではない。

データは，D尺度が長期的な社会，行動問題の障害を予測できないことを示しており，そのことは困難さ・悩みが一時的であるという性質から予想できていた。驚くべきことに，3～4年後のD得点と学業成績のあいだでは高い負の相関が認められた。これは，就学後，初年度のあいだに基本的技術を学習できなかったことによる蓄積的結果が，学問の特定のものに限定して影響を与えるためだと考えられる。この負の相関は，いくつかの障害を示す描画表現が，悪い習慣的な反応となり，長い期間を経て，特徴的状態にまで発展した可能性を示している。しかしながら，長期間の研究を経て，一時的な困難さ・悩みの感情だけでなく，障害のその他のいくつかのサインが最初の評価で疑われた永続する取り返しのつかない器官的問題を反映することもわかった。このように，当初の仮定説通り，器官的な問題を持つであろう運動や筆跡の乱れた質という項目が含まれるD得点は，このような器質的損傷から若干の影響を受けることがわかった。障害をもつ子どもたちの身体的困難さは常に増大した苦悩の感情をともなう。それは今日，学習障害の症候群の一部とみなされるものである。

SWTの投映面では，星と波をアーキタイプの心理学的意味としてあてはめ，各々の要素に異なる補完的な解釈をしている：星は光と啓蒙の源として，知性，とくに知的な成功，明白な

	幼稚園 M 得点	幼稚園 D 得点	学校 D 得点
形	− 非常に高い有意差	なし	+ 非常に高い有意差
動き	− 5％の有意差	なし	+ 6％の有意差
概念	− 非常に高い有意差	なし	+ 有意差あり
合計の手書きスコアー	− 有意差あり	なし	+ 有意差あり

付図 13　多変量回帰

達成全般を示している。海の波は変化の過程と移り変わり，気質から生じるもの本能と感情を象徴する。M尺度，星（形）のサブスコアは学業成績を予測し，波（運動）のサブスコアは教師らの報告の社会的得点と相関すると推測された。しかし，異なるSWT結果と教師の報告の関連性から，波の特性が社会的得点だけでなく，学業成績（付図11）とも正の相関のあることが認められた。このような点から幼稚園での波を描くことの成功が，少なくとも4年後の学業や社会的業績に関連すると確信をもって主張できる。

この発見は，少なくとも小学校入学年の良い学業結果が，知的な素質よりも，ふさわしい情動的知性（EI）（Goleman, 1997）の存在に依存することを示唆するものかもしれない。心的世界の平安とバランスは，このような初期の年齢での成功にとって十分なものである。アヴェ＝ラルマン（1970）も同様に学校の学業での成功をもっともよく予測できるものとして，均等性を保ったダイナミックな筆跡をあげている。それは，健康さ，安定，リズミカルといった運動が持つもう1つの特徴である。

C. 書字困難を予測する SWT：The SWT as a Predictor of Writing Difficulties

エシェルとベンスキー（1995）は，1年生での成功の予測として，通常，学習のための認知準備媒介変数が用いられるが，一方で，心理学者たちが通常，就学準備を判断するために使用するバッテリーでは，知覚と運動能力は，もはや役に立たないと主張している。さらに，彼らは，知覚と運動テストの予測能力は非常に低く，筆記技術は，就学準備の基準に含まれていないとしている。つまり，長期的研究で特に興味深いのは，幼稚園最終学年に実施されたSWTに将来の手がきに関する予測的能力が存在したか否か，そして，SWTと手がきの質が将来の学業達成度（成績）に関連するかどうかという点であることになる。そこで，幼稚園での

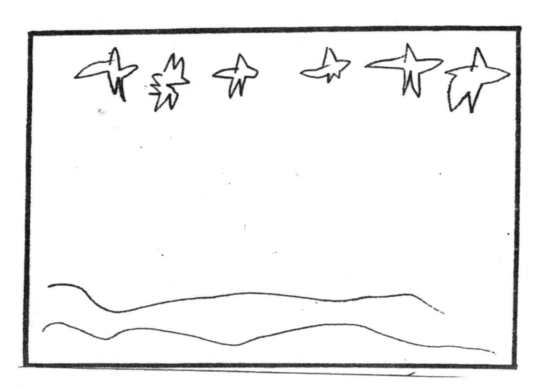

付図 14a　Sの幼稚園時の SWT

付図 14b　Sの小学校 2 年生時の SWT

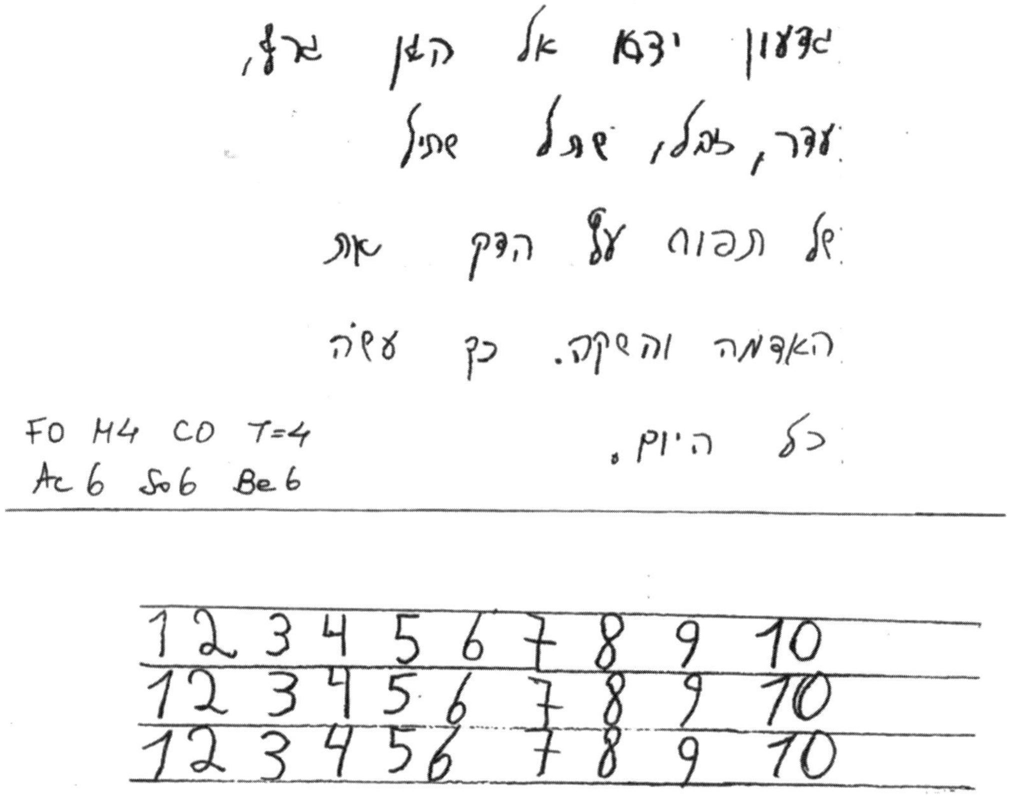

付図14c　Sの小学校2年生時の手がき

SWTの予測的な力を十分に理解するため，ほぼ2年後に実施された同じ被検者の手がきサンプルと結果を比較することとした。

　幼稚園のSWTが持つ後の小学校初年度で明らかにされる筆記のさまざまな問題に関する特異な予測的な力を調べるため，多変量回帰モデルが手がき尺度の3つのサブスコアに合わせて調整された。付図13は，幼稚園時の低M得点が，約2年後にあらわれる筆記の問題を予測していることを明示している。

　M得点は将来の手がきの水準や，書字原則の概念的理解における困難さを高い統計的有意性で強くかつ否定的に予測する。手がき運動への影響は弱いものの，5％の有意差が認められた。低い発達レベル（SWTのM得点に示された）のまま小学校に入学した子どもたちは，文字を形作る（書く）ときに問題が明らかになる。この困難さは，ゴビノーとペロン（Gobineau & Perron）によると手がきにみられる幼い表現，すなわち，発達上の遅れまたは遅滞を反映するものであり，学習障害を反映するであろう。文書の概念化の障害についても，

予測することができる。

　幼稚園でのSWTにおける表現が未熟な子どもたちは，後に手がき運動での障害を認めたが，わずかな範囲に限られていた。したがって，幼稚園でのSWT結果から，高い確実性をもって書字障害を予測することは難しいといえる。これは，書く・描くプロセスの脳の経路が異なるためであり，驚くべきことではない。経験的にみても，個人の書く技術と描く技術のあいだには，大きな差異が見られる。

　幼稚園におけるSWTのD尺度の結果は，後の書字問題を予測するものではない。実際に，その構成要素の一時的に生じて元に戻る（ゆり戻し）性質から，相関も期待できなかった。しかしながら，子どもたちが手書きの文章を書き写しするようになった直後，学校で実施されたSWTのD尺度の結果は，手がき得点とのあいだで有意な正の相関を示した。すべての表現に感情的な背景要因が影響を及ぼすと仮定すると，連続して生じる両方の書字表現で，類似した障害の出現が期待できるであろう。幼稚園でのM得点と同様に，この場合，運動の構成要素に部分的な共通点しかないことが示され，動きにはある決まった書字障害があらわれていた。したがって明らかな書字障害は，SWT得点から確実に予測することはできないことになる。

　幼稚園のSWTと後の手がきとの関係についていくつかの例を示す。女子Sが幼稚園最終学年の初めに描いた絵は，SWT尺度（M10 D2）で優れた結果であった（付図14a-上）。2年生の最初の週のテスト（付図14b-下）も素晴らしいものである。よい教育と多くの優れた環境刺激を背景とした，多才さと創造力がうかがえる。

　幼稚園時におけるSWTの優れたM得点は，手がきの質の高さを予測する（付図14c）。評価尺度から得られた得点によれば，彼女の手がきはクラス最高で，幼児的要素や他の障害もほとんど認められなかった（4点のみ）。Sは常にクラストップの生徒で，4年生では，学業，社会的活動の全領域で，教師らから最高の評価を受けている。

　もう1人の女子M（付図15）は幼稚園時のM得点においても境界得点（6点）を，D得点では高い得点（8点）を示した。2年生初めの彼女の手がきはすべての面で混乱がみられる。文字の形は非常に幼稚であり，運動は不確実，不安定なものであった。筆記体の文章には，活字体の筆記と鏡映文字が混成し，いくつかの文字は消されていた。さらに，単語のあいだのスペースを常に適切に維持することが困難であった。

　女子Mの障害は多領域に及んだ。彼女の発達上の問題（形と概念）は，比較的低いM得点から予測できたが，書字障害を意味する手がきの運動の問題は予測できなかった。獲得段階に

m6D8

F8 M7 C7 T=22
Ac3 So3 Be3

付図 15

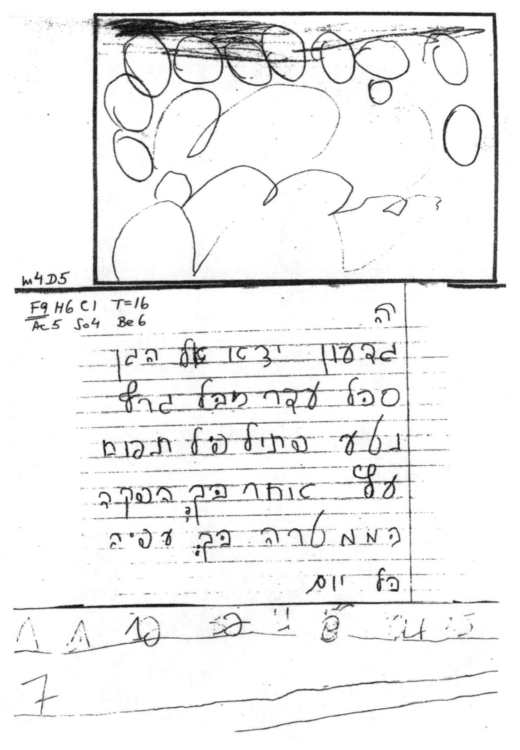

付図 16

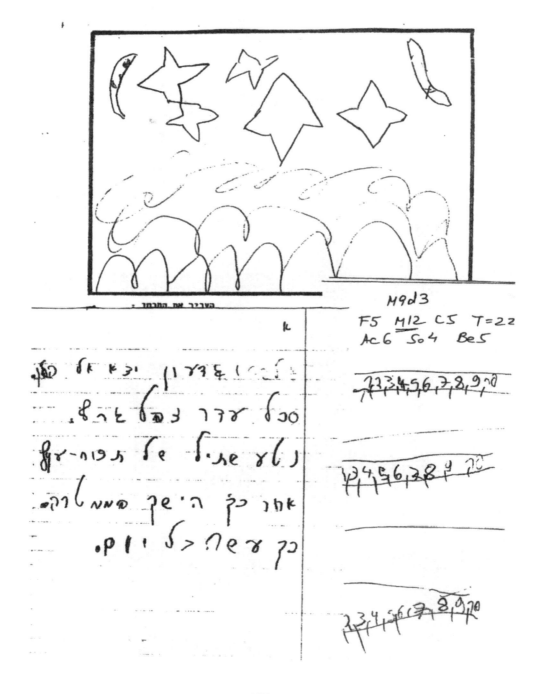

付図17

波と手がきの動きの平均得点（Movement）
幼稚園時のSWTの波に強い乱れがある　8.22　手がきの動きの（M）サブ尺度 スムーズな波　　　　　　　　　　　　　5.93 →　SWTの波は書字障害を予測する
波を除いた成熟度（Matulity）
手がきの形と成熟との関連が強くある（42%対27%　分散分析） →　文字がうまく書けない運動能力の欠如の側面は発達の遅れを予測する
SWTの構成と手がきの概念的問題（Conceptual Problem）
幼稚園でのSWTで空間に問題がある　3.50　手がき概念の（C）サブ尺度 優れた描画　　　　　　　　　　　　　1.46 →　幼稚園でのSWTの星と波の構成は筆記問題の概念について予測をする

付図18　3つの手がきの全体像について予測する幼稚園におけるM値

みられる広範な筆記問題は，全分野で女子Mの障害と一致している。4年生の彼女に対する全教師の評価は低かった（各3点。いずれも50%に相当）。

次の2つの例は，書くことの困難さをわかりやすくするもので，第1に未発達，第2に書字障害を示している。これらは手がき尺度の小計から見分けられた。

女子H（付図16）は幼稚園において低M得点を示し，D得点平均（M4 D5）であった。またウェクスラー知能検査で確認された知能指数は平均的なものだった。彼女の手がきは形の未発達なものが多かった。構成についても，その多くが前方にぎっしり詰まり，動きのないものであった。低いM得点は，未発達の筆記を予測しているといえる。

男子A（付図17）は，同年齢集団のなかでも幼い部類に入ったため，幼稚園の最終学年を二度繰り返した。幼稚園において高Mと低D得点（M9 D3）（付図18）の非常に優れたSWTを描き，ウェクスラー知能検査でも高い知能指数を示していた。彼は，幼稚園でテストを受けた当時に，両親の離婚を経験したことで若干の心理的支援を受けていた。間違いなく，SWTの月の重複に両親の離婚が象徴されていた。

男子Aの書くことについての問題は予測されていなかった。問題は運動領域に集中し，消すこと，震え，汚れて下り気味の線は，すべて，彼の手がきに非常に顕著にみられ，この運動の困難さは，Aの書字障害を裏づけるものである。それでも，彼は4年生のよい生徒である。彼の成熟した幼稚園でのSWTにはリズミカルな波があるため，書くことの困難さを有しているとしても学校での成功が期待できる。

M3 D5
F8 M9 C4 T=2
Ac3 So3 Be5
………

付図19

	書く（筆記）問題	
行動	−0.34	非常に高い有意差
社会性	−0.52	非常に高い有意差
学業業績	−0.39	非常に高い有意差

付図20　書く（筆記）問題と学業業績の予測（相関関係）

　M尺度のさまざまな構成要素の予測的能力の差異化を容易にするため，3つのサブ尺度に分類した。仮説は項目，あるいは尺度の一部は，類似した内容をもつ項目での，成功をより正確に予測できる（付図18）。動きの点，すなわち波の質は，後の手がきの運動サブ尺度と比較された。リズミカルに流れる波は，よりよい手がき運動と関係する。描いた波から1，または2点を獲得した子どもたちの運動の平均得点は，波の領域で運動に乱れのある子どもたちより0.947点低かった（波の得点は0点となる）。この違いには，5%の有意差が認められた。したがって，波の動きの乱れは書字障害に関するいくつかを予測するが，それは明確なものではない。

　残りのM得点項目，すなわち，波のサブスコアがないM得点は，全尺度より手がきの形の要素とのあいだにわずかな負の相関が認められる。手本となるものから説明される相違のパーセンテージは，運動の部分が除かれたとき（27%の代わりに42%）に高くなる。M得点における字がうまく書けない運動能力の欠如の側面には，すべての幼児的要素が示されており，それはまた，後の他の能力の発達の遅れもを予測するものである。

　分散分析10%の有意水準で，幼稚園におけるSWTの空間構成の得点が異なる子どもたちのあいだで手がきに関する概念上の問題に差が認められた。幼稚園におけるSWTの星と波の構成のサブスコアから，後の手がきに関する概念上の問題，すなわち，書く法則に基づく構成化：異書体に関する問題，文章の指向性と紙面上の配置に関する問題を予測することができる。

　男子R（付図19）は，吃音と運動に問題がある。彼の幼稚園時のSWTには構成上の深刻な問題があり，低M得点（わずか3点）であった。SWTに表れたこの未熟な構造は，後の深刻な書くことについての問題（21点）をも反映している。手書きでは，正確な象徴的体系の組織化に困難さが見られる。たとえば彼は文章において，活字体や筆記体の文字を混ぜ，数字をヘブライ語文字の方向と混同して右から左に書き，適切な割合でスペースを空けることができなかった。このような構成の不完全さに基づく書くことに関する問題は，通常低い学業成績

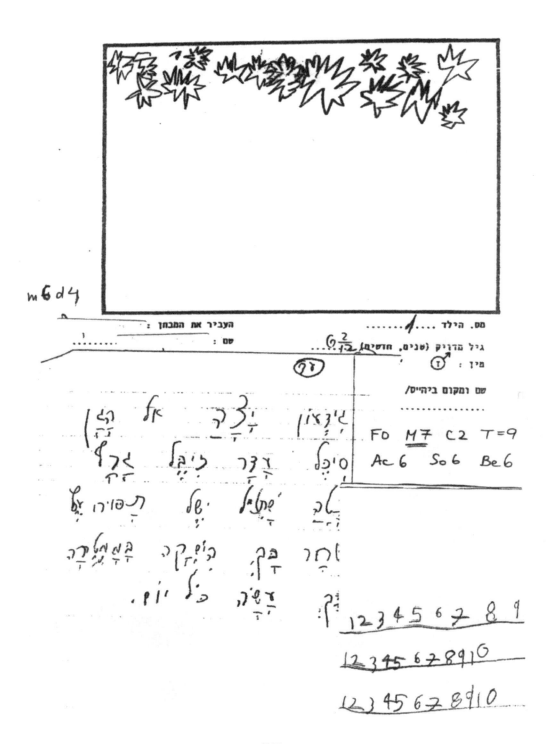

付図 21

と関連している。Rは学業成績，社会的業績で3点（50%）を得ただけだった。

D. 学業達成の長期予測手段としての手書き：The Hand Writing as long-term predictor of school achievement

　学業達成（成績）の予測手段としての手書きの有効性を調べるため，学校教育の初期段階（1年生の終わり，または2年生の始め）と，教師が評価した同じ対象の子どもたちの2年後の学業成績を相関させた（付図20）。

　手がき得点の「未熟さ」が，少なくとも2年前にすべての分野，すなわち学業，社会的側面と行動面においてその子どもの失敗を予測できることがわかった。この発見は非常に重要で，手がきの問題を独立した問題と考えるべきでないことを証明している。手がきの問題は，子どもの幸福感や学校教育のなかで成功する可能性に関わるものであり，危険信号として捉えなければならない。ときに書くことについての困難さそれ自体が，子どもらが十分に速く，読みやすく，能率的に書けないことが理由となるが，そのため，同級生のテンポに対処できず，徐々に書くことを避けるようになってしまう。彼の才能を示すための能力に限りがあるにせよ，読みにくい文字が得点を下げているにせよ，また書くことについて自己を表現する動機づけの減少と欲求不満によるにせよ（Yinon and Weintraub, 2000）困難さは未到達として示される（Sprouse and Webb, 1994; Briggs, 1980）。しかし，場合によっては，書くことの困難さが社会的拒否に至ることもある（Rosenblum, Shenkar and Gal, 1994）。書くことの困難さによって社会を拒絶するようになるケースもある（Yinon and Weinfrand, 2000）。その一方で，書くことの問題が書くプロセスに基づく本質的な要因にみられる，より難解な問題を反映することもある。問題として，それは，さまざまな達成を損ない，行動にまで影響を及ぼすのである。

例：手がき得点の成熟と学業業績のM得点における（質的）要因の影響
　ここで幼稚園でのSWTは，よく似ているが5年後の彼らの学業成績を見ることができる要因に主要な差がある2人の子どものケースを比較する。

　女子Eは星だけを描いて，波の領域を空白のままにしている（付図21）。そのため彼女のM得点はわずか6点だった。2年生初めの彼女の手がきは，とくに運動面の範囲内で，わずかな書字問題だけが示されている。彼女は書字障害であると考えられるが，教師の評価は非常に肯定的で，この障害は彼女の学業に今だ悪影響を及ぼしていない。

　彼女の幼稚園におけるSWTは，M得点で質的要因から1点が与えられた。テストをする時点で，自身の感情について「話」そうとせず，結果として波を描かなかった。彼女は達成能

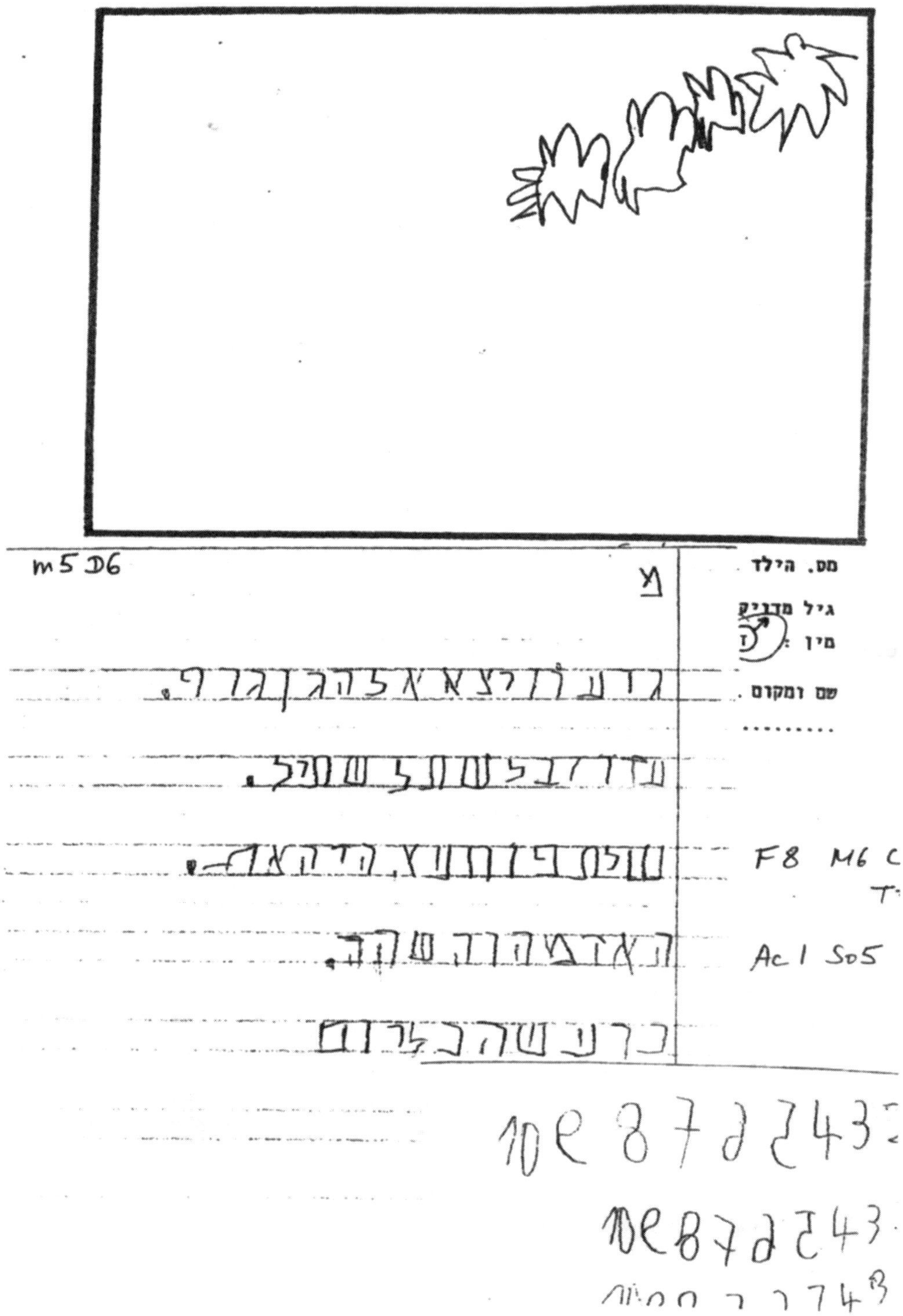

מס. הילד
גיל מדריך
מין :
שם ומקום : ....

m 5 D6

גדע נתרצא צלהגנגרף.

מדרבעשונל שחל.

שומפותנוצ היהאד.

F8 M6 C
T.

ואצהוה שקה.

Ac1 So5

כרעשהברט

10e 8 7 2 2 43
4 5 6 f 8 9 0

10e 8 7 2 2 43
4 5 6 f 8 9 0
שלום ר ר 7 4 8

付図22

力を発揮すること，SWT のなかで努力し，強さと正確さを表現することを楽しんだ。後年，筆記量と速度を増やさなければならない段階で，彼女の書くことの困難さは意味をもつようになり，学業成績に悪影響を与えるかもしれない。しかし，一方で，成功への彼女の強い動機づけが，彼女の困難さの克服に貢献し，M 得点で同得点だった女子 M（付図 15）より良い結果を得ることにつながるだろう。

男子 M も星だけを描いた（付図 22）が，テストの成功への高い動機づけは見られなかった。彼はすぐに疲れ，早くに絵を描くのを止めてしまった。彼の絵は特定の質についての追加点を獲得できなかったため，M 得点が平均より低い点となり，女子 E より 1 点低かった。

2 年生のとき，男子 M は全手がき面（計 20 点）において，深刻な書くことの問題を示した。彼は，読む助けになるため学校が始まってからの最初の数ヵ月にだけ教えられ，使われる，活字体をいまだ文字として使用しており，筆記体である異書体へ進むことができていなかった。語間にはスペースがなく，文書の領域も未分化だった。彼の数字は，鏡映文字と方向性の問題が示している。2 年後の男子 M は学級内で一番問題のある生徒であり（彼は，6 つの得点可能なもののうち 1 点しか獲得できなかった）社会的能力が未熟であった。彼の低い M 得点と成功への動機づけの欠如は，ほぼ 5 年後の彼の欠点を予測するものであった。

要約

1．幼稚園における SWT 得点の予測

M ／ D（合計 0，もしくはネガティブ）
- 小学校入学前に心理的な評価が必要とされる

低 M 得点
- 後年の学業未成熟
- 学習障害（4 年後）
- 社会的スキルの乏しさ（4 年後）
- 学業成績の悪さ（4 年後）
- 書くことの問題（とくに，発達，構成概念）（4 年後）

波の質の乏しさ
- 社会的スキルの乏しさ（4 年後）

- 学業成績の悪さ（4年後）
- 書字障害（2年後）

構成力の乏しさ
- 書くことに関する概念の問題（2年後）

2．書字の問題と1年生での予測

- 行動的な問題（2～3年後）
- 社会的な問題（2～3年後）
- 学業的な問題（2～3年後）

　長期間に及ぶ調査は，SWTを手がきに先行するスキルの完成形と定義できること，絵の運動，構成と形は，将来の手がきにみられるそれらと類似した文字を予測できることを明らかにした。SWTは5歳の子どもの低M得点と高D得点を見いだす優れたスクリーニングテストとして使用できる。これらの子どもたちは危険な状態にあり，彼らの困難さの正確な性質と範囲を明確にするための完全な心理的診断にリファーされることがある。しかし，多くの場合，SWTは，幼稚園最終学年を通して治療される問題の発見を容易にするため，子どもの能力が高められ，就学準備は最大限まで引き上げられる。

　幼稚園時における低いM得点は，1年後の学校教育で見られるであろう未熟さ，学習障害，社会性の問題，学業成績に関する高いリスク，さらには，後の4年間に生じる手がきの問題を予測する。波の質は，学業成績や社会性の困難さ，とくに書字障害を予測するのにもっとも適した要素である。構成の乏しさは，将来の書くことに関する構成能力とのあいだに関係している。

　幼稚園最終学年に実施されるSWTは，学校教育の準備ができていない子どもたちを見つける効率的なツールとしての利用に限定されるだけでなく，少なくとも5年後までに現れるすべての子どもたちの能力と障害の予測に有効である。

　心理教育サービスが用いている就学準備を評価するバッテリーの信頼性と有効性は，ときに批判の対象とされている（Eshel and Bensky, 1995）。コーエン（Cohen, 1983）も，就学準備を分析するためのサービスに適用される通常の手順，統計的論拠と，システムと経費上の心理学者の立場に疑いを抱いている。その代わりに彼女は，心理学者は危険状態にある子どもを見つけ，診断するために幼稚園の子どもたちに寄り添うことに長い時間を費やし，効果的に介入

すべきであると主張する。子どもが幼稚園にもう1年間留まるべきか否かは，実際には，（就学準備に）関係のない心理テストから心理学者が決定したものであり，このことからもテストが不要であることがわかる（Cahan, 1990）。通常の就学準備テストは，その学年の半年前より学年末に実施管理されたとき，学業業績の成功についての必要な判断とのあいだで高い相関を示す（Eshel and Bensky, 1995）。学年の初めを標準とするSWTのM得点は，就学準備のための唯一の予測的ツールであると考えられる。

通常行なわれるように幼稚園最終学年の最後ではなく最初に，危機的状況にある子どもたちのスクリーニングを行なうことで，担当の心理学者はすべての子どもたちに関する予備知識を得ることができる。危険状態にある子どもたちの発見と彼らの問題の見極めが可能になったことで，感情への，必要に応じた認知，運動レベルへの年間を通して行なう集中的な治療を可能にする。M得点が低い場合は，（サブスコアによって異なる）特殊教育家や作業療法士，D得点が高い場合は心理学者というように，SWTは，適切な治療的専門家の決定を容易にするのにも役立つ。このような処置はさらに1年延長して，幼稚園教育を受ける必要を回避させることになるかもしれない。この余分な1年間が，子どもたちと彼らの家族の自己像に悪い影響を与える可能性もある。たとえその障害の持つ機能面や適応面の困難さが情緒的・社会的領域にあるときでも，一般的な絵を描いていない幼稚園児への治療的活動が，障害のある部分の能力を高めることはすでに明らかにされている（Tal, 1982）。1年間を書字技能の向上に特化して過ごすこともできるだろう。シャティルの「心理的描画強化プログラム」（Shatil, 1993）は，描画スキルの発達に非常に有効であることが明らかになっており，描くことから書くことへの移行期に焦点をあてたものである。幾何学的な形を描くために必要とされる書字技能はこの移行期に重要であり，5〜7歳，すなわち幼稚園の最終学年と1年生の1学期のあいだに確立される。この間に書くことの運動の制御のトレーニングをすることで，手がきの獲得と安定化のためのしっかりした基礎を築くことができる。したがって，この移行期に，書字準備を発達させることは非常に重要である。

小学校における最初の2年間の描画テスト（SWTを含む）バッテリーでのスクリーニングが，書字障害や学習障害の子どもたちだけでなく，通常のスクリーニングで発見できないさまざまな神経病学的問題をもつ子どもたちを見つける効率的なツールであることが明らかにされた（Cohen Bar-Kama, 1997）。SWTでの結果と運動や調和させるスキルと社会－心理的状態の相関は，運動テストで通常であるとされた子どもたちと，最小の運動機能障害を持つ子どもたちのあいだの比較からも見いだされている（Mueller, Kliebisch and Neuhauser, 1997）。

クラスメート間の年齢の違いの影響と，それらの学校業績への影響の調査では意義（有意差）は見いだされなかった。したがって学業テストを実施した6年生までに完全に消失するま

で影響を減らしたことでイスラエルの小学生17,000人の学業成績には，最初の6年間，彼らの実年齢に関連した大きな差は見られなかった（Ron, 1988）。

　研究では，1年生の段階で子どもに手がきの問題が生じたとき，行動や社会性に関するさらなる問題が次の年に起こる可能性が高いことが示された。そして，その子らの成績は手がきに問題のない子どもと比較して低いため，書くことに関する困難さは深刻に受け止められなければならない。また，早期治療は悲嘆や欲求不満を避けるためも欠かせないものである。筆記に関するスクリーニングを1年生で行なうこと，教師らに初歩の筆跡学のツールを用意することを強く勧めたい。全学校での手がき分析は，危険な状態にある子どもたちを容易に発見でき，できるだけ早期の集中的援助の提供を可能にする。この研究は，手書き特性が子どもの人生の多くの分野，数年後の学業やキャリアに影響を及ぼす可能性があることを示している。このため，スクリーニング手順としてできれば私たちの提案する手がき評価尺度を導入し，1年生の終わりまでに教育制度上の必要なもの（ルーチン）として位置づけることができることを提言したい。

〈付記〉

　私たちはテルアビブ大学の統計学部David Steinberg教授の恩恵を受け，Chana Ben-Zion，アラド市の心理教育サービスマネージャー，小児科医で筆跡学者のMartha Ben-Assa教授から，この研究の支援を得た。

　この研究はイスラエルの心理学機構Ilana Benor基金の部分的な支援によるものである。

文　献

Abraham, A. (1989). *The visible and the hidden in Human Figure Drawings* (in Hebrew). Tel-Aviv: Reshafim.

Aharoni, A. (1989). Maturity for schooling – what does it mean? (in Hebrew). *Hed Hagan, 53*(4), 415-419.

Ajuriaguerra, M. et al. (1964). *L'écriture de l'enfant, Vol. I: L'évolution de l'écriture et ses difficultés*. Geneva: Institute of science and education, Geneva University.

Arnheim, R. (1988). *The power of the center – A study of composition in the visual arts*. Berkeley and Los Angeles, Cal.: University of California Press.

Avé-Lallemant, U. (1970). *Graphologie des Jugentlichen, Band I: Längsschnitt-Analyse*. Munich, Basel: Ernst Reinhardt Verlag.

Avé-Lallemant, U. (1979). *Der Sterne-Wellen Test*. Munich, Basel: Ernst Reinhardt Verlag.

Avé-Lallemant, U. (1981). Dimensionen des seelischen im Ausdruck des Sterne-Wellen Tests. *Zeitschrift für Menschenkunde, 45*(3), 165-168.

Avé-Lallemant, U. (1981a). *Le test des étoiles et des vagues*. Bruxelles: Édition du centre de psychologie appliquée.

Avé-Lallemant, U. (1982). *Notsignale in Schülerschriften*. Munich, Basel: Ernst Reinhardt Verlag.

Avé-Lallemant, U. (1982a). Sternereihen und ihr Ausdruckgehalt im Sterne-Wellen Test. *Studienblätter für Ausdruckdiagnostik, 4*, 1-5.

Avé-Lallemant, U. (1982b). Der Sterne-Wellen Test bei geistig behinderten Kindern. *Der Kinderarzt 13/11*, 1727-1731.

Avé-Lallemant, U. (1984). *The Star-Wave Test*. Munich, Basel: Ernst Reinhardt Verlag.

Avé-Lallemant, U. (1985). Der SWT als Funktionstest und Projektivtest im Dienste der Flüchtlingsproblems. *AWR Bulletin: Quarterly on Refugee Problems, 23*(2), 59-73.

Avé-Lallemant, U. (1985a). Microstructure and Macrostructure of handwriting in cross-cultural graphology. In: Carmi, A. and Schneider, C. (Eds.), *Experiencing Graphology* (pp. 5-15). London: Freund Publishing House.

Avé-Lallemant, U. (1987). Der Sterne-Wellen Test im Vorschulalter als quantitatives und qualitatives Diagnostikum. *Zeitschrift für Menschenkunde, 51*, 29-41.

Avé-Lallemant, U. (1987a). Mikrostruktur und Makrostruktur der Handschrift in kulturbegreifenden diagnostischen Ansatz der Graphologie. *Zeitschrift für Menschenkunde, 3*, 138-153.

Avé-Lallemant, U. (1989). The Star-Wave Test in Pre-school age as prognostic of school maturity. In: *Symposium of the International Academy for Research of Learning Disabilities*. Prague.

Avé-Lallemant, U. (1993). *Graphologie des Jugentlichen, Band III: Straftäter im Selbstausdruck*. Munich, Basel: Ernst Reinhardt Verlag.

Avé-Lallemant, U. (1994, 2nd rev. ed.). *Der Sterne-Wellen Test*. Munich, Basel: Ernst Reinhardt Verlag.

Avé-Lallemant, U. (1994a, 2nd rev. ed.). *Der Wartegg Zeichentest in der Lebensberatung*. Munich, Basel: Ernst Reinhardt Verlag.

Avé-Lallemant, U. (1996, 4th rev. ed.). *Baum – Tests*. Munich, Basel: Ernst Reinhardt Verlag.

Avé-Lallemant, U. (1997). The taking of the SWT and statistical prerequisites for field research. In: Kucharska A. and Sturma J. (Eds.), *The Star-Wave Test in research and experience* (pp. 5-7). Prague: Educational and Psychological Counselling Institute of the Czech Republic.

Avé-Lallemant, U. (1997a). The Star-Wave Test in criminology: A new way to individual approach and research. In: Kucharska A. and Sturma J. (Eds), *The Star-Wave Test in research and experi-*

ence (pp. 8-33). Prague: Educational and Psychological Counselling Institute of the Czech Republic.

Avé-Lallemant, U. (1999). The SWT at the pre-school stage as a quantitative and qualitative diagnostic instrument. *Journal of the American Society of Professional Graphologists, 5*, 103-120. (Translation of the 1987 article).

Beery, K. E. and Buktenica, N. A. (1967). *Developmental Test of Visual-Motor Integration*. Chicago: Follett Educational Corporation.

Ben-Assa, M. (2002). Graphology of old age (in Hebrew). *Graphology, 13*, 104-111.

Ben-Zion C. and Yalon, D. (1997). The SWT – a quantitative method: a system for mapping kindergartens and screening preschool children "at risk". In: Kucharska A. and Sturma J. (Eds.), *The Star-Wave Test in research and experience* (pp. 63-74). Prague: Educational and Psychological Counselling Institute of the Czech Republic.

Ben-Zion, C., and Yalon, D. (1995). The Star-Wave Test, Part 2 – The SWT as a screening tool for the detection of kindergarten children at risk and for comparative mapping of kindergartens (in Hebrew). Be'er Sheba: The 25th Conference of the Israeli Psychological Organisation.

Blote, A.W. and Bletz, L.H. (1991). A longitudinal study on the structure of handwriting. *Perceptual and Motor Skills, 72*, 983-994.

Briggs, D. (1980). A study of the influence of handwriting upon grades using examination scripts. *Educational Review, 32(2)*, 185-193.

Buck, J. N. (1966, Rev. Ed.) *The H-T-P Technique – A qualitative and quantitative scoring manual*. Los Angeles, Cal.: Western Psychological Services.

Burns, R. C. (1990). *A Guide to Family-Centered-Circle-Drawing*. New York: Brunner / Mazel Publishers.

Burns, R. C. and Kaufman S. H. (1972). *Actions, styles and symbols in Kinetic Family Drawings – An interpretative manual*. New York: Brunner / Mazel Inc.

Cahan, S. (1990). Is there truly a need for psychological assessment at school entrance? The Israel case. *School Psychology International, 11(1)*, 9-15.

Chetwynd, T. (1982). *A dictionary of symbols*. London: Grafton Books.

Cohen, A. (1983). School readiness – a critical view (in Hebrew). *Havat Da'at, 16*, 81-89.

Cohen Bar-Kama, S. (1997). The SWT's contribution to the understanding of maturation delay, disgraphia and dysfunction of the Cognitive Motor Control. In: Kucharska A. and Sturma J. (Eds.), *The Star-Wave Test in research and experience* (pp. 75-79). Prague: Educational and Psychological Counselling Institute of the Czech Republic.

Costa, M. (1990). *The Golden Section, Solomon's Seal and the Magen-David – an interdisciplinary study* (in Hebrew). Tel Aviv: Sifriat Poalim.

Cox, M. V. (1997). *Drawing of people by the Under-5s*. London: Falmer Press.

Cox, M. V. and Chapman, L. (1955). The air-gap phenomenon in young children's pictures. *Educational Psychology, 15(3)*, 313-322.

Der'in, A., Der'in, M. and Pedbo, T. (1976). *Schooling maturity* (in Hebrew). Jerusalem: Ministry of Education.

Eshel, I. and Bensky, M. (1995). Readiness Test and kindergarten-teacher's evaluation as predictors of achievements and teacher's-evaluation at school (in Hebrew). *Megamot, 36*, 464-51.

Gal, A., Rosenblum, S. and Shenkar, R. (1995). Writing – components, evaluation and treatment (in Hebrew). *Journal of the Israeli Society for Occupational Therapy, 4(1)*, 15-29.

Gardner, H. (1980). *Artful Scribbles – The significance of children's drawings*. New York: Basic books, Inc.

Gillespie, J. (1994). *The projective use of Mother-and-Child Drawings – A manual for clinicians*. New York: Brunner / Mazel publishers.

Goleman, D. (1995). *Emotional intelligence*. New York: Bantham.

Golomb, C. (1992). *The child's creation of a pictorial world*. Berkeley and Los Angeles: University of California Press.

Gombrich, E. H. (1959; 2002 6th ed.). *Art and illusion – A study in the psychology of pictorial representation*. London and New York: Phaidon Press.

Gross, C. (1950). *Vitalität und Handschrift*. Bonn: Ludwig Röhrscheid Verlag.

Hammon, C. P. (2002). Die Graphische Testbatterie im Vegleich zu andern Daten. In: Sandner, M. Th. (Ed.), *Festschrift zum 88 Geburtstag für Ursula Avé-Lallemant*. Munich: Verein für Dynamische Graphologie in der Psychodiagnostik.

Handler, L. (1985). The clinical use of the Draw-A-Person Test. In: Newmark, C. S. (Ed.), *Major psychological assessment instruments*. Newton, MA.: Allyn and Bacon.

Heiss, R. (1966). *Die Deutung der Handschrift*. Hamburg: Classen Verlag.

Horn, W. F. and Packard, T. (1985). Early identification of learning problems: A meta-analysis. *Journal of Educational Psychology, 77*, 597-607.

Hepner, M. (1978). *Schlüssel zur Kinderschrift – Hepner Schreibtest*. Zurich: Eugen Rentsch Verlag.

Hutt, M. L. (1977, 3rd ed.). *The Hutt adaptation of the Bender-Gestalt Test*. New York: Grune and Stratton.

Jung, C. G. (1964). *Man and his symbols*. London: Aldous Books.

Kaufmann, H. (2002). Zu den Aussagemöglichkeiten graphologischer Tests im Rahmen der Diagnostik und Therapiekontrolle psychischer Entwicklungsstörungen von Kindern und Jugendlichen. In: Sandner, M. Th. (Ed.), *Festschrift zum 88 Geburtstag für Ursula Avé-Lallemant*. Munich: Verein für Dynamische Graphologie in der Psychodiagnostik.

Kellogg, R. (1969). *Analysing children's art*. Palo Alto: Mayfield Publishing Company.

Koch, K. (1957). *Der Baumtest*. Bern, Stuttgart: Hans Huber.

Kohlschütter, U. (1989). The Star-Wave Test for children with Down Syndrome. In: *Symposium of the International Academy for Research of Learning Disabilities*. Prague.

Kohlschütter, U. and Wolff, H. (1991). Der Sterne-Wellen Test bei Kindern mit Down Syndrom. *Unsere Jugend, 43*.

Koppitz, E. M. (1963). *The Bender Gestalt Test for young children*. New York: Grune & Stratton.

Kos, M. and Biermann, G. (1995). *Die Verzauberte Familie*. Munich: Ernst Reinhardt Verlag.

Kreitler, H. and Kreitler, S. (1972). *Psychology of the arts*. Durham, NC: Duke University Press.

Kucharska, A. and Sturma, J. (1997). The Star-Wave Test in the diagnosis of school readiness. In: Kucharska A. and Sturma J. (Eds.), *The Star-Wave-Test in research and experience* (pp. 80-95). Prague: Educational and Psychological Counselling Institute of the Czech Republic.

Lieblich, A., Ninio, A. and Kugelmas, S. (1975). Developmental trends in directionality of drawing in Jewish and Arab Israeli children. *Journal of Cross-Cultural Psychology 6(4)*, 504-511.

Lowenfeld, V. (1952). *Creative and mental growth*. New York: Macmillan.

Magistrali, F. (1994). Il test de stele e delle onde (SWT) di Ursula Avé-Lallemant. *Scrittura, 89*.

Magistrali, F. (1997). Sono ritornata a Sarajevo. *Scrittura, 101*, 25-31.

Magistrali, F. (1999). The Star-Wave Test developed by Ursula Avé-Lallemant. *Journal of the American Society of Professional Graphologists, 5*, 121-137.

Magistrali, F. (2002). Die Multiethnische Schule. In: Sandner, M. Th. (Ed.), *Festschrift zum 88 Geburtstag für Ursula Avé-Lallemant*. Munich: Verein für Dynamische Graphologie in der Psychodiagnostik.

Müller, B., Kliebisch, S. and Neuhäuser, G. (1997). Children with Minimal Brain Dysfunction: motor behaviour and performance in graphomotoric tasks. In: Kucharska A. and Sturma J. (Eds.), *The Star-Wave Test in research and experience* (pp. 96-103). Prague: Educational and Psychological Counselling Institute of the Czech Republic.

Müssig, R. (1991). *Familien–Selbst-Bilder, gestaltende Verfahren in der Paar- und Familientherapie*. Munich, Basel: Ernst Reinhardt.

Neumann, E. (1955, 1972). *The Great Mother – An analysis of the Archetype.* Princeton, N.J.: Princeton University Press.

Ogdon, D. P. (1984). *Psychodiagnostics and personality assessment: A handbook.* Los Angeles, Ca.: Western Psychological Services.

Oster, G. D. and Gould, P. (1987). *Using drawings in assessment and therapy.* New York: Brunner/Mazel Publishers.

Pophal, R. (1949). *Die Handschrift als Gehirnschrift.* Rudolfstadt: Greifenverlag.

Pophal, R. (1949a, 2nd rev. ed.). *Zur Psychophysiologie der Spannungserscheinungen in der Handschrift.* Rudolfstadt: Greifenverlag.

Pulver, M. (1949, 5th Ed.). *Symbolik der Handschrift.* Zurich: Orell Füssli.

Ratzon, H. (1989). Stars and waves drawing test as a maturity test (in Hebrew). *Hed Hagan, 53(3),* 246-258.

Ratzon, H. (2002). *Children's writing – The graphomotor growth of children and adolescents* (in Hebrew). Kiryat Bialik, Israel: Ach Publishers.

Rizzo, G. (1999). The Star-Wave Test in depressive disorders. In: Coleman, A. (Ed.). *Proceedings of the sixth symposium on graphology* (pp. 79-94). London: The British Institute of Graphologists.

Rizzo, G. (2000). *Inconscio et scrittura: Utilita del SWT combinato con l'analisi grafologia.* www.agicalabria.net/swt.htm

Rhyner, B. (1997). Projective drawing-tests as a follow-up tool in psychotherapy. *Bulletin of Kyoto Bunkyo Centre for Clinical Psychology, Japan,* 34-44.

Rogers, L. J. (2003). Seeking the right answers about right-brain-left-brain. *Cerebrum, 5(4),* 55-68.

Ron, D. (1988). *The influence of the chronological age at school entry on academic achievements* (in Hebrew). MA Thesis, Hebrew University, Jerusalem.

Rosenberger, P. B., Kohlschütter, U. and Schmuck, G. (1991). Drawing tests in Attention Deficit Hyperactivity Disorder. Poster presentation. Cincinnati: International Academy for Research in Learning Disabilities.

Rosenblum, S., Shenkar, R. and Gal, A. (1994). Writing – components, evaluation and treatment (in Hebrew). *Journal of the Israeli Society for Occupational Therapy, 3(4),* 169-191.

Sandner, M. Th. (2002). Graphognostik – Hilfsmittel für einen konflikt- und ressourcen-orientierten Ansatz in Beratung und Psychotherapie. In: Sandner, M. Th. (Ed.), *Festschrift zum 88 Geburtstag für Ursula Avé-Lallemant.* Munich: Verein für Dynamische Graphologie in der Psychodiagnostik.

Saudek, R. (1954). *The psychology of handwriting.* London: Allen and Unwin.

Schmuck, G. (1977). Star-Wave Test retesting with retarded children. In: Kucharska A. and Sturma J. (Eds.), *The Star-Wave Test in research and experience* (pp. 104-117). Prague: Educational and Psychological Counselling Institute of the Czech Republic.

Shahraray, M. (1997). A new experience with Star-Wave Test in Iran. In: Kucharska A. and Sturma J. (Eds.). *The Star-Wave Test in research and experience* (pp. 34-49). Prague: Educational and Psychological Counselling Institute of the Czech Republic.

Shahraray, Mehrnaz. (2004). The Star-Wave Test – Developmental trends and cultural specifics in a collective culture. *Global Graphology, 1,* 95-108.

Shanon, Benny. (1978). Writing positions in Americans and Israelis. *Neuropsychologia, 16,* 587-591.

Shatil, J. (1993). *The child's psychography* (in Hebrew). Tel Aviv: Ramot.

Siegel, P. (1999). Star-Wave Tests and fifth-graders' writing. In: Coleman, A. (Ed.). *Proceedings of the sixth symposium on graphology* (pp. 95-115). London: The British Institute of Graphologists.

Sprouse J. L. and Webb J. E. (1994). *The Pygmalion effect and its influence on the grading and gender assignment on spelling and essay assessments.* Master's Thesis, University of Virginia.

Steinberg, D. D. and Yamada, J. (1980). When are children ready to write? *Japanese Journal of Educational Psychology, 28(4),* 310-318.

Sturma, J. (2002). Die Ausnutzung des Sterne-Wellentestes in der Schulreifediagnostik. In: Sandner, M. Th. (Ed.), *Festschrift zum 88 Geburtstag für Ursula Avé-Lallemant*. Munich: Verein für Dynamische Graphologie in der Psychodiagnostik.

Sugiura, K., Hara, S., Suzuki Y. (2002). A projective drawing technique test-bttery used on a patient with a psychosomatic disorder. *Japanese Bulletin of Art Theraphy, 33(1)*, 5-14

Sugiura, K., Katsuki, N. and Sukigara, N. (2004) . *A view of the trends in projective drawing technique tests. Japanese Bulletin of Art Theraphy, 34(1)*, 5-37.

Sugiura, K., Suzuki Y., Mori, H. and Nishino, K. (1998) Research-aid paper of the Yasuda Life Welfare Foundation (34) . *The Star-Wave Test in Japan as a developmental-functional test for school children.*

Tal, I. (1981). *Therapeutic work with exceptional kindergarten children in the classroom* (in Hebrew). Tel Aviv: Tel Aviv University.

Winnicott, D. W. (1971). *Playing and Reality*. London: Tavistock Publications.

Yalon, D. (1994). Harmony in German graphology (in Hebrew). *Graphology, 5*, 11-22.

Yalon, D. (1999). Assessment of maturity and distress in the Star-Wave Tests of five-years-olds. *Journal of the American Society of Professional Graphologists, 5*, 138-153.

Yalon, D. (2000). Harbinger of bad tidings – A strategy for reporting to the client and treating possible reactions (in Hebrew). *Graphology, 11*, 48-64.

Yalon, D. (2002). Der SWT bei 5-Jährige als Vorraussager der Handschriftqualitäten und Schulerfolg. In: *Pedagogik und Schriftpsychologie, 20. Internationaler Kongress für Schriftpsychologie und Schriftexpertise, Europäische Gesellschaft für Schriftpsychologie und Schriftexpertise*. Zurich: Edition Scrittura.

Yalon, D. (2002a). Der SWT bei 5-Jährige als Vorraussager der Handschriftqualitäten und Schulerfolg. In: Sandner, M. Th. (Ed.), *Festschrift zum 88 Geburtstag für Ursula Avé-Lallemant*. Munich: Verein für Dynamische Graphologie in der Psychodiagnostik.

Yalon, D. (Ed.). (2003). *Graphology across cultures – A universal approach to graphic diversity*. London: The British Institute of Graphologists.

Yalon, D. (2004). The larger picture – Robert Heiss' theory of the three handwriting pictures. *Global Graphology, 1*, 33-56.

Yalon, D. and Ben-Zion, C. (1997). A quantitative method for the assessment of the functional and expressive aspects in the Star-Wave Test as a diagnostic tool for kindergarten children (aged 5 yrs). In: Kucharska A. and Sturma J. (Eds.), *The Star-Wave Test in research and experience* (pp. 50-62). Prague: Educational and Psychological Counselling Institute of the Czech Republic.

Yalon, D., Charash, J., Chamitzer Zaki, G., Saruf, A. and Saruf, E. (2000a). A case of comparative graphological and psychological assessment (in Hebrew). *Graphology, 11*, 65-83.

Yinon, M. and Weintraub, N. (2000). Intervening programs for the improvement of handwriting ability, a literature survey (in Hebrew). *Journal of the Israeli Society for Occupational Therapy, 9 (1)*, 17-35.

Ziviani, J. (1987). Pencil grasp and manipulation. In: Alston, J. and Taylor, J. (Eds.), *Handwriting – Theory, research and practice* (pp. 24-39). Beckenham: Croom Helm.

索　　　引

〔あ 行〕

愛着　205, 213, 224
アイデンティティ　81, 82, 83, 86
アーキタイプ（元型）　57, 59, 60, 61, 62, 71, 97
アセスメント　229, 230, 231, 233
あちこちに乱れている線　129
荒くする　153, 175
嵐の波　129
いい加減な形　127
生き生きとした五芒星　123
萎縮した動き　167
一方向の動き　139
一本線　30
イルカ　101
岩　97
陰影づけ　207, 216
隕石　94
動き　115, 127, 224
動きのある線　30
動きの媒介変数　255
うつ病　184
うつ病患者　232
運動　242, 243
運動機能障害　49
ADHD　47, 49, 198, 201
ADD　17
絵の中心部　79
円　119
大きく生き生きとした形　118
穏やかな点　119
溺れる人　102
泳ぐ人　102

〔か 行〕

絵画的なパターン　109, 203, 208
海岸　99
回想　244
海賊　102
概念化と構造の障害　255
学業成績の長期予測　260
学業成績の長期予測をする手がき　273
書くことの困難さ　273, 278
学習障害　38, 51, 197, 230, 232, 256, 257, 259
学習成熟度　245
隔離　185
崖　97, 208, 209, 210
影をつける　149
下弦の月　93
重なる筆跡　166
家族療法　181
硬い線・筆跡　144, 147, 170, 193, 219, 226
課題の理解　26
形　115, 116, 242
形の作成　25
形の媒介変数　255
学校成熟度尺度　39
学校未成熟度　37
加筆の筆圧　205
か細い筆跡　144, 146, 162, 177
感覚記録　46
感覚処理　46
環境的要因　245
環境不適応のサイン　226
感受性　46
感情のこもったパターン　110, 207
感情の状態　245
完全な解答　26, 27
幾何学的段階　31
幾何学的な絵　243
器質的な問題　14
機能障害　31, 38
機能テスト　25
虐待　192, 213, 214
境界性パーソナリティ　213
強迫性障害　221
緊張した，弾力性のない筆跡　167
空間象徴　20
空間の象徴的表現　59, 64, 94
空間の象徴的表現－縦軸　64
空間の象徴的表現－横軸　69
空間の使い方　134
空間配置　27, 115, 242, 243
鯨　101

雲　95, 203, 204, 216
暗い，黒い空を消しゴムで消すことで描かれた星　127
グライダー　102
暗くする　149
黒く固着して描かれること　171
黒くする　151
形式的操作期　36
形式的なパターン　108
形態　224
消すことや加筆による修正　170
毛羽立った筆跡　205
厳格に規則的　137
研究のデザイン　256
攻撃性　200, 204, 212, 214, 220
口唇期　29
行動様式　13
肛門期　29
固着　31
コーナー　223, 238
混乱　138

〔さ　行〕

最終段階での遮断　175
魚　100
作品の制作　244
サーフボード　101
左右非対称に描かれた星　86
桟橋　99
視覚処理　46
自己愛　82
自己愛性　81
自己愛的な傷　82
自己愛的な欲求　200
自己愛欲求　213, 216
自己攻撃性　213, 220
自己認識　81
思春期の兆候　35
自然の調和　136
しっかりした線　144, 145
しっかりした筆跡　200, 206
失感情症　181, 229
島　104
写実段階　34
就学準備　243, 244, 245
就学準備テスト　245
就学準備の問題　243

就学成熟度　4, 9, 36
就学成熟度アセスメント　189
修正　193, 205, 226
十分な形　121
樹木画テスト　229
障害度（D）尺度　247
障害度得点　191, 193, 226
障害のサイン　10, 159, 177, 193, 210, 226, 246, 247, 251
障害の問題　244
障害物　98
詳細な描き込み　116
象徴　89, 197, 198, 201, 205, 209, 213, 215, 216, 218
象徴解釈　215
象徴的なパターン　111, 203, 208
象徴の付加　224
承認と評価の追及　201
障壁　186
書字運動機能　25
書字障害　221, 255, 265
書字障害を予測する　269
書字能力技能　22
自立／依存葛藤　199
新月　92
心身症　181, 229
深層心理学　55
深層パーソナリティ　230
心理療法　180
彗星　94
垂直構造　223
水平構造　223
水平線　95
スクリーニング　16, 243, 251, 256, 267, 277, 278
スクリーニングツール　8, 9, 245
図式的な絵　243
図式的描画段階　32
鋭い線・筆跡　144, 147, 149, 209
鋭く硬い筆跡　216
性アイデンティティ　216, 217, 224
静止した，鉤状のあるいはかたい波　130
成熟度（M）尺度　37, 246
成熟度テスト　245
成熟度得点　189
精神科患者　185
性－心理的な問題　218
性的虐待　191, 195
狭くなること　166
線影を描くこと　172

線影をつける　151
繊細な線　144, 146, 148
前操作期　33
全体印象　222
全体的な印象　11
線やアスタリスクで描かれた星　119
装飾された形　124
想像力と創造性　230
組織体の問題　51
空と海のあいだに広い隔たり　204

〔た　行〕

第一印象　222
第1のサイン（未統制の欲動）　226
第1のサイン（弱さ）　236
退行　31
第2のサイン（過剰補償による統制）　226
第2のサイン（緊張）　226
ダイバー　102
太陽　93
抱っこ療法　181
ダッシュやコンマで描かれた星　119
多動　49, 244
多動性　47, 48, 166, 197
ダビデの星（六芒星）　124
多様な形　118
多様な波　134
小さく穏やかな形　118
小さく丸い星　209
小さな円　119
知的障害　14, 52, 181
注意欠陥障害　221
中央　224
中央の星　193, 200, 205, 216
月　91
月の位相　92
強い筆圧　121, 143, 144, 147, 151
手がき運動能力　4
手がき尺度　269
手がき得点　265, 273
手書きの筆跡　232
手がき評価尺度　256, 278
手書き文字　139
適応的側面　13
投映　242
投映テスト　56
投映描画法テストバッテリー　229

統合（組み立て）　11
灯台　104
特異な点（全体印象の）　222
特定の項目　223
特定の詳細　11
特定の要素に見られる普通でない筆跡　225
トポロジー的思考　30

〔な　行〕

内的方向性の欠如　201
流れ星　94
なぐり描き　29, 195, 196, 197, 211, 212, 213, 243
波　61, 222
波しぶき　130
波の下の砂　99
日光浴をしている人　102

〔は　行〕

配置　27, 204, 244
バウムテスト　231
パーソナリティ・テスト　5, 12, 55, 107, 115, 242
パーソナリティ特性　159
発達的側面　10, 25, 189, 221
発達の遅れ　31, 52, 244, 271
発達面の遅れ　219
ハートの付加物　197
幅広い空の隔たり　186
犯罪学　185
反応様式　222
光輝く星　124
引き戻し（ゆり戻し）　247
非常に規則的な配列　172
左上　75
左側　71
左下　77
筆圧　142, 143
筆跡　230
筆跡タイプ　31
筆跡の性質　225
筆跡分析　5, 115, 229, 230, 242
描画技能　25, 27
描画空間の配置　25
描画順序　222
描画能力　25
描画の遂行　26
表現　115, 242

表現的側面　107, 115
表現的要素　55
描線の質　139
描線の中断　162
貧困化　192, 219
ファリック（男根の）　35, 72, 91
不安定な線　142
フォローアップケース　179
付加的に描かれる要素　88
不調和な空間：不調和で空虚な領域　174
太い線　143, 144
太さ　142, 143
船　96
部分的な解答　26
振り子（往復）の動き　139, 140
文化人類学的側面　19
文書の概念化の障害　264
平坦で凍っている水　129
平面の処理　149, 225
平面を荒くする筆跡　205
変形　116
星　60, 203, 204, 222
母子画　55
星対波の優劣関係　62
星と波の混在　31
星と波の心的イメージの想起　26
星と波描画テスト　231
星の非対称性　224
細い線　144, 147

〔ま　行〕

マイクロ構造　153, 157, 204, 210, 223
マクロ構造　135, 155, 157, 198, 210, 223
間違った解答　26
丸い花形　123
満月　93
右上　76
右側　71
右下　78

乱れた線　142
3つの投映描画法テストバッテリー　185
無気力　217, 220
明確な形　118
目玉焼き形の星　127
メンタルマップ　58, 59
目的の理解　243
もつれていること　174
もろい線・筆跡　144, 145, 149, 191, 193, 200, 226

〔や　行〕

やわらかい線・筆跡　144, 147, 149, 209, 210, 216
優位な領域　222
ゆるんだ動き　161
ゆるんだ，弾力性のない筆跡　162
様式的：テストに対しての形式的な反応　172
要点のみのパターン　108
抑うつ　220
抑うつ感　213, 214, 220
抑うつ傾向　193
4つのコーナー　75
弱い筆圧　143, 144, 149
弱く，ゆるく，ぱらぱらになった波　134

〔ら　行〕

ライフセーバーの詰所　102
螺旋状の動き　130
乱雑な線・筆跡　144, 146, 166
リズミカルな，しなやかな波　128
類似　137, 204
連続している線　141

〔わ　行〕

枠　244
枠線　195, 201, 224
枠にくっついている波　134
ワルテッグ描画テスト　229, 230

監訳者あとがき

　ダフネ・ヤローン先生から 2005 年 12 月に E メールで，来年 1 月に新しい本が出版されるとの情報が届きました。そして 2006 年 2 月にカナダの International Graphological Colloquium から本書の原書 "*The Star-Wave Test Across the Life Span: Advances in Theory, Research and Practice*" が，私の手元に届きました。目次や内容をざっと拝見して，この本はアヴェ＝ラルマン先生が星と波描画テスト（以下 SWT）を 1979 年に公表してから以後の 25 年余りの「星と波描画テスト」の発展が記載されていることがわかり，ぜひ研究仲間で翻訳をしたいと考えました。

　さっそく 4 月には数名の方々に翻訳依頼の連絡をしました。各章の翻訳者が決まりましたが，それからが長い長い道のりになりました。まず私が大きな病気をして翻訳作業ができなくなり，また大学を定年で退職し新しい大学に赴任するなどの経緯があり，結果的に各章は青木智子・飯田緑・金丸隆太・近喰ふじ子・佐藤仁美・鋤柄のぞみ・鈴木康明・原信一郎・松本くみ子・渡邉直樹の 10 名が担当しました。私は監訳者として翻訳者の方々の原稿の整理に集中しました。

　2009 年までに各担当者と何回かやり取りをして，ようやく 6 月ごろに全部の原稿が集まりました。その時点で用語の統一が必要となり，早稲田大学の私の講義のティーチング・アシスタントであった松本くみ子さんに協力をお願いしました。彼女はかつて翻訳の仕事をしていたことのある方で，SWT にたいへん興味を持たれ，「自分の勉強にもなるから」とボランティアで，2009 年 7 月から 2011 年 1 月末まで数回にわたり，私の主宰するアーツセラピー研究所に足を運んで，用語統一や文章のチェックをしてくれました。

　この間，3 日間連続の整理作業の日程が数回あり，翻訳者の方も数人顔を出してくれました。ようやく出版社に渡す原稿が出来上がり，2011 年 12 月には出版社から整理原稿が出ました。その後また出版社や翻訳者との何回かのやり取りがあり，いつの間にか 2014 年の 12 月になり初校が出ました。そこから校正に入りましたが，用語の統一の不備が見つかりました。それはなかなか難問でしたが，青木智子さん，松本くみ子さんの協力のもとに進めることができました。本当に長い長い道のりでしたが，ここに上梓できたことは望外の喜びです。訳文，訳語（用語）は極力統一しましたが，不十分なところも多々あると思います。読者のご批判を仰ぎたく思います。

SWTは小さな枠のなかに星と波を描くもので，実施は非常に簡単です。ラルマン先生は幼児では発達機能テストとして，成人では人格診断テストをして有用であることを主張しましたが，その高弟であるヤローン先生は描かれた問題点（障害）が一時的なものか永続的なものかを判別する方法を提示しています。彼女はラルマン先生と同様に筆跡学者であり，彼女の専門は家族療法と学習障害であり，SWTを臨床で用いてきましたので，多彩な年齢の事例研究をあげています。また理論面では，適応的側面，文化人類学的側面，発達的側面，投映法的側面，表現的側面をあげて論じています。さらに成熟度尺度，障害度尺度，手がき評価尺度などの新しい視点が盛り込まれています。これらの尺度は発達障害児の理解に役立ちます。彼女のフォローアップのための研究はのちにイスラエル心理学会から賞を受けました。彼女自身，SWTを心理学者，アートセラピスト，作業療法士，教育者，特別支援の専門家などが共有できるツールとして使用することを望んでいます。日本においてはとくにスクールカウンセラーや司法領域の心理専門家が臨床の現場でSWTを実施することで，必ずやクライエント理解への新しい視点が得られると思っています。この書籍が心の援助にかかわる人たちにとって活用されかつ有用なものとなることを願っています。最後になりましたが，川島書店の杉秀明氏には根気強くおつきあいいただきました。深く感謝申し上げます。

　平成27年2月吉日

監訳者　杉浦　京子

翻 訳 者 一 覧
(翻訳順)

杉浦京子（すぎうら・きょうこ）―日本語版への序文
＊監訳者紹介参照

鋤柄のぞみ（すきがら・のぞみ）―謝辞・第10章・第11章
東京国際大学大学院社会学研究科応用社会学専攻修了
現　　在　日本医科大学学生相談室カウンセラー，臨床心理士
主著論文　『投映描画法ガイドブック』（共著）山王出版，「コラージュ・アクティビティに伴う内的体験の変化―孤独
　　　　　感を制作テーマとして」心理臨床学研究, 23 (4).

青木智子（あおき・ともこ）―第1章・付録3
立正大学大学院文学研究科博士課程修了
現　　在　平成国際大学准教授，女子栄養大学学生相談室カウンセラー，博士（文学）立正大学，臨床心理士
主　　著　『コラージュ療法の発達的活用』風間書房，『改訂版　医療と福祉の心理学』（編著）北樹出版

飯田　緑（いいだ・みどり）―第2章・付録1・付録2
立正大学大学院文学研究科博士課程単位取得
現　　在　国士舘大学非常勤講師，臨床心理士
主　　著　『はじめて学ぶ心理学』（共編著）北樹出版，「学生相談における描画法の可能性―最終回の2枚目で本音が
　　　　　出た事例」学生相談研究, 24 (2).

渡邉直樹（わたなべ・なおき）―第3章
弘前大学医学部卒業
現　　在　医療法人あさだ会浅田病院　医師
主　　著　『ストレス解消法』講談社，『バウムテスト』（共訳）川島書店

近喰ふじ子（こんじき・ふじこ）―第4章
東京女子医科大学医学部医学科卒業
現　　在　東京家政大学心理カウンセリング学科，東京家政大学人間生活学総合研究科教授，独立行政法人国立精神・
　　　　　神経医療研究センター精神保健研究所心身医学研究部客員研究員
主　　著　『芸術療法ハンドブック』（共訳）誠信書房，『芸術カウンセリング』駿河台出版

原　信一郎（はら・しんいちろう）―第5章
琉球大学医学部医学科卒業
現　　在　はらクリニック院長　医師，臨床心理士
主　　著　『ストレスと病い』（共著）関西看護出版，『皮膚心療内科』（共著）診断と治療社

鈴木康明（すずき・やすあき）—第6章
筑波大学大学院教育研究科カウンセリング専攻修了
現　　在　東京福祉大学・大学院教授，博士（臨床心理学）東京福祉大学
主　　著　『グリーフ・カウンセリング』（共著）至文堂，『共感的態度の形成を目指して』（共著）至文堂

金丸隆太（かねまる・りゅうた）—第7章
早稲田大学大学院文学研究科心理学専攻修士課程修了
現　　在　茨城大学大学院教育学研究科准教授，臨床心理士
主　　著　『発達障害児者の防災ハンドブック　いのちと生活を守る福祉避難所を』（共著）クリエイツかもがわ，『投映描画法テストバッテリー』（共著）川島書店

松本くみ子（まつもと・くみこ）—第8章
早稲田大学大学院教育学研究科修士課程修了
現　　在　お茶の水女子大学大学院博士後期課程，区巡回相談員，特別支援学校外部専門家（心理士）
主　　著　「小学校におけるチャット・アートの効果の一検討－星と波描画テストによる効果の検証」早稲田大学大学院教育学研究科紀要別冊，(17-1)，「特別支援教育コーディネーターの悩みと今後の課題－校内支援体制構築への巡回相談による間接支援の為の基礎資料の収集－」，人間文化創成科学論叢，Vol.15.

佐藤仁美（さとう・ひとみ）—第9章
日本大学大学院文学研究科心理学専攻博士前期課程修了
現　　在　放送大学准教授，臨床心理士
主　　著　『思春期・青年期の心理臨床』（共編著）放送大学教育振興会，『心理臨床とイメージ』（共編著）放送大学教育振興会

監訳者紹介

杉浦京子（すぎうら・きょうこ）
筑波大学大学院教育研究科カウンセリング専攻修了
現　　在　アーツセラピー研究所所長，臨床心理士
主　　著　『臨床心理学講義』朱鷺書房，『投映描画法テストテストバッテリー』（共著）川島書店

星と波描画テストの発展
　―理論・研究・実践：アクロス・ザ・ライフスパン―

2015年3月31日　第1刷発行

　　　　　　　　　　　　　　監訳者　杉　浦　京　子

　　　　　　　　　　　　　　発行者　中　村　裕　二

　　　　　　　　　　　　　　発行所　㈲　川　島　書　店
　　　　　　　　　　　　　　　　　　〒160-0023
　　　　　　　　　　　　　　　　　　東京都新宿区西新宿 7-15-17
　　　　　　　　　　　　　　　　　　電話 03-3365-0141
　　　　　　　　　　　　　　　　　　（営業）電話 048-286-9001
　　　　　　　　　　　　　　　　　　　　　　FAX 048-287-6070
Ⓒ2015
Printed in Japan　　　　　　印刷・三光デジプロ／製本・平河工業社

落丁・乱丁本はお取替いたします　　　振替・00170-5-34102

　　　　　　　＊定価はカバーに表示してあります
　　　　ISBN978-4-7610-0901-4　　C3011

精神分析とブリーフセラピー

アンジェラ・モルノス 村尾泰弘 訳

ブリーフ・ダイナミック・サイコセラピーの実践体験と概念化に取り組んできた著者が，その基本的な考え方を〈境界・転移・短期間・ブリーフ・分析的・力動的〉といった用語によって表現し，簡潔な臨床事例の紹介により解説していく。時間への疑問と挑戦。　★四六・210頁　本体1,800円
ISBN 978-4-7610-0780-5

森田療法に学ぶ

豊泉清浩 著

森田療法は，神経症克服のための技法として，わが国独自に発展をとげた精神療法であるが，本書は，著者自身の森田療法体験（日誌）を軸にして，森田療法から学ぶべき考え方と生活法が簡潔にかつ滋味豊かに述べられ，読者は生き方に役立つ指針を与えられよう。　★四六・182頁　本体1,900円
ISBN 978-4-7610-0832-1

動物になった家族

L. ブレム=グレーザー 著／井口由子 訳

子どもを「家族が動物になる」という空想の世界にいざない，家族内の雰囲気・葛藤・願望など無意識の体験を絵にして表現できるすぐれた投影法。短時間ででき，個別法でも集団法でも可能。医療・心理・教育・福祉の分野での活用が期待される動物家族画テスト。　★A5・252頁　本体3,400円
ISBN 978-4-7610-0859-8

メンタリング・プログラム

渡辺かよ子 著

メンターとメンティとが継続的定期的に交流し，適切な役割モデルの提示と信頼関係の構築を通じて，メンティの発達支援を目指す。世界各国で拡大している地域・企業・学校が連携した次世代育成・関係性形成支援の有効な様式であるメンタリングの入門書。　★A5・228頁　本体2,400円
ISBN 978-4-7610-0861-1

ロールシャッハ・テスト　その実施・解釈・臨床例

小野和雄 著

実地に教えるこつを心得た精神科医の書として好評を博した旧版を，その後の20年余にわたる臨床と指導の経験をふまえて改訂・増補した決定版。片口法を中心に新しい知見を取り入れ，3つの臨床例を加え，生き生きと語りかける卓抜な入門書。序＝片口安史　★A5・268頁　本体4,500円
ISBN 978-4-7610-0443-9

川島書店

http://kawashima-pb.kazekusa.co.jp/　（価格は税別 2014年12月現在）

日々の生活に役立つ心理学

大木桃代・小林孝雄・田積徹 編著

科学的な理論に基づいた心理学の知識をできるだけわかりやすく記すと同時に，日常生活での応用事例を豊富に掲載し，理論と応用を融合させた心理学テキスト（2色刷）。日常生活への応用を思い巡らせて，心理学を身近に感じることを意図した新しい入門書。　★A5・280頁 本体2,800円
ISBN 978-4-7610-0897-0

遊びの保育発達学

小山高正・田中みどり・福田きよみ 編

発達心理学を中心に近接領域をも包含して，遊びに関する幅広い考察を行なうという意図を基に，20年余の遊び研究の進展に合わせて幅広い分野から専門の研究者が多角的にアプローチし，遊び研究の面白さを浮き彫りにしていく。日本における「遊び学」発展の礎。　★A5・246頁 本体2,400円
ISBN 978-4-7610-0898-7

さらに／思いやりを科学する

菊池章夫 著

『また／思いやりを科学する』（1998）の改訂版。思いやり行動と共感などとの関係を多面的に検討。「KiSS-18研究の現状」では，社会的スキル尺度についての250編以上の研究をまとめた。多年にわたる思いやり行動と社会的スキルの研究のほぼ最終的な集成。　★四六・318頁 本体2,900円
ISBN 978-4-7610-0899-4

フレーベル教育学研究

豊泉清浩 著

従来のフレーベル研究では，どちらかといえば，幼稚園に力点が置かれてきたが，本書では，彼の独特な世界観・教育思想（球体法則）を新たにユングの分析心理学，とりわけ元型論を方法とし，父性と母性の観点から考究を試みる，著者長年の研究の集大成。　★A5・324頁 本体5,000円
ISBN 978-4-7610-0900-7

ミュージック・ケア

宮本啓子 著

ミュージック・ケアは，音楽療法の一つとして近年，めざましい発展をみせているが，本書は，師の加賀谷哲郎の教えを受け継ぎ，長年にわたって福祉の現場で実践をかさね，大きな成果をあげてきた著者が，その基本と実際を体系的に紹介する，初めての基本書。　★B5・172頁 本体2,500円
ISBN 978-4-7610-0886-4

川 島 書 店

ワルテッグ描画テスト

U.アヴェ=ラルマン 髙辻玲子・杉浦まそみ子・渡邊祥子 訳
投影描画法テスト研究会 責任編集

人間の心の深層に光を当てながら，描画者の態度や行動に迫る投影描画法テスト。就学前の児童から成人の来談者の心理相談の場に応用した成果により，過去の体験との因果関係・動機に関する示唆を実証。治療効果を高め有益な診断法。　★A5・204頁 本体3,000円
ISBN 978-4-7610-0736-2

バウムテスト

U.アヴェ=ラルマン 渡辺直樹・坂本堯・野口克巳 訳
投影描画法テスト研究会 責任編集

バウムテストで見られる木の描画は，描く人の人生や発展する力，心の傷やゆがみの象徴として理解することが大切である。木を直観しそれによって得られる像を解釈することで，木が人間の自己表現としてどこまで表現可能かを示す。　☆A5・220頁 本体3,400円
ISBN 978-4-7610-0765-2

星と波テスト

U.アヴェ=ラルマン 小野瑠美子 訳
投影描画法テスト研究会 責任編集

就学前の子どもの発達機能診断テストとして，また児童期・思春期・青年期の心理社会的危機状況などの早期発見に有用な投影描画テスト。カウンセリング・心理療法・研究のための可能性を広げ，とりわけ発達の遅れや精神的な障害の早期診断に有効。　☆A5・248頁 本体3,200円
ISBN 978-4-7610-0787-4

星と波テスト入門

B.リーネル・杉浦京子・鈴木康明 著

「海の波の上に星空を描いてください」という教示により，A5判用紙の長方形枠の中に星空と海を描く本テストは，欧米各国で発達診断・教育診断・人格診断に広く活用されている投影描画法テストである。心の援助にかかわる人への新しい心理療法として有用な書。　★A5・214頁 本体2,800円
ISBN 978-4-7610-0708-9

投映描画法テストバッテリー

杉浦京子・金丸隆太 著

投映描画法テストバッテリーは，星と波描画テスト（SWT），ワルテッグ描画テスト（WZT），バウムテスト（BAUM）の3つを用い，すぐその場でテストについて話し合うことで心理療法を展開することができる。すべての年齢層の臨床に役立つ臨床テスト法。　★A5・184頁 本体2,800円
ISBN 978-4-7610-0888-8

川島書店

http://kawashima-pb.kazekusa.co.jp/　（価格は税別 2014年12月現在）